高等职业院校学前教育专业融媒体系列教材
浙江省高职院校“十四五”重点教材

A GUIDE TO PRESCHOOL SCIENCE EDUCATION AND ACTIVITIES

学前儿童科学教育与活动指导

模块化体例　课赛证融通　教学做合一

主　编　张赛园
副主编　邱　灵　何　妨　周立波
参　编　陈晓敏　魏佳佳　陈夏梅
　　　　朱黎黎　童燕斌

ZHEJIANG UNIVERSITY PRESS
浙江大学出版社
·杭州·

图书在版编目（CIP）数据

学前儿童科学教育与活动指导 / 张赛园主编. — 杭州：浙江大学出版社，2023.9（2025.7重印）
ISBN 978-7-308-24071-0

Ⅰ.①学… Ⅱ.①张… Ⅲ.①学前儿童—科学教育学 Ⅳ.①G613

中国国家版本馆CIP数据核字（2023）第146160号

学前儿童科学教育与活动指导
XUEQIAN ERTONG KEXUE JIAOYU YU HUODONG ZHIDAO
张赛园　主编

责任编辑　陈丽勋
责任校对　诸寅啸
封面设计　林智广告
出版发行　浙江大学出版社
（杭州市天目山路148号　邮政编码310007）
（网址：http://www.zjupress.com）
排　　版　杭州林智广告有限公司
印　　刷　杭州捷派印务有限公司
开　　本　787mm×1092mm　1/16
印　　张　14.5
字　　数　295千
版 印 次　2023年9月第1版　2025年7月第3次印刷
书　　号　ISBN　978-7-308-24071-0
定　　价　58.00元

PREFACE

前　言

教育是国之大计、党之大计。党的二十大报告提出："坚持以人民为中心发展教育，加快建设高质量教育体系，发展素质教育，促进教育公平。"学前教育是高质量教育体系的起始环节，实现高质量学前教育的关键在于建设高素质的学前教育教师队伍。学前教育专业肩负着为学前教育事业培养优秀人才的重任，是满足从"幼有所育"到"幼有优育"的民生期待的重要保障。

"学前儿童科学教育与活动指导"是学前教育专业必修课，属于幼儿园"五大领域"教育的教学法课程，是学前教育专业课程体系中应用性和实践性较强的一门课。该课程的相关理论与技能实训有利于全面培养学生设计和实施幼儿园科学教育活动的能力与素养，从而使其能够快速适应岗位要求，尤其是胜任幼儿园科学教育实践工作。

本教材以"能力本位，实践取向"为设计理念，在内容编排上，充分体现职业教育的特点，打破传统的章节化体系结构，构建新型的以"模块为主线，项目为引领，任务为驱动"的内容体系，体现理论与实践相结合的特点。根据幼儿园科学领域内容，教材分两个模块：模块一"科学探究"，设置"学前儿童科学教育的基本问题""幼儿园科学集体教学活动的设计与指导""幼儿园科学区域活动的设计与指导""幼儿园日常生活中的科学教育活动指导"四个项目；模块二"数学认知"，设置"学前儿童数学教育的基本问题""幼儿园数学教育活动的设计与指导"两个项目。每个项目又分解为具体任务，全书共有 20 个任务。

本教材的特色如下。

1. 课程思政，价值引领

本教材遵循铸魂育人的原则，充分挖掘岗位与专业的思政元素，把党的二十大精神、社会主义核心价值观、实现中华民族伟大复兴的责任和理想、“四有”好老师等有机融入其中。如每个项目开篇特设“素养目标”“思政元素”，为课程教学落实“立德树人”根本任务指明方向；每个任务中有机融入马克思主义思想方法，重点渗透辩证思维、创新思维、系统观念的培养，引导学生形成实事求是的科学态度，不断提高科学思维能力，增强分析问题、解决问题的实践本领；课程中适时引入我国科学家的故事，渗透价值观、人生观、科学精神等教育，以培养有坚定的政治认同、深厚的家国情怀、勇于担当民族复兴大任的幼教工作者。

2. 能力导向，教学做合一

本教材以师范生教学实践能力培养为核心，以学生为主体，在体系上注重创新。教材内容编排采用项目引领、任务驱动方式，符合高职学生的认知规律和学习特点。每个项目链接相关前沿研究成果、教学实践案例等丰富内容，注重将学前儿童科学教育的理论与实践、知识与技能有机融合，尤其是在每个项目的最后设计了大量实训项目，与岗位典型工作任务相适应，有效促进教学做合一。

3. 岗课赛证，互融互促

根据《幼儿园教师专业标准（试行）》要求，结合幼儿园教师岗位工作特点，本教材融合学生多种需求，将幼儿园教师资格证考试有关内容融入各个项目任务中，实现书证融通、课证融通；将全国职业院校技能大赛内容有机渗透在各个任务知识点、实训项目、课后习题中，实现课赛融合。

4. 园校合作，双元开发

本教材强化行业指导，园校“双元”合作开发教材，特别是与浙江省一级幼儿园——宁波市江北区甬港幼儿园、镇海区澥浦镇中心幼儿园进行深度合作，吸收浙江省特级教师和宁波市名师等深度参与教材编写及教学视频拍摄。教材相关资料均选取了幼儿园第一手资料，确保教材在先进性、实践性和贴合工作岗位等方面都有创新与突破。

5. 新型教材，资源丰富

本教材凸显幼儿园科学教育内容的完整性，设置“科学探究”“数学认知”两个模块，以模块为主线设置多个项目和任务，这些项目既可以相互关联补充，又具有一定的独立性，使用中可以根据人才培养目标、课时要求、教学进度等因素，自主选择或重组内容。教材建设有丰富的电子资源，以“互联网+”的形式融入书中，通过扫描二维码的形式呈现各类视频资源、图片资源和文本资源，教材还配有课件、课程标准、微课等电子资源，有效支持教师的教和学生的学。

本教材由宁波幼儿师范高等专科学校张赛园任主编；宁波幼儿师范高等专科学校邱灵、宁波市江北区甬港幼儿园何妨、镇海区澥浦镇中心幼儿园周立波任副主编；宁波幼儿师范高等专科学校陈晓敏、魏佳佳，江北区甬港幼儿园陈夏梅、朱黎黎，宁波市东方幼儿园童燕斌参与了编写。具体分工如下：项目一由张赛园、魏佳佳编写任务 1，陈晓敏编写任务 2，邱灵编写任务 3、任务 4；项目二和项目三由何妨、陈夏梅、朱黎黎、童燕斌编写；项目四由周立波编写；项目五和项目六由张赛园编写。全书由张赛园负责修改和统稿工作。此外，宁波幼儿师范高等专科学校吴凡、吕梦婷参与了微课拍摄。

本教材在编写过程中参考了一些相关院校的教材，借鉴和引用了一些专家学者的资料，同时得到了宁波市北仑区实验幼儿园、象山县海韵幼儿园、慈溪市机关幼儿园等单位的大力支持，在此一并表示衷心的感谢。

另外，本教材也是主编张赛园主持的 2022 年浙江省课程思政示范基层教学组织“学前儿童科学教育”课程组建设成果之一。

囿于编者水平，教材中难免存在疏漏和不足之处，真诚希望广大读者批评指正。

编者

2023 年 5 月

目 CONTENTS 录

模块一　科学探究

项目一　学前儿童科学教育的基本问题

项目二　幼儿园科学集体教学活动的设计与指导

项目三
幼儿园科学区域活动的设计与指导

项目四
幼儿园日常生活中的科学教育活动指导

模块二 数学认知

项目五 学前儿童数学教育的基本问题

项目六 幼儿园数学教育活动的设计与指导

模块一　科学探究

PROJECT 1 项目一

学前儿童科学教育的基本问题

项目导学

随着社会发展和科技进步，人们对科学本质的认识不断深化，科学被赋予了丰富的内涵，科学教育也从传统模式走向了现代模式。学前儿童有着与生俱来的好奇心和探究欲望，大自然和生活中真实的事物与现象是儿童科学探究的生动内容。科学教育是幼儿园教育内容的五大领域之一，在目标、内容、过程和方式上具有独特的特点。在学习本项目时要注意理论与实践相结合，通过知识学习、思考和实践观察，领悟学前儿童科学教育的独特性。拓宽视野，了解世界学前儿童科学教育发展的趋势。

学习目标

知识目标：

1. 理解科学、学前儿童科学、学前儿童科学教育的内涵与特点。
2. 掌握学前儿童科学教育相关理论的基本观点。
3. 理解学前儿童科学教育的目标与内容。

能力目标：

1. 能运用学前儿童科学教育理论知识分析学前儿童科学学习的特点。
2. 能根据学前儿童的年龄特点制定科学教育目标，选择科学教育内容。

素养目标：

1. 感受科学的奇妙，树立正确的科学观。
2. 尊重学前儿童的科学，对学前儿童科学产生探究兴趣，树立正确的科学教育观。

内容导图

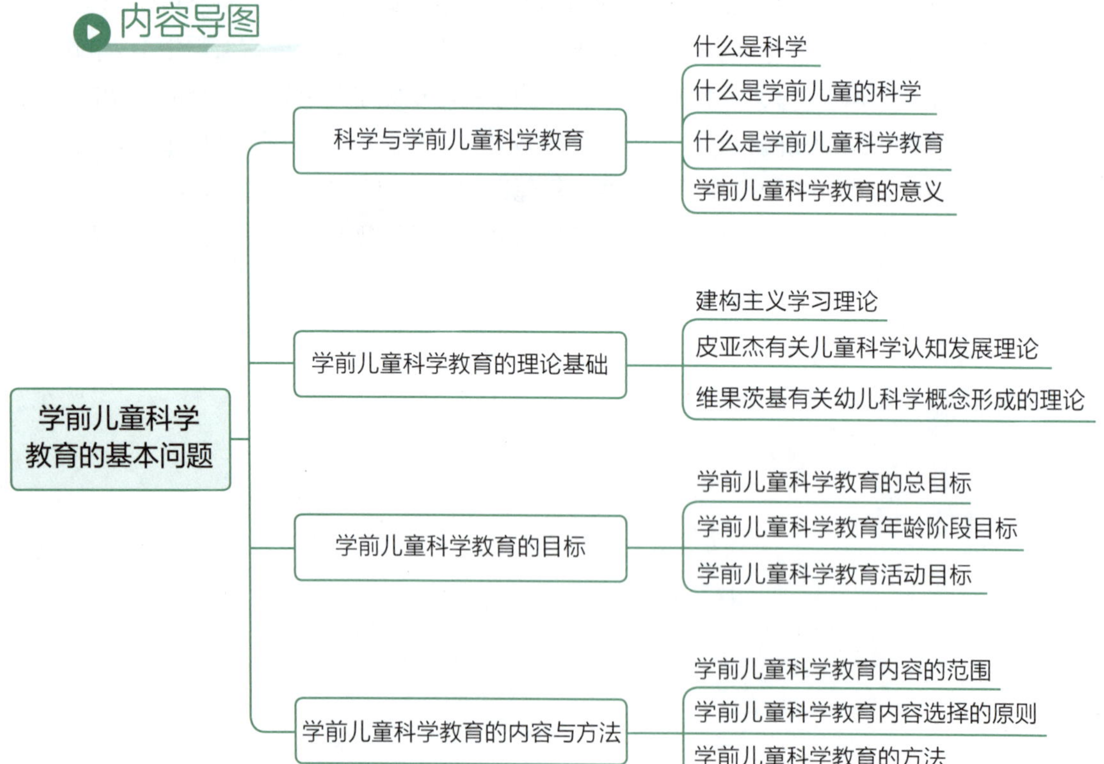

思政元素

1. 儿童观

通过儿童与科学之间关系的学习，感受学前儿童认知发展特点及科学学习的独特性，学会发现儿童、理解儿童，尊重学前儿童的科学。

2. 科学观

在学习科学的概念中，充分感受社会和科技进步带来的对科学本质认识的变化，理解对科学本质认识与科学教育行为之间的制约关系，从而树立正确的科学观和科学教育观。

3. 责任担当

结合科学家的故事，感受科学家的家国情怀、科学精神；结合第二次世界大战以后苏联、美国等国家对科学教育和科技人才培养的重视与国家综合实力的发展的关系，理解科学教育的社会发展意义，增强社会责任感，激发爱国情怀。

问题导入

辰辰在玩沙子，他把沙了装到漏斗里，一边装，一边漏。辰辰把漏斗装满沙子后，小心地挪到一个瓶子上面，想让沙子漏到瓶子里。可是，他的动作慢，而沙子漏的速度快，因此，沙子总是漏到瓶子外面。辰辰尽量加快速度，但还是赶不上。尝试几次后，他想到了一个好办法，把漏斗直接放到瓶子上面，然后再装沙子，沙子很快就装满了瓶子，辰辰满意地笑了。

问题：案例中辰辰玩沙子的过程其实就是他在科学探究的过程，他通过亲身体验，感知到了沙子的特点，并在探索中获得了解决问题的方法。那么，我们应该怎样理解学前儿童的科学？学前儿童的科学究竟是什么？学前儿童科学学习背后所蕴藏的理论依据又是什么呢？

任务1 科学与学前儿童科学教育

一、什么是科学

科学的英文单词“science”源于拉丁文“scientia”，意为“学问”“知识”。在中国古代，“科学”本意为“科举之学”。今天，我们所熟知的“科学”一词，究竟如何界定？一直以来，不同的学者对“科学”有着不同的理解和解释，科学的每一种解释都反映出其某一方面的特征。事实上，随着时代的发展，科学通过多种方式与社会相互作用，在发展的过程中它不断地丰富着自身的内涵。对于当今科学内涵的理解，我们可以从以下三个层面来探讨。

（一）科学是反映客观事实和规律的知识体系

科学的诞生伴随着人类生产生活的全过程，人们在生产实践和生活实践中认识客观世界，并获得有关客观世界的知识。自19世纪以来，科学被看成系统化的知识体系。《辞海》把科学定义为“运用范畴、定理、定律等思维形式反映现实世界各种现象的本质和规律的知识体系”。科学是知识，但并不意味着任何一种知识都是科学。作为知识体系，科学知识具有自身的特点。

首先，科学知识具有真理性。真理性是指科学知识必须符合客观事实，是对客观世界的真实反映，任何不能正确反映客观世界的知识，或是与客观事实不符的理论、解释，都不属于科学知识。但是，科学知识的真理性不是绝对的，在不同的时代，基于不同的认识水平，人们对世界的正确“认识”也会不断地发展和变化。其次，科学知识具有经验性。经验性是指科学知识的获得来源于经验性的活动，人们通过观察、实验等活动，搜集和整理客观信息，并在客观信息的基础上，进行思维加工，从而得出合乎逻辑的结论。因此，科学知识强调客观的事实证据，是感性经验加理性思考的结果。最后，科学知识具有可重复性。可重复性是指科学知识是经得起实践检验，并且可以验证的规律性的知识，无论何人何地何时都能重复某一实验，并得到同样的结果。

（二）科学是探究世界、获取知识的过程

从静态的角度去分析，科学是反映客观事实和规律的知识体系；而从动态的角度去分析，任何科学知识的获得都要经历科学探究的过程，因此，科学又是一种动态的活动，是一种真理性知识产生的过程和方法。无论是从具体的科学知识来看，还是从整个人类的科学知识发展的历史长河来看，科学就是人类的一种探索过程。爱因斯坦曾经把科学定义为一种“探求意义的经历”。这提示我们，科学

不仅仅是指已经获得的知识体系，它更是一种通过亲身经历去探求自然事物的意义，进而理解这个世界的过程。[①] 例如，瓦特观察到水烧开后壶盖被水蒸气不断顶起的现象，从而得出蒸汽可以作为一种动力，并因此发明了蒸汽机。

科学知识也不是一成不变的，而是一个动态的发展过程。科学没有最终的结论，更没有永远正确的结论。随着人类认识能力的不断提高和认识方式的不断改进，人类对科学知识的认识也不断发展、不断完善。例如，人们对天体的认识，从“地心说”发展到“日心说”，再到发现太阳作为一颗恒星，也不是静止不动的，它不是宇宙的中心，只是宇宙中微不足道的一部分。

（三）科学是看待世界的方法和态度

人们在从事科学探索的过程中，总是秉持一种基本的看法和态度，这种看法和态度与迷信、盲从、弄虚作假、主观臆断相对立，是一种科学精神和科学态度。科学精神是通过科学思想、方法、思维和理智所体现出来的，包括严肃认真、客观公正、独立创新、坚持真理、尊重事实、敢于修正错误等精神与气质；科学态度则是个体对某一对象所持有的评价和行为倾向，包括实事求是、不主观臆断、不弄虚作假、严谨勤奋、精益求精、谦虚谨慎、乐于合作、有高度的责任感和坚强的意志品质等。科学精神和科学态度都属于科学的精神本性。

拓展阅读：美国“2061 计划”中的科学态度

综上所述，对于科学的内涵可以做一个全面的解释：科学是关于客观世界各种事物的本质属性及其规律的知识体系，是人们探索世界、获取知识的过程，是一种对待事物的精神和态度。科学的本质在于探究，科学过程的核心在于探究过程，科学态度的核心是探究精神，科学知识是科学探究的结果。

二、什么是学前儿童的科学

今天，人们日益认识到科学并非仅是科学家或成年人的事，儿童的世界中也充满了科学。儿童从出生之日起，就对周围事物怀有强烈的好奇心和求知欲，他们总有无数个“为什么”，喜欢缠着成年人刨根问底。例如，“为什么天会黑？”“为什么月亮会跟着我们走？”“为什么生病要吃药？”，等等。这些疑问也促使他们不断地与周围事物进行互动，不断地去发现、去探究。

学前儿童对周围世界的好奇、探索和思考等探究性的活动，无疑运用了科学探究的方法，展现了他们锲而不舍的探究精神，更呈现了他们善于推理思考的特点。这些本能性的活动，正是人生最初的科学活动，也体现了科学的本质所在。然而，受限于学前儿童的发展水平，他们与成年人相比，对周围世界的探究存在

① 刘占兰.学前儿童科学教育[M].2版.北京：北京师范大学出版社，2008：3.

拓展阅读：学前儿童学习科学的年龄特点

较大的差别。我们只有正确理解“学前儿童的科学”的独特性，才能使学前儿童科学教育真正符合幼儿的年龄特点，并发挥其独特的价值。

与成年人的、科学家的科学相比，学前儿童的科学具有其自身的特点。

（一）学前儿童的科学是一种经验层次的科学知识

学前儿童可以通过观察、操作，获得有关事物和现象的具体、个别的经验，却不容易从中进行抽象与概括，更不可能通过概念来进行间接的学习。因此，他们获得的科学知识并不是成年人意义上抽象的、概念化的科学知识，而是具体的科学经验。例如，一个孩子触摸铁块后说：“铁块摸起来感觉凉凉的、很硬，拿起来很沉。”这就是儿童对铁块的具体经验，它是直接的、具体的，而不是间接的、抽象的；是描述性的，而不是解释性的。因此，教师在科学教育中，应以学前儿童的视角看待学前儿童的科学，要创造条件，使学前儿童通过操作与多种感官接触获取丰富的科学经验。

（二）学前儿童的科学是一个不断试误的探索过程

微课：科学家的探究与儿童的科学探究

学前儿童在探索周围世界时，也和科学家一样，会使用发现、观察、推论、实验、沟通等科学探究方法。然而，受经验水平和思维特点的限制，学前儿童探究解决问题的过程和方法具有很大的试误性。他们对事物特点的认识和对事物之间关系的发现需要经过多次尝试，不断排除无关因素，常常在经历多次探索之后，才能接近答案。

对点案例

让橡皮泥浮起来

浩浩尝试着让橡皮泥在水中浮起来。他把橡皮泥捏成一团放进水里，橡皮泥沉了下去；他把橡皮泥压成薄薄的饼状放进水里，橡皮泥又沉了下去；他把橡皮泥搓成细细的长条放进水里，橡皮泥还是沉了下去。于是，浩浩停下来开始思考……这次，他把橡皮泥扯成一粒一粒的放进水里，结果一粒粒的橡皮泥还是沉了下去。浩浩环顾四周，突然发现浮在水面上的小船，然后他马上把橡皮泥捏成小船的样子慢慢地放进水里，橡皮泥终于浮在了水面上。

分析：浩浩在探索橡皮泥浮起来的过程中，对橡皮泥进行了多次变形，结果都失败了。最后受小船浮在水面上的启发，把橡皮泥做成中空的船，橡皮泥终于浮起来。可见，幼儿需要经历多次尝试和探究，才能达成目的。

（三）学前儿童的科学是对客观世界的独特理解

学前儿童不具备逻辑思考的能力，其认知发展水平的局限导致他们不会站在客观的立场上考虑问题，而是从主观愿望出发，以个人的想法及经验来解释科学现象。因此，学前儿童的科学带有主观性的色彩，学前儿童对客观世界有着独特的理解。例如，幼儿根据“种子泡在水里能发芽长大”，认为“花瓣泡在水里也能发芽长大”；根据人一日要吃三餐，给金鱼也一日喂三餐。幼儿赋予万物灵性，形成拟人化的解释。例如，问幼儿“小球为什么会从凳子上滚下来”，幼儿回答“因为小球不喜欢待在凳子上”。

皮亚杰曾说，游戏是幼儿选择的他们所相信的现实。幼儿相信自己的假想，哪怕是在“求真”的科学探索活动中也是如此，他们常常在假想的情境中探索自然，以投入的情感对话自然，以自己的逻辑解释和理解世界，对世界充满了幻想和想象。这种特质正反映了学前儿童的科学所具有的浓厚的主观色彩，这既是它的不成熟之处，也是它的独特之处。

对点案例

幼儿对自然现象的认识①

教师：太阳会不会掉下来？

幼儿：太阳不会掉下来，因为如果它掉下来，我们就会死了。

教师：为什么会有春夏秋冬？

幼儿：这是为了让咱们换个天气，因为太冷了，就把人给冻死了；太热了，就把农村的地干死了。

教师：为什么有白天和黑夜？

幼儿：白天得起来上幼儿园、上班，晚上得睡觉。因为只有一个太阳，太阳不能光照一个地方，还得去照别的地方。

分析：从教师和幼儿的对话中，可以看出幼儿对自然现象的认识带有自己独特的理解，具有浓厚的主观色彩，甚至为周围事物和现象赋予了生命的色彩。

三、什么是学前儿童科学教育

科学教育是培养科学技术人才和提高民族科学素质的教育。学前儿童科学教育是整个科学教育体系的起始阶段和基础环节。2001 年教育部颁布的《幼儿园教育指导纲要（试行）》，将“科学”正式列入幼儿园教育内容五大领域之一。由于学

① 刘占兰. 幼儿科学教育 [M]. 2 版. 北京：北京师范大学出版社，2008：18-19.

前儿童正处于人生的最初阶段，身心发展尚未成熟和完善，因而，学前儿童科学教育是一种科学启蒙教育。具体而言，学前儿童科学教育是指教师启发、支持和引导学前儿童对周围物质世界进行主动探究，以帮助学前儿童形成科学情感和态度，学习科学方法，获得有关周围物质世界及其关系的科学经验的活动。学前儿童科学教育的主要目的不是让儿童掌握多少科学知识，而是在他们心里埋下科学的种子，让他们萌生学习科学的兴趣、好奇心，积累科学经验，养成科学素养，为今后学习科学打下良好的基础。

与其他学段的科学教育相比，学前儿童科学教育具有其自身的特点。

（一）目标的全面性

学前儿童科学教育不是培养科技专业人才，也不是传授大量科学知识，而是科学启蒙教育。这一时期的儿童对什么都感到新鲜，什么都想知道，他们眼里总是充满了好奇和兴奋。学前儿童科学教育就应保护和发展儿童这种与生俱来的天性，让儿童的探索热情永不枯竭。因此，学前儿童科学教育正是以培养儿童探索科学的兴趣、态度、方法为重点，不仅要让儿童获得科学经验，更主要的是让儿童在获得经验的过程中，身心得到全面发展，即让儿童在认知、情感、社会性等方面都得到发展，为儿童可持续学习和发展奠定坚实的基础。

（二）内容的生活化

学前儿童的活动范围主要集中在日常生活，他们的科学经验也主要来源于日常生活，并在生活中不断丰富。因此，学前儿童科学教育要选择儿童生活中熟悉的内容，既贴近儿童又贴近自然。这样能有效地激发儿童学习的热情，让儿童感受到学习科学对自己生活的意义，从而促使儿童积极、主动地学习和探索，去体会周围世界的神奇，领悟到科学就在他们身边。同时，生活化的学习内容使得儿童在学习的过程中，能与自身已有的生活经验有机联系，能运用各种感官进行直接感知、动手操作，获取直接或间接的科学经验。

对点案例

蚯蚓日记[①]

接连下了几场细雨，屋子外面的空气格外清新。大班的孩子们带着快乐的心情，来到操场上散步。突然，似乎什么东西吸引了他们的目光，他们呼啦啦地围了上去。杨老师好奇地走过去观看，原来是一位特殊的朋友——蚯蚓。这条蚯蚓很长，慢慢地向前蠕动着。“我知道，这是蚯蚓。”“蚯蚓好可爱呀！”

① 戈柔，王明珠.幼儿园科学探究故事20例[M].北京：中国轻工业出版社，2015：34.（引用时有修改）

孩子们的议论声越来越多。杨老师见状，便和孩子们一起把这位朋友请进了班级的自然角。在初夏的5月，关于蚯蚓的探究故事就这样悄悄地发生了。

分析：案例中探究蚯蚓的活动是在幼儿散步时生成的。生活中生成的科学活动往往是幼儿感兴趣的，能吸引幼儿探究的。学前儿童科学教育内容的生活化既是指科学教育内容要贴近幼儿的生活实际，又是指要在生活中生成科学教育的内容。

（三）过程的探索性

学前儿童的科学是行动中的科学，科学探究是学前儿童科学教育的核心，学前儿童科学教育的过程就是教师支持、引导儿童主动探究的过程。教师应改变重结果轻过程的做法，要给幼儿足够的时间，让幼儿自己去发现问题、解决问题，而不是直接告诉幼儿结果。真正的主动探究应是幼儿积极主动地与客观事物相互作用，运用已有的知识和经验，动手操作，观察其反应，描述观察到的现象或活动中的体验，解释现象或找出问题答案。

对点案例

一片龟壳引出的探究活动（大班）[①]

班里养了两只乌龟，一只大一只小。星期一，小明高兴地给乌龟换水，突然发现盆里有一片龟壳。他十分惊奇，喊大家来看。幼儿们为此感到很担心，询问朱老师小乌龟是不是受伤了。朱老师想，乌龟生长缓慢，平时很难发现它的变化，此刻正是引导幼儿仔细观察乌龟生长变化的契机。于是，朱老师问：“快找一找，它是从乌龟的什么地方掉下来的？”

幼儿们开始仔细观察，发现两只乌龟的身上都没有伤痕。一名幼儿拿着那片龟壳和小乌龟比了比，说：“这片比小乌龟身上的壳大，一定不是小乌龟的。”于是大家把目光集中到大乌龟身上。他们用这片龟壳和大乌龟身上的壳进行比较，发现这片壳是大乌龟背甲边缘的一块，并发现还有几块背甲的缝隙处也翘了起来。这时幼儿们争论起来：“它的甲壳越掉越少，以后没有甲壳了怎么办？”“可是这只乌龟背上的壳也没缺一块呀！”“它掉了旧的，又长出了新的。”……在朱老师的启发下，幼儿们开始数乌龟共有多少片甲壳，发现大乌龟和小乌龟的甲壳都是38片。

通过讨论，幼儿们想知道乌龟的甲壳是越掉越少还是新的长出来后旧的蜕去。于是，每天负责给乌龟换水的幼儿，都会把捡到的龟壳收集在一个

① 刘占兰.幼儿园科学教育资源[M].北京：人民教育出版社，2014：149.（引用时有修改）

小碗里。当捡到十多片时，他们又发现捡到的龟壳都是有沟槽的。经教师启发，幼儿们发现："大龟壳的边缘比中间的颜色要绿。""它好像换了新衣服一样。""它长个儿了，所以就蜕下旧的龟壳，换新的了。"经过讨论，幼儿们一致认为乌龟随着生长会蜕壳。

分析：这是一件偶然发生的事情，幼儿们发现一片龟壳，产生了疑问。在教师的启发引导下，幼儿们运用已有的认知经验，进行猜想和判断，并反复进行观察、探索，最终建构了关于"乌龟随着生长会蜕壳"的新经验。科学教育过程理应成为幼儿的探索过程，成为幼儿不断猜想与尝试、发现与验证的过程。

（四）组织方式的多样性

学前儿童科学教育的组织方式是多样的，既有幼儿自发的个体探究、小组探究，也有有组织的集体教学、区域活动；既有渗透于一日生活中的科学活动，也有渗透于其他领域中的科学活动。学前儿童的科学教育更多的应该是生成性的，在幼儿一日生活中随时随地进行。例如，阳光明媚的日子，幼儿发现老师衣服上别的胸针反射到墙面上就出现了明亮的光圈，老师走动一下，墙上的光圈会随之晃动；当老师走到太阳光照不到的地方，光圈就没有了。这正好是生成幼儿探究光和影子欲望的大好时机，教师可以支持、引导幼儿不断地探索并深化其相关认知。

拓展阅读：体验：幼儿科学教育教学的呼唤

四、学前儿童科学教育的意义

对学前儿童进行科学教育是人类社会进步的必然要求，是学前儿童发展的需要，也是学前儿童全面发展教育的重要组成部分。我们应该正确认识和理解学前儿童科学教育的意义。

（一）学前儿童科学教育对社会发展的意义

1. 有利于提高国民科学素养

重视学前儿童科学教育是时代发展的需要。当前，我国提出了建设"创新型国家"的发展目标，为实现这一目标，教育尤其是基础教育在其中具有重要作用。韦钰院士在其《创新从娃娃抓起》一文中指出，只有重视基础教育改革，然后至少要再经过 15 ～ 20 年，在整体国民科学素质提高后，创新型国家才能真正建设成功。[①]学前教育是基础教育的重要组成部分，通过在幼儿园开展科学启蒙教育，帮助儿童获得科学知识和经验，能够为其科学素质的早期养成和终身学习奠定基础。因此，科学教育"从娃娃抓起"有助于为全体国民科学素质的提高，为社会可持续

① 韦钰. 创新从娃娃抓起[J]. 上海教育，2006(5A)：41-43.

发展和创新型国家建设奠定基础。

2. 有利于增强综合国力

21 世纪是以科学技术为主导的知识经济时代，国家实力的竞争逐渐演变为科技实力的竞争，而科技实力竞争的基础是教育，是人才。因此，世界各国都高度重视科学教育。例如，1985 年，美国提出了“2061 计划”，这是一项长期的、面向未来的科学教育发展计划。计划希望通过对科学教育的改革，到 21 世纪中叶，年轻一代美国人具有普遍的科学素养。在我国，改革开放以来，邓小平同志提出了“科学技术是第一生产力”的重要论断，人们逐渐意识到科学技术对于增强综合国力、提高国际竞争力具有重大意义，科学教育在全国得到了前所未有的重视。科学教育不仅培养出具有创新精神的科技人才，也提高了整体国民科技素养，保障了科技不断创新，促进了经济、军事、教育、生活等方面的飞速发展，增强了我国的综合国力。

拓展阅读：“中国核潜艇之父”黄旭华

（二）学前儿童科学教育对个体发展的意义

1. 有利于激发儿童的科学潜能

学前儿童科学教育能够启迪儿童的心智，影响他们一生的发展。许多科学家在回忆自己的成长过程时，都会强调童年经历对他们的深刻影响。如科学家爱因斯坦、钱学森等都是从小对科学产生浓厚兴趣，并受到良好的科学教育，长大后成为举世闻名的大科学家的。可见，童年时期对科学探索的经历，能够使儿童从小在心里埋下“科学的种子”。学前儿童的科学教育使儿童内在的求知欲望得以激发，好奇心和探索精神得以保护，从而为其今后从事科学研究奠定坚实的基础。

2. 有利于帮助儿童适应现代社会的发展

当今社会，科技的飞速发展带来了日新月异的社会变化。科学改变着我们的生活，充斥于生活的方方面面。我们只有掌握一定的科学知识和基本的科学探究技能才能更好地适应现代的社会生活方式。学前儿童科学教育承载着从小培养儿童科学素养的使命，从而促使其日后能更好地改善生活，提升生活质量。

3. 有利于促进儿童全面发展

学前儿童科学教育是幼儿园课程的重要组成部分，对促进幼儿的全面发展起着重要作用。丰富多彩的大千世界能够激发幼儿的好奇心和求知欲，满足幼儿的探究兴趣；幼儿在探究客观世界过程中，通过动手动脑、观察比较、表达交流，丰富了科学知识和经验，学会了探究技能和方法。在活动中，幼儿学会了与同伴合作，积极性、主动性、创造性和自信心等良好的个性品质得以发展。因此，学前儿童科学教育能够促进幼儿身体、认知、情感、社会性等方面全面协调发展。

任务2 学前儿童科学教育的理论基础

一、建构主义学习理论

学前儿童科学教育的实质是对学前儿童进行科学素质的早期培养。从建构主义来看，知识是人创造的，并受人的价值观和文化的影响，不是客观的，它具有主观性；学习是幼儿主动建构自己知识的过程，而不是由教师向幼儿传递知识的过程。借鉴和应用建构主义知识观和认识论的一些观点，可以使学前儿童科学教育有更多的理论依据和指导意义。

微课：建构主义学习理论

（一）建构主义学习理论的基本观点

建构主义认识论兴起于20世纪80年代末，强调以学习者为中心，知识是主体在与社会互动的过程中不断建构和生成的。建构主义认为，学习过程是学习者主动建构知识而非被动接受知识的过程，鼓励学习者进行批判思维，强调要调动学习者的学习兴趣与动机。[①]建构主义的基本观点主要体现在以下四个方面。

1. 知识观：知识是生成的、动态发展的

建构主义认为，知识不是绝对客观的真理和被认知、被控制的客观对象，知识的本质是生成的、建构性的，随着认识主体交往实践活动的不断深入而形成新的观点和认识。知识是学习者基于自身理解而对外在世界赋予的假设和解释。任何知识在与学习者发生作用之前，对于学习者而言都不具有意义，只有在与学习者相互作用并由学习者主动建构之后，才具有意义。建构主义对知识的理解可以归纳为三点。

第一，知识是人们对客观世界的一种解释或假设，随着人们认识活动的深入而不断得到改写和完善；

第二，知识不是通过感觉或交流而使人被动接受的，而是由人主动建构生成的；

第三，在建构的过程中，为了适应不断扩展的经验，个体的图式会不断进化，所有的知识都是在这种个体与经验世界的对话中建构起来的。

2. 主体观：幼儿是有主体性的

知识的传递虽然以语言（书面或者口头语言）为载体，但是即使同样的语言外在形式，学习者收获的信息也未必一致，每位学习者对于知识的掌握和获得程度各

① 吴广梅.基于建构主义的学前儿童科学教育[J].学理论，2013(2)：203-204.

不相同。学习者在与外界事物相互作用的过程中，运用自身感官和已有知识经验主动参与科学探究并获得知识、建构意义。幼儿是主动的学习者，不是消极、被动有待教师填充知识的客体。建构主义学习理论认为幼儿的主体性表现在两个方面。

（1）幼儿不是一块白板

幼儿在以往的学习和日常生活中已经形成了各种直观的经验，即使有些问题他们没有接触过，但他们可以基于以往的相关经验进行重新组织，以形成对新问题的解释。教师在教学中要把幼儿的原有经验作为新信息或者新知识的生长点或平台，要注重幼儿对各种问题的理解，倾听他们的想法，引导幼儿形成新的知识结构。

（2）幼儿是主动的建构者

幼儿以自己的方式建构对事物的理解，每个幼儿以特定的方式理解事物的某些方面，通过同伴合作，对事物的理解能够更加全面和丰富。教学要增进幼儿之间的合作，使他们能够发现彼此不同的观点及其原因。因此，建构主义学习理论很重视幼儿的合作学习。

3. 学习观：学习是主动建构的过程

建构主义学习理论认为，学习过程不是简单地将信息从外部向内部输入，而是通过新旧知识经验之间的交互作用而不断生成新理解的过程。学习也是在一定的情境即社会文化背景下，借由其他人的帮助，即通过人际的协作活动而实现的意义建构过程。教师是意义建构的帮助者、促进者，而不是知识的传授者与灌输者；学生是信息加工的主体、意义的主动建构者，而不是外部刺激的被动接受者和被灌输的对象。

4. 教学观：合作学习，在情境中建构知识

建构主义认为，知识的获得不能仅仅满足于教条式的掌握。在教学中，学生应成为学习活动的主体，教师在此过程中进行支持、引导和合作，唤起学生的兴趣，引导学生在一定的情境中，通过合作协商完成知识建构，并建立综合评价机制。

（1）重视学习者的已有经验和主动建构

传统教学强调知识的传递，由教师将事先准备好的知识灌输到学习者的头脑中。建构主义主张学习者不是知识的容器，教学过程也不是简单地把知识倒进“知识的容器”。学习者自身带着丰厚的知识经验，这些经验是学习新知识、新经验的重要基础，不能忽视。建构主义强调教师应重视学生的已有经验，为他们在新旧知识之间搭建桥梁，使之顺利完成新知识、新经验的意义建构。教学要服务于学生，以学生为主体，围绕学生的实际情况展开。

（2）重视合作学习

建构主义强调学习成员之间合作互动对于新概念建构的重要意义。在平等对

话的基础上，教师与学生之间、学生与学生之间形成学习共同体，针对具体问题相互协商、分工合作，通过对话与互动实现多方思维的撞击，产生新的想法和观点，获得新知。建构主义注重成员之间知识、技能和学习资源的共享，使每个成员都为推动集体性知识的持续发展做出有价值的贡献。

（3）引导儿童在情境中建构知识

建构主义认为，个体的知识建构是通过与社会历史文化环境和物理环境的不断互动形成的。情境为个体的认知提供加工材料，激发和支持认知需要。在整个认知过程中，情境持续与个体认知相互作用，完成个体知识建构。幼儿在幼儿园所学习的知识应该是一种情境化的体验，同时在这种体验的过程中，思维力、想象力，以及解决问题的能力也得以训练。在体验的过程中孩子们学会了主动探索、自己解决问题，从而实现对知识的自主建构。脱离情境的知识不是真的知识，是呆滞的和没有生命力的。

（4）综合的教学评价观

建构主义认为，学习的评价不仅仅是考察认知水平、知识掌握的程度。学习的评价应从学习者在学习过程中的参与度、合作协商能力，以及学习者自身的知识结构产生何种作用等方面进行全方位评价。教学评价的目的不是给学生核定成绩并进行排序，而是使每个学生在自身已有水平上获得发展。在评价时，应兼顾学生所选择任务的复杂水平和难度。建构主义在评价的方式上重视自我评价和他人评价，学生个体可对自身所学过程进行评价，小组成员也可对其在合作过程中的表现进行评价。评价内容应与整个探究过程密切相关，采用多维、综合的评价方式。

（二）建构主义学习理论对学前儿童科学教育的启示

1. 创设适宜的学习情境

具有一定挑战性的学习情境更有助于吸引幼儿的注意力，同时只有在结构不良、具有一定复杂性的挑战性情境中，才能有足够的空间让幼儿利用自己的问题框架，自主生成具有自己个性的问题结构和过程。如在中班科学活动“神奇的面巾纸”中，创设“用面巾纸拎重瓶子，有的可以拎起来，有的一拎就断”的问题情境，使幼儿产生“为什么一样是面巾纸有的可以拎起来，有的拎不起来”的问题，激发幼儿的探究欲望。

选择贴近于幼儿生活的情境。教师要为幼儿选择与他们在幼儿园外的真实生活相类似的场景，只有幼儿认识到自己所学的知识有用，他们的学习才有意义。另外，教师要善于发现和总结幼儿所需要学习的科学知识，然后构思这些科学知识发生的真实事件场景是什么样的，进而收集相关材料，设计“真实、自然”的情境。

2. 建立新旧知识之间的连接，帮助幼儿完成意义建构

建构主义的重要特征之一就是重视幼儿已有的知识经验，教师采用提问、观察、游戏等手段了解幼儿已有的知识经验，然后在此基础上创建问题，引导发现，使幼儿逐步掌握科学概念。通过提示新旧知识之间联系的线索，帮助幼儿建构当前所学知识的意义。为了使意义建构更有效，教师要运用一系列的方法引导幼儿朝着有利于意义建构的方向发展。比如，提出适当的问题以引起幼儿的思考和讨论；在讨论中设法把问题一步一步地引向深入以加深幼儿对所学内容的理解；启发诱导幼儿自己去发现规律，纠正和补充错误的或片面的认识。

3. 重视协作与交流

在教学中，通过教师与幼儿、幼儿与幼儿之间的协作、交流，每个学习者的思维成果可以为学习群体所共享，并促进每个学习者的认识在不同层面得到提高。在科学教育活动的实施中，教师应为幼儿创造社会互动的条件，为幼儿协商、合作提供支持和鼓励，使幼儿在合作中完成经验建构。教师应注意小组成员中无论能力强弱，他们的观点和看法都应该受到重视，教师要鼓励小组成员之间互相尊重，承认小组成员之间的能力和水平差异，特别关注能力较弱的幼儿，使他们的发言和想法不被忽视，防止“小组领导人”权威化，让能力强和能力弱的幼儿各司其职，在其原有水平上得到应有的发展。

4. 科学教育的评价要注重过程性和差异性

建构主义认为，世界是多元的，每个幼儿都是独一无二的个体，科学教育不能用绝对统一的尺度去衡量幼儿的学习水平，科学教育的评价要注重促进学前儿童科学素养的发展，因此倡导形成性评价或过程性评价。学前儿童的科学素养是在探究过程中逐步形成和发展起来的，所以在进行评价时要将评价贯穿于探究活动的始终，尤其要重视幼儿在探究过程中的情感体验，不能简单地关注幼儿探究的结果。同时由于幼儿发展的个体差异性，我们的评价要因时因人而异，建立不同层次的评价标准。通过这种过程性和差异性的评价，促使教师不断改进教学策略以及学习情境、教学模式的设计，从而更好地支持和指导幼儿进行建构性学习。①

二、皮亚杰有关儿童科学认知发展理论

（一）儿童认知发展阶段论

皮亚杰（1896—1980）是当代著名儿童心理学家，也是迄今为止在儿童心理发展史上最具影响力的理论家。皮亚杰把智力定义为帮助有机体适应环境的一种基本生命功能，并将认知发展划分为四个阶段：感知运动阶段（0～2岁）、前运算

① 吴广梅.基于建构主义的学前儿童科学教育[J].学理论，2013（2）：204.

阶段（2～7岁）、具体运算阶段（7～11岁）、形式运算阶段（11岁以后）。皮亚杰认为，所有儿童都严格按照同样的顺序发展，每一阶段都建立在前一阶段发展完成的基础之上，所以这些阶段不可能逾越。但是皮亚杰也承认，儿童进入特定阶段的年龄存在很大的个体差异，文化及其他环境因素的影响，可以促进或者延缓儿童智力的发展速度，达到各阶段的标准年龄只是一种粗略的估计。[①]

1. 感知运动阶段（0～2岁）

婴幼儿的认知活动以感知和运动反射为主要形式，并依赖于具体的事物。其主要特点是婴幼儿依靠感知动作适应外部世界从而建构行动的图式，作为以后建立运算结构与概念结构的基础。在这个阶段末期，婴幼儿开始具有一定的心理表象的能力，但还不完善。婴幼儿在感知运动阶段获得的最显著的进步之一就是客体永久性观念的发展，即当物体不在眼前或者通过其他感官不能察觉时，仍然知道物体是继续存在的，例如当摘下手表用杯子盖住后，仍然知道手表是存在的。

2. 前运算阶段（2～7岁）

这个阶段的儿童已经开始利用符号或者语言的机能进行思维，由于各种感知运动图式逐渐内化成为表象图式，他们开始借助语言从具体动作中摆脱出来，用表象符号来代替外界事物。

3. 具体运算阶段（7～11岁）

这个阶段的儿童心理运算能力已经形成，他们把外部动作内化为心理内部的动作。其思维具有具体性、可逆性、守恒性等特点，他们已经具备解决具体问题的逻辑思维能力，能正确把握逻辑概念的内涵。

4. 形式运算阶段（11岁以后）

这个阶段的儿童能够运用假设与命题，在思维上可以将形式和内容分开，并且脱离具体事物，通过假设来进行逻辑思维。他们还具备了抽象思维能力，可以不受时空的限制去认识和把握事物发展的客观规律，思维水平基本接近成年人水平，属于形式思维水平。

（二）儿童科学认识的“泛灵论”

一天放学后，4岁的小宇告诉妈妈：“妈妈，今天休息的时候，一阵凉爽的大风吹来，几乎把我吹倒！我想它知道我热了，所以来给我降温！”在这个例子中，幼儿做了一个影响他理解的重要假设：没有生命的风是有意图的。他还不能区分有生命的物体和无生命的物体，至少还不能像成年人那样进行区分，因此他对现实的理解与妈妈的理解很不一样。

① 谢弗，等.发展心理学：儿童与青少年[M].邹泓，等译.9版.北京：中国轻工业出版社，2016：206.

根据皮亚杰的理论，幼儿的认知来自主客体之间的相互作用。幼儿早期不能很好地区分主客体，因此，他们的认识常表现出“泛灵论”的特点，他们一般会把有生命物体的特征加到无生命物体上，从而导致“万物有灵”的思想。皮亚杰总结了幼儿“泛灵论”思想的三个发展阶段。

第一个阶段延续到 4 ～ 5 岁为止，它的显著特征是以整体性的暗示表示万物有灵。在这个阶段中，主体和客体完全混淆，互相渗透，现实常常被想象为魔幻般的活动。如“小黄豆在豆浆机里会很痛的”“小蜜蜂伤心地哭了”等。

第二个阶段从 4 ～ 5 岁开始到 8 ～ 9 岁。这一阶段，暗示性的特征逐渐消失，主客体开始区分，但是主观意向仍附着于客体之上。魔幻和泛灵论依然是构成该阶段的基本成分。

在第三阶段，主客体开始分离，幼儿开始认识到主体不必追随于客体。显然，这一阶段魔幻和泛灵论的成分趋于消失。

依据皮亚杰理论的观点，学前儿童的科学认识明显具有“泛灵论”的特点，起源于在幼儿的认识世界中主客体尚未完全分离。幼儿的认识正处于“主客体互渗”的阶段，这就决定了他们的认识具有自我中心的特点，常会以自身的主观想法来取代客观的认识，或认为无生命的事物也是有生命的。当幼儿的认知发展到一定阶段，即主客体分离阶段时，幼儿认识中的“泛灵论”会自然消失。皮亚杰还特别指出，幼儿自然观念的发展取决于他们的认知发展阶段，尽管这些具体认识要受到其生活经验的影响，但这不是根本原因。幼儿认知发展上的这种局限性决定了他们无法获得对自然界完全客观的认识，即幼儿能理解的“科学概念”往往具有一定程度的非科学性。幼儿认识事物的特点决定了幼儿不能真正理解抽象的科学概念，所以，即使成年人向幼儿灌输一些科学概念，也改变不了他们“泛灵论”的认识。

（三）皮亚杰观点对学前儿童科学教育的启示

1. 基于兴趣，促进幼儿通过同化和顺应过程达到平衡

皮亚杰喜欢把儿童称为“小科学家”，认为儿童会像科学家遇到新问题一样，他们首先会用已有的熟悉的方法来同化一个不熟悉的事件，接下来，会调整自己已有的思维和行为模式来适应新情况。在以上两种情形下，幼儿都积极地参与寻求解决方案，用各种方式不断尝试（可能是尝试—失败—再尝试），以便能够弄明白这种新情况，最终，通过创造性的行为，对于新的挑战做出反应，从而在观察与理解之间达到一个满意的平衡。由此，学前儿童科学教育方法的选择要依据幼儿的兴趣，符合幼儿同化和顺应等认知规律，以促进幼儿智力和推理能力形成为目的。

微课：认知发展理论对学前儿童科学教育的启示

2. 尊重规律，科学教育要符合幼儿认知发展水平

皮亚杰认为，幼儿的科学认识和认知结构的发展是平行的，幼儿科学认识的发展取决于他们的认知发展阶段。幼儿的认知发展正好处于前运算阶段。也就是说，幼儿还不具备运用逻辑进行思考的能力。因此，当我们在对幼儿进行科学教育时，不能超越幼儿本身成熟的条件，而对幼儿提出过高的、不切实际的要求。教育活动的设计与指导都应该遵循这个规律，把握幼儿心理的可能性与现实性进行。同时，不同年龄幼儿的认知发展还具有连续性，因此，教育活动还应该考虑幼儿的潜力，为他们提出新的任务，引发其认知冲突，促进每个幼儿主动、自发地活动和学习，从而得到最佳的发展。

3. 提供环境，促进自主学习与合作学习

科学教育应当为幼儿提供实物和环境，让幼儿通过摸、看、闻、尝、听、抓、举、扔、捏、切等探究活动来了解事物的各种特性，在与环境的互动中进行自主学习。根据皮亚杰的看法，他强调“冲突”的角色，特别是存在于伙伴之间的冲突，可以用来促进认知的建构，通过与同龄伙伴的冲突与争议，幼儿可以看到别人与自己不同的观点。事实上，皮亚杰认为在刺激认知的改变上，与同伴的接触会比与成年人的接触更有价值。因为幼儿可能在表面上接受成年人的观点，不加以批判检视，更不敢在成年人的权威下质问他们。皮亚杰认为同伴意见的冲突，再加上认知的成熟，可以导致学前儿童非逻辑思考的自我中心意识的下降。

三、维果茨基有关幼儿科学概念形成的理论

微课：维果茨基有关幼儿科学概念形成的理论及其启示

维果茨基（1896—1934）是苏联著名的心理学家、教育家，他主要研究幼儿发展与教育心理，着重探讨思维和语言、幼儿学习与发展的关系问题。他是心理学社会文化历史学派的创始人。维果茨基在辩证唯物主义的观点指导下，研究幼儿科学概念的发展，并强调教学对促进幼儿发展的作用。

（一）“最近发展区”理论

维果茨基提出了“最近发展区”理论，以说明教学与发展的关系。他认为，儿童的发展水平有两种：一是现有的发展水平，表现为儿童能够独立地、自如地完成教师提出的智力任务；二是潜在的发展水平，表现为儿童不能独立完成任务，但在成年人的指导帮助下能完成任务。这两种水平之间的差距即为儿童的“最近发展区”。按照维果茨基的说法，教师的角色是在孩子的最近发展区提供经验，活动必须是要挑战孩子的能力，但可在成年人的引导下完成。

维果茨基指出，教学应当走在发展的前面。“只有走在发展前面的教学才是好

的。它能够激发和引起处于最近发展区中的成熟阶段的一系列功能。”如果教学只能利用发展中已经成熟的东西，教学自身不是发展的源泉，不是产生新东西的源泉，那么根本就不需要教学。

（二）关于儿童科学概念发展的观点

维果茨基重点研究了日常概念和科学概念。他认为，学前儿童的思维尚处于复合思维阶段，还没有形成概念思维。因此，儿童不是根据抽象的和逻辑的联系来认识事物，而是根据组成复合体的各成分之间的具体的和实际的联系来认识事物。

维果茨基将儿童自发形成的概念（或日常概念）归因于他们的复合思维，认为儿童是根据简单的因果关系或事物表面属性、功能和情景来总结概念的。比如，把太阳、卷心菜归为一类，因为“都是圆的”；把遥控器和电视机归为一类，因为“都是看电视要用的”。维果茨基认为，虽然日常概念不如经由教学获得的科学概念那样经得起检验，甚至根本不能称之为概念，但它们更接近儿童的生活，易于理解，不像科学概念那样晦涩难懂。日常概念是儿童思维发展无可替代的一个阶段的产物，它的作用不容忽视。

维果茨基认为，科学概念的发展途径必须在教学中体现。儿童正是在这个过程中获得科学概念，原来已经形成的日常概念也会参与到科学概念的形成过程中，参与到对世界的认识关系中，并在这一过程中发生变化，改变自己的结构。

（三）维果茨基观点对学前儿童科学教育的启示

1. 幼儿科学概念的获得是一个建构和再建构的过程

教师要给幼儿在学习过程中分享其经验和看法的机会，而不是急着去更正幼儿的概念，或者强制他们接受成年人或科学家对事物的看法。

2. 促使幼儿日常概念的科学化

幼儿的日常经验是其获得概念的重要途径之一，日常概念是幼儿在日常生活实践中形成的，具有主观性、模糊性等特点，教师应明确日常概念和科学概念的异同，在教学中以日常概念为基础，经过过滤、提取，最终帮助幼儿形成科学概念。

3. 重视科学活动在幼儿科学概念获得中的作用

要达到对科学概念的正确理解，不仅需要教师的讲解，更需要使幼儿通过类似科学家的探究过程来理解及培养科学探究的能力。因此，教师应创设适宜的充满问题的学习情境，激发他们的探究欲望，鼓励幼儿在发现问题、收集资料、解决问题等过程中建构对知识的理解。①

---

① 贝尔克，温斯勒.鹰架儿童的学习：维果斯基与幼儿教育[M].谷瑞勉，译.南京：南京师范大学出版社，2007.

任务 3　学前儿童科学教育的目标

学前儿童科学教育的目标直接决定了学前儿童科学教育教什么、怎么教。同时，目标又直接反映了学前儿童科学教育的价值取向与追求。学前儿童科学教育目标是学前教育总目标前提下的一个复杂的体系，自上而下可分为学前儿童科学教育总目标、年龄阶段目标和活动目标三个层次。

一、学前儿童科学教育总目标

微课：《纲要》科学领域的目标

2001 年 7 月，教育部颁布了《幼儿园教育指导纲要（试行）》（以下简称《纲要》），分别从健康、语言、社会、科学和艺术五大领域入手规定了各领域的目标、内容与要求和指导要点。其中，《纲要》中规定的科学领域总目标如下。

第一，对周围的事物、现象感兴趣，有好奇心和求知欲；

第二，能运用各种感官，动手动脑，探究问题；

第三，能用适当的方式表达、交流探索的过程和结果；

第四，能从生活和游戏中感受事物的数量关系并体验到数学的重要和有趣；

第五，爱护动植物，关心周围环境，亲近大自然，珍惜自然资源，有初步的环保意识。①

《纲要》中科学领域总目标之间相互联系，不可分割，为学前儿童科学教育领域实现科学素质早期培养和促进学前儿童体、智、德、美和谐全面发展指明了方向。

《纲要》科学领域总目标站在人的终身学习和持续发展的高度，突出强调了学前儿童科学教育应以萌发学前儿童的兴趣和探究欲望为主要目标，让学前儿童在科学探究活动中积累初步的科学知识，学习简单的科学方法，启蒙科学思维，培养科学精神，同时结合学前儿童的年龄特点与身心发展水平，采取适合的教学方法，形成初步的科学素质。②

拓展阅读：我国学前儿童科学教育目标的发展历程

《纲要》中科学领域的五条目标，除了第四条是有关数学的具体目标，其他四条可以概括为三个方面，即科学情感与态度目标、科学方法与技能目标、科学知识目标。

① 教育部基础教育司.《幼儿园教育指导纲要（试行）》解读[M].南京：江苏凤凰教育出版社，2017：40.

② 张建波，周嘉禾.学前儿童科学教育[M].南京：河海大学出版社，2019：34.

（一）科学情感与态度目标分析

《纲要》把科学情感与态度作为学前儿童发展最重要的方面，是因为积极的情感与态度是个体持续发展的内在动力，也是整个学前儿童科学教育目标体系的核心内容。《纲要》中科学领域总目标涉及科学情感与态度方面的目标有两条：第一条“对周围的事物、现象感兴趣，有好奇心和求知欲”和第五条“爱护动植物，关心周围环境，亲近大自然，珍惜自然资源，有初步的环保意识”。

从总体上来说，科学情感与态度目标有三个方面的内涵：一是发展幼儿的好奇心、兴趣和求知欲，包括对周围事物与世界的好奇心，探索周围世界、学习科学技术、参与各种科学活动的兴趣；二是培养幼儿对自然的积极情感与态度，包括提升幼儿对自然界的兴趣、审美情趣，以及热爱自然的情感和爱护环境的行为，使幼儿学会欣赏自然界的美；三是培养幼儿尊重他人，乐于合作、分享与交流的情感态度与个性品质。

1. 发展幼儿的好奇心、兴趣和求知欲

《纲要》总目标的第一条是：“对周围的事物、现象感兴趣，有好奇心和求知欲。”具体地说，也就是要发展学前儿童对周围各种事物和现象的好奇心，培养学前儿童参与科学探究活动、科技制作活动的兴趣，激发学前儿童的求知欲。

好奇心和探究欲望是人类认识活动必不可少的主观前提，是探究和学习的原动力与内驱力。对于幼儿来说，它不仅能提高幼儿认识活动的积极性和效果，还能使认识活动成为快乐的事，从而进一步维持之并获得成功。好奇心是人的天性，求知是人的本能。正如杜威所说，儿童有调查和探究的本能，好奇、好问、好探究是儿童与生俱来的特点。幼儿的好奇主要表现在喜欢接触大自然和新鲜事物，例如刚发芽的小树、刚长出的小草会吸引幼儿的注意力，不知名的小虫子会让幼儿观察半天，漂亮的万花筒会让幼儿产生探索、制作的兴趣等。

拓展阅读：幼儿的好奇心

2. 培养幼儿对自然的积极情感与态度

《纲要》总目标的第五条“爱护动植物，关心周围环境，亲近大自然，珍惜自然资源，有初步的环保意识”，强调了要培养学前儿童关爱环境的积极情感和态度，包括提升幼儿对自然界的兴趣、审美情趣，以及热爱自然的情感和爱护环境的行为，使幼儿学会欣赏自然界的美。情感、态度与人的认识活动有密切的关系，积极的情感和态度可以促进儿童的认识活动，有利于学前儿童学习科学，也将为他们良好个性的形成和发展奠定基础。但是，学前儿童对周围事物的积极的情感、态度不是与生俱来的，也不可能自然发展或突然产生，它需要在幼儿园科学教育

的过程中，结合儿童的具体情况去精心培养。[1]例如，从幼儿喜爱周围的小草小花、小鸟小虫开始，逐步培养幼儿对周围事物和环境的积极情感与态度；也可以通过一些以“环境污染”“物种灭绝”等为主题的科学教育活动让幼儿形成对珍稀生物和各种资源的保护意识。

对点案例

6月5日是世界环境日，青鸟幼儿园各班结合这个意义非凡的日子开展了一系列丰富多彩、形式多样的环保主题活动。从幼儿熟悉的周围环境、社区环境卫生入手，以“变废为宝”“节约能源和资源”“保护社区环境”“美化家园”“环保知识竞赛”等活动为主线展开全园的环保主题活动，鼓励幼儿争当环保小卫士，做一个小小环保宣传员，从我做起，爱护环境，美化家园。随着活动的开展，孩子们随地丢果皮、纸屑的现象少了，随地吐痰的现象不见了，洗手间的水龙头不再滴水了……

分析：在上述案例中，幼儿园结合世界环境日开展了具体的环保主题活动，从幼儿熟悉的环境入手，提升了幼儿绿色环保的意识与行动，培养了幼儿保护环境的情感、态度与责任意识。

3. 培养幼儿尊重他人的良好品质，乐于合作、分享与交流

培养幼儿的情感与态度，还需要注重培养幼儿独立性、主动性、创造性、自信心、自制力、责任感和合作性等良好的个性品质，让幼儿学会尊重他人，乐于与他人合作、分享与交流。我们要通过学前儿童科学教育，使幼儿从小建立起多角度看问题的意识，看到同伴的价值；能够与同伴分享和交流自己的发现；乐于与同伴合作，彼此关心、理解，学会倾听同伴的想法并接纳和吸收同伴的合理意见，必要时也能向同伴寻求帮助。

（二）科学方法与技能目标分析

科学方法与技能的掌握比单纯地获得科学知识更有意义，对于学前儿童来说，“动手动脑，学会探究”是他们必须掌握的重要技能。《纲要》中科学领域总目标涉及科学方法与技能方面的目标有两条：“能运用各种感官，动手动脑，探究问题”和“能用适当的方式表达、交流探索的过程和结果”。

从总体上来说，科学方法与技能目标的内涵是：帮助学前儿童学习探索周围世界和学科学的方法，如观察、分类、测量、操作、思考、表达、交流信息和解

① 邱淑慧.学前儿童科学教育与活动指导[M]. 2版.北京：教育科学出版社，2016：53.

决问题等方法技能，以及发展儿童的观察力、思维能力、创造力、动手能力和初步解决问题的能力。①

1. 观察探究

《纲要》中科学领域总目标的第二条是“能运用各种感官，动手动脑，探究问题”，指的就是通过运用各种感觉器官，观察、发现问题并进行科学探究的策略。观察是一种有目的、有计划的知觉活动，也是一种基本的科学方法。对于学前儿童来说，由于他们逻辑思维发展有限，因此获取知识更多地依赖于直接的观察。观察是幼儿重要的科学探究技能，科学思维的第一步是用感官观察和探究周围环境，发现问题。例如，通过观察发现用碗将水灌入可乐瓶中，水会漏出许多，于是一个科学方法与技能目标就产生了：掌握将一碗水灌入可乐瓶中而使水尽量不漏出来的方法。

2. 动脑思考

《纲要》中科学领域总目标的第二条提到了“动手动脑”，其中的“动脑”就是指动脑思考解决问题，也是科学思维的第二步。思考泛指儿童的思维过程，它贯穿儿童科学学习的始终。思维是认识过程的高级阶段，是智力的核心，它探索与发现事物的内部本质联系和规律性。对于学前儿童来说，他们的思维以直觉行动思维和具体形象思维为主。他们虽然还不具备完整的逻辑思维，但可以在具体形象和表象基础上思考事物与事物之间的关系，甚至针对观察和探索时发现的问题、产生的疑问，进行推理和预测，这也是思维活动的形式之一。预测是指对将要发生的事件做出猜想。在一个探究活动开始时能预先做出推理和猜想，有助于幼儿将预想与探究结果做比较，真正促进幼儿认识结构的发展。

3. 动手操作

《纲要》中科学领域总目标的第二条提到了“动手动脑”，其中的“动手”指的就是动手操作，这也是科学方法策略中最重要的一环。学前儿童的动手操作有三种类型：实验操作、技术操作、其他手段的操作。实验操作是指幼儿在探究未知的科学活动中，以行动、操作或其他方式验证其发现、推论或预测是否正确的过程和方法。通过实验操作，幼儿原来的预想可能得到支持和证实，也可能被推翻。技术操作是指学前儿童在科技制作活动中，运用工具或材料，对客观对象或材料进行操作加工或制作成新产品的过程。其他手段的操作主要指幼儿通过图书查阅、互联网查阅等各种渠道收集有关资料与信息的过程和方法。在当今的信息化时代，这也是一种重要的科学学习方法。其他手段的操作还包括在实验过程中或在实验

① 张建波，周嘉禾. 学前儿童科学教育 [M]. 南京：河海大学出版社，2019：36.

之后，对实验结果的记录。

4. 分类测量

对于学前儿童来说，分类和测量也是他们需要运用的方法与技能。分类是把一组物体按照特定的标准加以区分的过程，能帮助幼儿对周围事物进行抽象与概括，有助于幼儿探索事物之间的关系。测量是把待测定的量与一个作为标准的量进行比较，它将抽象的数与几何这两个关键的数学领域紧密联系在一起，较为复杂，因此对于幼儿来说主要是对物体量的基本特征和比较方法的了解。

5. 表达交流

《纲要》中科学领域总目标的第三条是“能用适当的方式表达、交流探索的过程和结果”，强调的是表达交流。表达作为一种技能，在学前儿童科学教育活动中是必不可少的信息交流手段。通过表达，幼儿可以思考自己的科学探究过程，强化自己的科学发现，从而增强自信心。

学前儿童表达交流的方式有语言和非语言两种。语言方式包括语言、文字，非语言方式包括肢体动作、绘画创作等。在学前儿童科学教育中，要让学前儿童用准确、有效的语言表达、交流自己在科学活动中的做法、想法和发现；要让学前儿童学会用适当的方式表达自己在科学活动中的情绪体验，如体态、动作和表情等；要让学前儿童学会用各种手段（如图表、绘画、作品展览等）展示自己的科学活动结果。

（三）科学知识目标分析

科学知识目标是人类在了解自然科学时，希望获得的有关事实的信息和理论的信息。《纲要》并没有明确地提出科学知识方面的目标，但是作为科学教育的必然结果，知识经验的获得已经蕴含在科学领域的其他目标中，我们可以从以下三个方面来理解。

第一，科学知识目标蕴含在科学领域的其他目标中。因为知识目标是作为科学探索过程的结果而出现的。例如《纲要》中“求知欲”的目标，就是说应激发幼儿获得科学知识的原动力。在科学探索的过程中能“运用各种感官，动手动脑，探究问题”，从而获得科学知识，并“能用适当的方式表达、交流探索的过程和结果”，这实际上也是指科学知识存在于幼儿相互之间的探索、交流与分享活动中。

第二，学前儿童的学习是一种个人的、经验性的学习。不同地域、不同经验背景的儿童所获得的科学知识会有很大的差异性，如农村儿童和城市儿童的科学知识经验会有很大差别，南方和北方的儿童对季节与周围自然环境的感知也会有很大的不同。因此，在学前儿童科学教育中，我们要强调的是学习的经验性，而不宜对儿童应该获得哪些科学经验做具体的规定。

第三，《纲要》不专门列出具体的科学知识目标，有利于纠正以往科学教育中“重知识”的错误观念，避免在教育实践中片面追求知识倾向的产生。在学前儿童科学教育中，我们不能把重心放在教幼儿学习科学知识上，也不能把幼儿的知识等同于能力的发展，更不可简单地用知识的多少来评判幼儿发展水平和能力的高低。

学前儿童的科学知识有两个层次：一是获取广泛的科学经验；二是在感性经验的基础上形成初级科学概念。

1. 获取广泛的科学经验

幼儿的科学经验包括幼儿对事物形状特征的认识、对科学现象的理解，是幼儿在科学探索过程中，通过亲自操作、凭自身感觉获取的具体事实和第一手经验。幼儿通过不断地与周围环境接触，从而在脑中储存丰富的信息，留下生动的表象。这些有关周围物质世界的信息和表象，就是幼儿获得的初始科学经验。我们要帮助幼儿在自身的实际水平上建构并运用自己的知识经验[①]，即要根据幼儿的年龄特点、生活经验等选择适合幼儿的内容，并帮助幼儿主动建构知识经验，而非强行进行知识灌输；也要在内容的选择上坚持由近及远的原则，帮助幼儿先认识身边的常见事物，再认识较远的不常见事物。例如，对于在海边但远离山区的幼儿园，就可以让幼儿先认识海边场景的动物与植物，再认识较远的山区中的动植物。

2. 在感性经验的基础上形成初级科学概念

概念是对事物本质的抽象的认识，是对具体事物概括的结果。初级的科学概念是指幼儿在获得感性经验的基础上，对同类事物外在的、明显的共同特征的概括，是一种概括化的表象。它是由符号代表的、具有共同关键属性的一类物体、现象、情境或性质，而不是直接的经验或具体事实。幼儿形成初级的科学概念，能把他们已获得的具体的、丰富的，但又是片断的、孤立的科学经验进行归纳、概括，并以简化的方式，把具体的信息转化为概念性的认知结构，储存在脑中，因而容易保持和记忆。比如，“声音是由物体振动产生的”这一抽象的科学概念，就是在感性经验的基础上形成的。教师在帮助幼儿提取以往生活经验的基础上，为幼儿提供大量的操作、探索性活动，如敲击锅盖后，将手放在锅盖上感受其振动等，让幼儿建构关于声音的多样性和产生声音的各种方法等丰富、具体的科学经验，随后帮助幼儿将已获得的科学经验进行归纳、概括，引导幼儿理解物体振动产生声音这一科学概念。

---

① 徐群，巫莉.幼儿园科学教育与活动指导[M].南京：南京师范大学出版社，2019：26.

3. 科学经验与科学概念是有区别的

科学经验是与具体事物和现象联系在一起的，离开了具体事物和现象就不可能获得这些经验，如“空的矿泉水瓶很轻，放在水里会浮上来”，这是属于科学经验；科学概念则是对事物的本质的、抽象的认识，是对具体事物进行概括的结果，如“比重”“固体”等。

对点案例

在某幼儿园小班“颜色变变变”的科学活动中，教师给每个幼儿发了装有水的瓶子，瓶盖上涂有红、黄、蓝任意一种颜色的颜料，通过颜料的混合让幼儿知道两种颜色混合后会出现新的颜色。操作结束后，教师将“红色混黄色是橙色”写在黑板上，并带着幼儿念了好几遍，原因是怕幼儿记不住这个科学知识。

分析：该教师在科学教育实践中出现了片面追求科学知识的问题。在学前儿童科学教育活动中，教师要为儿童创造条件，提供较多的感知、观察和动手的机会，帮助幼儿获得丰富的科学经验，而并不是直接向幼儿灌输科学知识。

二、学前儿童科学教育年龄阶段目标

幼儿园各年龄阶段的科学教育目标是按幼儿年龄阶段划分的中短期幼儿科学能力发展目标，一般分为小班、中班、大班的教育目标。教师在组织科学活动时，可以借鉴《3～6岁儿童学习与发展指南》（以下简称《指南》）中科学领域里不同年龄的目标和教育建议，结合本班实际情况，制定合适的年龄阶段目标。

（一）《指南》中科学领域的目标

2012年教育部正式颁布《指南》，提出了3～6岁各年龄阶段学前儿童的学习与发展目标和相应的教育建议。

《指南》将科学领域划分为“科学探究”和“数学认知”两个子领域。儿童对自然界中事物和现象进行探索并形成解释的过程可以称为儿童的“科学探究”，它有助于儿童更好地认识和解释客观世界。儿童基于对自然环境中事物和现象的认识进一步形成的对其逻辑关系的理解则可以称为“数学认知”，它有助于儿童发现客观世界的规律性和有序性。其中，科学探究领域有三大目标，分别是“亲近自然，喜欢探究”“具有初步的探究能力”“在探究中认识周围事物和现象”；数学认知领域也有三大目标，分别是“初步感知生活中数学的有用和有趣”“感知和理解数、量及数量关系”“感知形状与空间关系”。

（二）《指南》"科学探究"目标中各年龄段的典型表现

《指南》科学领域的目标中体现了幼儿各年龄阶段的典型表现，分别对3～4岁（小班）、4～5岁（中班）和5～6岁（大班）三个年龄阶段的幼儿应该知道什么、能做什么，大致可以达到什么发展水平提出了合理的期望，为幼儿的学习与发展指明了具体的方向。其中，"科学探究"目标包含三个维度：科学情感与态度、科学方法与技能、科学知识。"亲近自然，喜欢探究"是科学情感与态度方面的目标，"具有初步的探究能力"是科学方法与技能方面的目标，"在探究中认识周围事物和现象"是科学知识方面的目标。①

微课：《指南》"科学探究"的目标分析

1. 科学情感与态度目标：亲近自然，喜欢探究

这一目标展现了幼儿好奇、好问、好探究的特点，能满足幼儿的这些心理需求，且能培养幼儿热爱自然、亲近自然的情感态度。

好奇。幼儿的"好奇"主要表现在喜欢接触大自然和新鲜事物。例如，幼儿看到树叶上的露珠、发现不知名的虫子都会走过去看一看。好奇是幼儿阶段的年龄特点，好奇心是幼儿探究的动机基础和内在动力，正是强烈的好奇心驱使幼儿保持探究的热情和积极性。

好问。幼儿真正的探究始于对问题答案的追求，幼儿的探究实际上就是对感兴趣的问题通过直接感知、亲身体验和实际操作寻求答案的过程。"好问"的幼儿常常会对自己接触和观察到的事物与现象提出有关的问题。例如，幼儿在户外活动时发现了蚯蚓，会提出一系列的问题：这是什么小动物？蚯蚓有眼睛吗？蚯蚓喜欢吃什么？幼儿教师应支持幼儿的提问，耐心、认真倾听幼儿的问题并做好记录，这就是探究的良好开端；应经过筛选和判断，引导孩子用适宜的方法解决问题，寻找答案，这就是典型的探究过程。

好探究。动手探究能满足幼儿的好奇心，帮助他们找到问题的答案。好奇、好问是幼儿探究的动力和前提，而动手操作才是幼儿探究的真正开始。幼儿好奇地摆弄物体，探索物体和材料，试图通过各种动手动脑的方式解决问题和寻找答案时，正是幼儿"好探究"的表现。幼儿的"好探究"还表现在当看到新奇的事物、发现有趣的现象时，感到兴奋，乐在其中，而且有交流的愿望和冲动。

好奇心和兴趣是幼儿科学探究中的首要目标和前提性目标。幼儿的科学学习不能以牺牲兴趣为代价来求取能力的发展和知识的掌握。自然的、身边的、熟悉的、生活中的事物是幼儿最感兴趣的，对这些事物的探究最能激发幼儿亲近自然、喜欢探究的热情。各年龄阶段幼儿"亲近自然，喜欢探究"的典型表现如表1-3-1所示。

---

① 李季湄，冯晓霞.《3—6岁儿童学习与发展指南》解读[M].北京：人民教育出版社，2013：115-119，315-319.

表 1-3-1　各年龄阶段幼儿“亲近自然，喜欢探究”的典型表现

3～4 岁	4～5 岁	5～6 岁
1. 喜欢接触大自然，对周围的很多事物和现象感兴趣； 2. 经常问各种问题，或好奇地摆弄物品。	1. 喜欢接触新事物，经常问一些与新事物有关的问题； 2. 常常动手动脑探索物体和材料，并乐在其中。	1. 对自己感兴趣的问题总是刨根问底； 2. 能经常动手动脑寻找问题的答案； 3. 探索中有所发现时感到兴奋和满足。

2. 科学方法与技能目标：具有初步的探究能力

幼儿的探究能力是指其在探究解决问题的过程中综合运用各种方法的能力，包含经历探究过程和获得探究能力两个层面。幼儿正是运用不同的探究方法，在发现问题、分析问题和解决问题的过程中获得探究能力。其中，从探究过程来看，包括提出问题、观察探索、思考猜测、调查验证、收集信息、得出结论、合作交流等基本环节；从探究方法来看，包括观察比较、实验验证、调查测量这些最基本的方法。

具有初步的探究能力是幼儿科学探究的重要目标或称关键性目标。幼儿有了初步的探究能力就具备了基本的探究未知、寻求答案和获取知识的方法与能力，也就在一定程度上具备了主动学习、自主学习的能力。各年龄阶段幼儿“具有初步探究能力”的典型表现如表 1–3–2 所示。

表 1–3–2　各年龄阶段幼儿“具有初步探究能力”的典型表现

3～4 岁	4～5 岁	5～6 岁
1. 对感兴趣的事物能仔细观察，发现其明显特征； 2. 能用多种感官或动作去探索物体，关注动作所产生的结果。	1. 能对事物或现象进行观察比较，发现其相同与不同； 2. 能根据观察结果提出问题，并大胆猜测答案； 3. 能通过简单的调查收集信息； 4. 能用图画或其他符号进行记录。	1. 能通过观察、比较与分析，发现并描述不同种类物体的特征或某个事物前后的变化； 2. 能用一定的方法验证自己的猜测； 3. 在成年人的帮助下能制定简单的调查计划并执行； 4. 能用数字、图画、图表或其他符号记录； 5. 探究中能与他人合作与交流。

3. 科学知识目标：在探究中认识周围事物和现象

幼儿对周围事物和现象的认识包括六个方面的主要内容：常见的动植物、常见的物体和材料、常见的物理现象、天气与季节变化、科技产品和自然环境及其与人们生活的关系。①

① 洪秀敏. 学前儿童科学教育 [M]. 北京：北京大学出版社，2015：83.

常见的动植物：认识动植物的多样性、动植物生存和生长变化的基本条件、动植物对环境的适应性、动植物的生长周期与繁殖等。

常见的物体和材料：常见的物体和材料包括自然物与人造物两大类。最常见的材料包括沙石、泥土、水、纸、木和各种金属物体。幼儿要认识物体和材料的颜色、硬度、光滑度、纹理、质地等特性；认识物体和材料溶解、传热等性质，以及不同材料的用途；认识常见物体的结构与功能之间的关系等。

常见的物理现象：认识物体和材料的形态或位置及其变化条件，如斜面与物体的运动；认识沉浮、磁力、光和影子等常见物理现象及其产生的条件或影响因素等。

天气与季节变化：了解天气与季节的特点和变化的重点在于感知、体验及发现其与动植物和人们生活的关系。幼儿要感知、体验与认识常见的天气特点及其对人们生活、动植物生长变化的影响；感知、体验与发现不同季节的特点及周期性变化，以及这些特点和变化对动植物和人的影响。

科技产品与人们生活的关系：感知与了解常用科技产品与自己生活的关系，知道科技产品有利也有弊，如感知与了解各种家用电器、交通工具、通信工具等给人们生活带来的便利和造成的不利影响。

人们生活与自然环境的关系：感知、体会与了解人类对动植物的依存关系和动植物对人类的贡献；感知、体会与了解人们的生活与自然环境的密切关系，良好的自然环境对人们生活的好处，人类活动对自然环境造成的不良影响和破坏；懂得尊重和珍惜生命，保护自然环境。做力所能及的活动保护环境，爱护生命。

需要说明的是，上述六个方面都是幼儿生活中常见的事物，所列举的关键经验都是在幼儿感知、体验、探究与发现的过程中获得的，是幼儿探究过程的必然结果，是幼儿感性经验的提升、总结和初步的系统化，而不是机械学习和记忆的结果。各年龄阶段幼儿“在探究中认识周围事物和现象”的典型表现如表 1–3–3 所示。

表 1–3–3 各年龄阶段幼儿“在探究中认识周围事物和现象”的典型表现

3～4 岁	4～5 岁	5～6 岁
1. 认识常见的动植物，能注意并发现周围的动植物是多种多样的； 2. 能感知与发现物体和材料的软与硬、光滑与粗糙等特性； 3. 能感知与体验天气对自己生活和活动的影响； 4. 初步了解与体会动植物和人们生活的关系。	1. 能感知与发现动植物的生长变化及其基本条件； 2. 能感知与发现常见材料的溶解、传热等性质或用途； 3. 能感知与发现简单物理现象，如物体形态或位置变化等； 4. 能感知与发现不同季节的特点，体验季节对动植物和人的影响； 5. 初步感知常用科技产品与自己生活的关系，知道科技产品有利也有弊。	1. 能察觉到动植物的外形特征、习性与生存环境的适应关系； 2. 能发现常见物体的结构与功能之间的关系； 3. 能探索并发现常见的物理现象产生的条件或影响因素，如影子、沉浮等； 4. 感知并了解季节变化的周期性，知道变化的顺序； 5. 初步了解人们的生活与自然环境的密切关系，知道尊重和珍惜生命，保护环境。

综上所述，《指南》“科学探究”中的这三个目标是相互联系、相互促进的整体，缺一不可。每个方面的目标都是在探究过程中实现的，也可以说是完整探究过程中不可分割的组成部分，是在探究的不同阶段，以不同的形式表现出来的。在某一个或一系列探究活动中，幼儿会表现出并不断强化亲近自然和喜欢探究，形成初步的探究能力，获得对周围相关事物和现象的认识。①因此，教师应该引导幼儿在科学情感与态度、科学方法与技能、科学知识三个方面都有良好、持续的发展，让幼儿逐步地亲近自然，喜欢探究，具有初步的探究能力，并在探究中认识周围事物和现象。

三、学前儿童科学教育活动目标

微课：如何制定科学教育活动目标

（一）学前儿童科学教育活动目标的内涵

学前儿童科学教育活动目标是指一次具体的科学教育活动所要实现的预期目的。它必须根据科学教育的总目标、年龄阶段目标，结合具体科学活动的内容和特点制定，是比较微观、具体、可操作的目标。

对点案例

小班科学活动“彩虹糖不见了”的目标

1. 初步感知彩虹糖在水中溶化的现象，愿意用语言表达自己的想法。
2. 能够大胆猜想尝试，观察彩虹糖在水中溶化的现象。
3. 感受色彩变化所带来的惊喜。

分析：上述目标是一次小班年龄阶段科学教育活动所要实现的预期目的，分别从科学方法与技能层面、科学知识层面、科学情感与态度层面进行表述，目标具体且可操作性强。

（二）学前儿童科学教育活动目标的制定

我们在制定学前儿童科学教育单个教育活动目标时，要注意以下几点。

1. 科学教育活动目标应该与总目标、年龄阶段目标保持一致

科学教育活动目标是科学教育中最下位、最切近、最具体的目标，是上层次目标（总目标和年龄段目标）的具体化和分解，因此，必须与上位目标保持一致。根据《纲要》的要求，我们把科学教育目标概括为科学情感与态度、科学方法与技

① 李季湄，冯晓霞.《3—6 岁儿童学习与发展指南》解读[M].北京：人民教育出版社，2013：120.

能、科学知识三个方面，简称为“三维目标”。要贯彻落实总目标所涵盖的目标成分，就要在具体活动中充分体现这三个方面，方能实现幼儿科学素养的培养。需要说明的是，在活动目标设定中，三维目标并不一定是一一对应的关系，每条目标可指向一个维度，也可涵盖其他维度。

此外，学前儿童科学教育活动目标也要能体现幼儿的年龄特点。《指南》中不同年龄段幼儿的典型表现，就充分体现了对不同年龄层次的基本要求和导向。

对点案例

小班科学活动“猜猜哪杯是清水”的目标

1.能运用多种感官感知并辨别清水，了解清水的基本特征。

2.能大胆表述自己的发现，体验探索的成功和乐趣。

分析：上述两条活动目标与总目标保持一致，涵盖了科学知识、科学方法与技能、科学情感与态度三大层面；同时也与年龄阶段目标保持一致，其中“体验探索的成功和乐趣”充分体现了《指南》小班年龄段幼儿“亲近自然，喜欢探究”目标的要求，“能运用多种感官感知并辨别清水”体现了“具有初步的探究能力”目标的要求，“了解清水的基本特征”体现了“在探究中认识周围事物和现象”目标的要求。

2. 科学教育活动目标应该要具体、可操作

科学教育活动目标除了是对学前儿童学习结果的预期，还是作为评价教育活动效果的依据之一。因此，科学教育活动目标必须是具体的、可观察的、可操作的、可评价的。比如，“激发幼儿学习科学的兴趣”这样的目标表述就不够具体，而如果是“激发幼儿观察小动物的兴趣”，就具有很强的操作性。

对点案例

大班科学活动“变变变”[①]

活动目标：

1.通过材料的操作让儿童懂得事物是可以变化的。

2.引导儿童大胆尝试用各种方法变化事物，体验变化的乐趣。

① 王春燕，赵一仑.学前儿童科学教育[M].北京：高等教育出版社，2012：108.（引用时有修改）

活动准备：

各种纸（报纸、皱纹纸、A4打印纸等）、回形针、吸管、夹子、绳子、剪刀、固体胶等。

活动过程：

1.引出课题：教师示范用报纸揉成纸球和用回形针弯成小钩子的过程，激发儿童产生变的兴趣。

2.儿童分组操作，尝试使物体发生变化。

3.交流分享：介绍变化的过程，展示变化的结果。

分析：从上述活动案例中我们发现，目标制定得过于宽泛，不具体，没有清晰地凸显幼儿通过一个活动必须获得的具体的科学经验，因此就出现了幼儿在活动中有操作、有交流，但无关键科学经验获得的情况，活动过程成了走环节。如果目标设计得再具体化、可操作一些，教师的指导及儿童的学习会更为有效。修改后的活动目标如下：

1.尝试通过改变材料的形状、大小、功能等（揉、剪、贴、折）而使事物发生变化。

2.感受事物是可以变化的，体验变化的乐趣。

3. 科学教育活动目标应该体现年龄的适宜性

在制定科学教育活动目标时，还要依据幼儿当前的科学教育水平，考虑到目标的年龄适宜性。既要把目标建立在儿童已有的经验水平上，同时又要具有一定的挑战性，符合儿童最近发展区的要求。

对点案例

小班科学活动“奇妙的盐水”的目标

1.能对科学现象产生兴趣，萌发初步的探索欲望。

2.在实验中发现盐溶解在水里会增加水的浮力，盐越多浮力越大。

3.能仔细观察看到的现象，并积极与同伴交流，正确记录结果。

分析：上述活动目标对于小班幼儿来说难度太大，小班幼儿还停留在对感兴趣的事物进行观察与初步探索的阶段，并不能正确地记录操作结果，也不能理解盐溶解在水中会增加浮力的特性。根据《指南》中科学领域目标的要求，上述活动目标放在大班年龄阶段较为适宜。

4. 科学教育活动目标的表述要统一、规范

在制定科学教育活动目标时，可以从多个角度来表述它。既可以从教师角度出发提出教育目标，比如“发展”“培养”“激发”“促进”等，也可以从幼儿角度出发提出活动目标，比如“学习”“体验”“感知”“理解”等，体现了儿童是学习的主体以及尊重儿童的理念。通常，在一个科学教育活动中目标表述称谓要统一。

从表述的语言来说，只需要说明达到的要求即可，语言表述要简短、概括、明确，不可拖泥带水。

对点案例

大班科学活动“陀螺转转转”的目标

1. 知道陀螺能够转动，发现陀螺转得快的秘密。
2. 让幼儿动手制作陀螺，激发幼儿对科学探索的兴趣。

分析：上述两条活动目标的表述角度不一致，第一条目标是从幼儿角度进行表述的，而第二条目标是从教师角度进行表述的。修改后的目标如下：

1. 知道陀螺能够转动，发现陀螺转得快的秘密。
2. 能够动手制作陀螺，体验科学探索的乐趣。

任务 4 学前儿童科学教育的内容与方法

学前儿童科学教育的内容讨论的是“做什么”的问题，是学前儿童科学教育的组成部分，是学前儿童科学教育活动的有效载体，是活动目标能否实现的关键所在。在学前儿童的眼中，周围的世界丰富多彩，充满了值得学习和探索的内容。

一、学前儿童科学教育内容的范围

（一）《纲要》科学领域的“内容与要求”

《纲要》虽然没有明确规定学前儿童科学教育的内容范畴，但是提出了七条“内容与要求”。

第一，引导幼儿对身边常见事物和现象的特点、变化规律产生兴趣与探究的欲望。

第二，为幼儿的探究活动创造宽松的环境，让每个幼儿都有机会参与尝试，支持、鼓励他们大胆提出问题，发表不同意见，学会尊重别人的观点和经验。

第三，提供丰富的可操作的材料，为每个幼儿都能运用多种感官、多种方式进行探索提供活动的条件。

第四，通过引导幼儿积极参加小组讨论、探索等方式，培养幼儿合作学习的意识和能力，学习用多种方式表现、交流、分享探索的过程和结果。

第五，引导幼儿对周围环境中的数、量、形、时间和空间等现象产生兴趣，建构初步的数概念，并学习用简单的数学方法解决生活和游戏中某些简单的问题。

第六，从生活或媒体中幼儿熟悉的科技成果入手，引导幼儿感受科学技术对生活的影响，培养他们对科学的兴趣和对科学家的崇敬。

第七，在幼儿生活经验的基础上，帮助幼儿了解自然、环境与人类生活的关系。从身边的小事入手，培养初步的环保意识和行为。①

《纲要》中这一部分内容将科学领域的教育内容与教育环境、教师任务、儿童活动和儿童的发展融合在了一起，对教师明确提出了学前儿童科学教育中“做什么”和“怎么做”的要求。可见，随着时代的发展和学科的完善，学前儿童科学教育的内容也在不断地更新和扩展，更加强调科学、技术和社会的融合，强调以探究为中心的观点和生态教育的观点。

① 教育部基础教育司.《幼儿园教育指导纲要（试行）》解读[M].南京：江苏凤凰教育出版社，2017：40-41.

（二）学前儿童科学教育内容与关键经验

学前儿童科学教育内容非常广泛，结合《纲要》和《指南》相关规定，我们把学前儿童科学教育内容大致划分为物质科学、生命科学、地球与空间科学、科学与技术四个方面。这些方面的核心概念或称关键概念，反映了学科最核心的内涵和最基本的要素，它们是我们确定幼儿学什么的重要依据之一。①

关键经验是幼儿发展必须获得的经验，这些经验在幼儿的经验系统或经验结构中起节点和支撑作用，有助于经验的建构、迁移，以及对知识的深层理解。②我们应选择那些对幼儿具有终身意义和价值的、幼儿乐学能学的内容作为幼儿科学领域的关键经验。科学领域关键经验框架如图 1-4-1 所示。在这里，我们结合学前儿童科学领域关键经验就科学教育的内容进行分析。

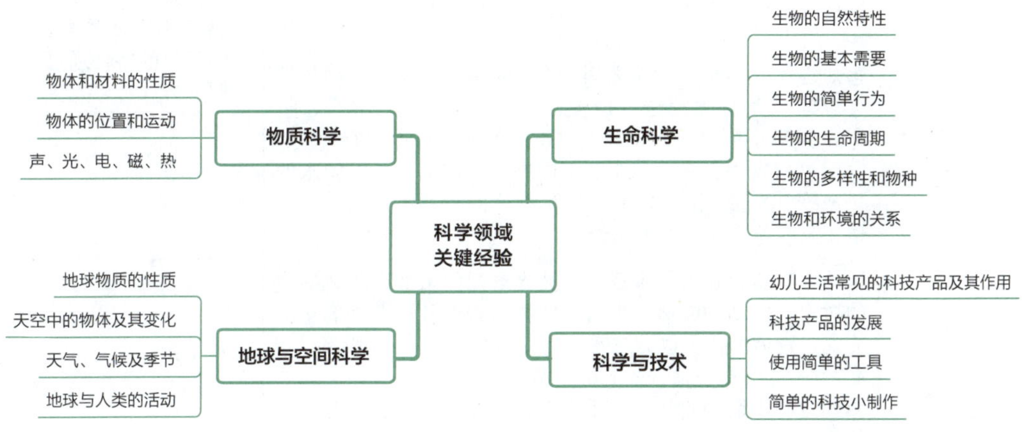

图 1-4-1　科学领域关键经验框架

1. 物质科学的关键经验

我们生活在一个物质的世界中，周围的物质和材料具有丰富的种类，不同的物质具有各自的特殊性质，物体的位置可以被改变，并具有自身的运动方式。此外，我们的生活中还充满了声音、光影、电磁等常见的物理现象。

物质科学主要关注三大关键经验，包括物体和材料的性质、物体的位置和运动，以及声、光、电、磁、热等物理现象，如表 1-4-1 所示。

① 刘占兰. 学前儿童科学教育 [M]. 2 版. 北京：北京师范大学出版社，2008：106.
② 叶平枝. 在幼儿教育课程改革背景下重新审视关键经验的意义、内涵与特征 [J]. 学前教育研究，2008（11）：11.

表 1-4-1　物质科学的关键经验[①]

关键经验	内容与要求	相关案例
物体和材料的性质	物体和材料具有不同的特性，包括形状、大小、颜色、轻重、质地等，了解物体和材料的基本性质是幼儿进一步学习事物性质与变化的重要基础。 ● 3～4 岁幼儿适宜的关键经验 感知物体和材料具有软与硬、光滑与粗糙等特性；在操作中发现液体会流动；感知液体的颜色、味道不同；尝试将不同的液体进行混合。 ● 4～5 岁幼儿适宜的关键经验 根据物体的特性区分物体；发现物体的性质会影响其运动（例如，圆的球会滚动）；发现材料的性质会发生改变（例如，红色和黄色颜料混合变成了橘黄色）；了解物体的特性是可以测量的；认识到液体总是向下流淌；感知与体验材料具有溶解、传热等性质或用途。 ● 5～6 岁幼儿适宜的关键经验 感知物体的结构与功能之间存在的关系；发现材料的特性可以通过某种途径进行改变（如加热、冷冻、混合、折弯）；发现不同材料的特性通过不同的方式可以进行改变；发现材料有不同的存在状态：固态、液态和气态（如水的三态变化）；使用简单的工具对物体的性质（如大小、重量、温度等）进行测量和比较。	从小班到大班，念念发现了很多神奇的事情：冰块是硬硬的，果冻是软软的；水会向下流，水的形状随着盛水容器而改变；水能够流动，而冰块不能……这是为什么呢？原来，物体和材料具有不同的性质，不同材料的特性通过不同的方式可以发生变化。
物体的位置和运动	运动是物质存在的基本形式，波光粼粼的水面、随风摇曳的树木、摆动的钟锤，生活中的物体有着各种各样的运动方式，物体的位置也会随着运动发生变化。 ● 3～4 岁幼儿适宜的关键经验 感知没有生命的物体自己不会动，需要被推、拉、扔或其他作用于它的动作才会动；初步感知与体会推或者拉可以改变物体的位置和运动状况；感知不同的物体放在水里，会产生不同的结果。 ● 4～5 岁幼儿适宜的关键经验 发现物体的形态或位置会发生变化；尝试采用不同的方式让物体运动；感知与体会物体的运动可以被阻止；发现物体在不同光滑程度的平面上，运动的快慢会不同。 ● 5～6 岁幼儿适宜的关键经验 感知物体有多种运动方式（如直线运动、圆周运动）；发现物体的运动方式是可以被改变的；发现影响物体运动的因素有多种；感知物体的运动状态会随着外界条件的改变而发生变化（例如，改变斜坡，让球滚得更远）；探索各种机械，发现机械的作用；进一步探索各种力的现象（如浮力、摩擦力、弹力等）。	空空发现在幼儿园中，玩具车、跷跷板、各种球动起来的时候，它们的位置都会发生变化，原来物体都能运动，它们的位置会随着运动方式的改变而发生变化。

① 张俊. 幼儿园科学领域教育精要：关键经验与活动指导[M]. 北京：教育科学出版社，2015：88−94.（引用时有修改）

续表

关键经验	内容与要求	相关案例
声、光、电、磁、热等物理现象	声、光、电、磁、热都是能量的表现形式，与幼儿的生活有着密切的联系：声音是由物体振动产生的；光由一种被称为光子的基本粒子组成，同时也是一种波；电是一种自然现象和能量；磁性是物质响应磁场作用的属性；热是能量的一种形式。 ● 3～4 岁幼儿适宜的关键经验 感知自然界各种不同的声音；体验不同的声音代表不同的意义；感知不同的物体会发出不同的声音；感知光有明暗（亮度）；发现光有不同的来源；发现光能够产生影子；感知磁铁能够吸铁；感知有的物体热，有的物体冷。 ● 4～5 岁幼儿适宜的关键经验 感知声音的不同特性，可以是高的或者轻柔的（音量），可以是尖锐的或者低沉的（音调）；尝试改变声音的特征（如让鼓更响）；探索各种能让物体产生声音的方法；感知声音可以通过物体传播；探索光和影子的关系；尝试改变影子的特征（如让影子更长）；感知静电现象；体验热的物体会变冷，冷的物体会变热；感知磁铁之间具有相互作用；感知热可以通过多种方式产生（如燃烧、摩擦）。 ● 5～6 岁幼儿适宜的关键经验 发现声音的特征（如音量、音调）与声音的来源有关；感知噪声的产生及危害；感知光的亮度取决于光源和光源的距离；发现影子的大小和形状与物体和光源的位置有关；体验光对生活的重要性；感知简单的电路；感知电器在日常生活中的用途；尝试使用常见的电子产品；感知磁铁可以相互吸引或者相互排斥，也可以吸引或排斥某些其他材料；体验磁铁在生活中有广泛的应用；知道热可以在物体之间相互传递。	周周在生活中听到了各种各样的声音，比如马路上的喇叭声、幼儿园的钢琴声、游乐园喧闹的人声；也观察到太阳光、灯光等各种光线；还感受到一年四季气温和冷热的变化；看到过闪电、玩过电动玩具、用过手电筒；摆弄过磁铁……他的生活与声、光、电、磁、热有着密切联系。

2. 生命科学的关键经验

幼儿对生命概念的理解是通过在生活中与动植物的接触而逐渐建立起来的。生命科学的教育提供给幼儿不断观察生物的机会，促进他们了解生物的特性、生存方式和生命周期等，探索生物的多样性，以及生物与环境的相互关系。

生命科学主要关注生物的自然特性、生物的基本需要、生物的简单行为、生物的生命周期、生物的多样性和物种、生物和环境的关系这六大关键经验，如表 1-4-2 所示。

表 1-4-2 生命科学的关键经验①

关键经验	内容与要求	相关案例
生物的自然特性	生物有自然特性，包括外部特性与内部特性。幼儿对生物的最初认识建立在对生物自然特性观察的基础上。通过观察真实的生物，幼儿可以认识常见生物的典型特征。幼儿首先会关注到生物的外部特性，包括颜色、形状、大小等。随着年龄的增长，幼儿开始关注到生物的内部特性，关注生物的组织结构，能够逐渐理解生物形态和功能之间的联系，思考生物的不同组成部分在满足其自身需要中的作用。 ● 3～4 岁幼儿适宜的关键经验 辨别各种动物和植物的基本外显特征（如颜色、大小和形状）；知道生物是由不同的部分组成的（如植物有根、茎、叶子）；认识人体的外部特征及各部位的作用（例如，嘴巴吃东西、耳朵听声音）。 ● 4～5 岁幼儿适宜的关键经验 辨别和比较动物与植物的特征（除了颜色、大小和形状之外的特征）；知道生物的不同组成部分对生物有不同的作用（例如，兔子的长腿有助于其跳跃）；开始理解植物也是生物，而一些会动的东西不是生物（例如，玩具小汽车是没有生命的）。 ● 5～6 岁幼儿适宜的关键经验 能理解生物的结构和功能之间的关系（如植物的根的作用）；开始理解人体内部（例如，跑动的时候心脏跳动得更快，大脑是用来思考的，肌肉帮助自己扔球）；比较两种或者更多种生物的相似性与不同点；能区分生物和非生物。	小班幼儿婷婷在观察小鸭子时，首先观察的是小鸭子的外部特征，认识到小鸭子是黄色的，脚丫是大大的。随着年龄的增长，婷婷进入了中班，她产生疑问：为什么小鸭子的脚丫那么大呢？从而关注到鸭子的形态和功能之间的关系，最后认识到鸭子的内部特性——它有大大的脚蹼才能够在池塘里浮游。
生物的基本需要	生物为了满足自身生长发展的需要，具有基本的需求，动物、植物都不例外。生物的基本需求也是有差异的，如动物可以分为食草性、食肉性、杂食性动物，植物有喜阴的，也有喜阳的。幼儿可以通过日常的生活与学习来了解生物的基本需求，如在植物角种植植物、在动物角饲养小动物等。 ● 3～4 岁幼儿适宜的关键经验 知道生物有各种需要。 ● 4～5 岁幼儿适宜的关键经验 开始理解所有动物需要食物、水和居所；知道植物需要水、光线和土壤；了解动物和植物的需求需要得到满足，否则就会死去。 ● 5～6 岁幼儿适宜的关键经验 知道有些需求对所有的动植物都是基本的；理解各种植物和动物满足其基本需要的不同方法；初步了解人对环境的需要（如食物、空气和水）。	中班幼儿琪琪在动物角饲养了小乌龟，通过对小乌龟的观察与喂养，她发现到了冬天小乌龟的行动就开始迟缓起来，甚至缩进了沙土里，再也不露头了。这是为什么呢？小乌龟是不是生病了？李老师看到了这一情况，告诉了琪琪原因。原来，小乌龟是冬眠了呀！琪琪通过观察与饲养的经历，逐步认识到小乌龟冬眠的基本需求。

① 张俊.幼儿园科学领域教育精要：关键经验与活动指导[M].北京：教育科学出版社，2015：82-88.（引用时有修改）

续表

关键经验	内容与要求	相关案例
生物的简单行为	生物具有各自特定的行为方式，是其适应复杂多变的生存环境的手段。在日常生活中，幼儿可以通过观察、阅读和讨论的方式认识生物的各种行为，获取相关经验。教师可以引导幼儿进行讨论交流，表达自己的想法，加深对生物行为的理解。 ● 3～4 岁幼儿适宜的关键经验 知道生物有各种各样的行为（如觅食行为、自我保护行为等）。 ● 4～5 岁幼儿适宜的关键经验 知道生物的行为具有差异性；知道生物依赖自己的行为去获取基本的需求；了解植物不能像动物那样到处移动，但是能对周围环境做出反应（如植物生长的向光性）。 ● 5～6 岁幼儿适宜的关键经验 知道动物的运动与其所处的环境和自身的特征相关（例如，蚯蚓能够在泥土中钻来钻去）；初步了解生命体个体的行为会受到内部提示（如饥饿）和外部提示（如环境的变化）的影响。	中班的自然角中，天天观察了小兔子吃萝卜，然后又好奇地戳了戳小乌龟，他发现小乌龟在被触碰时把头和四肢缩进壳里了。原来小乌龟也会保护自己呀！天天认识到了小乌龟的自我保护行为。
生物的生命周期	生物的一生都要经历出生、生长发育、繁殖、死亡等时期，这些时期构成了生物的生命周期。在日常生活中，幼儿会有一些培育植物、饲养动物的经验，这些经验可以让幼儿感受到生命的历程，以及不同生物其生命周期的长短与其他细节的不同，进而丰富幼儿关于生命的理解与思考。 ● 3～4 岁幼儿适宜的关键经验 知道动物和植物都会不断变化（例如，小狗会长大）；能将生物的特征与年龄建立联系（例如，老爷爷的头发是花白的）。 ● 4～5 岁幼儿适宜的关键经验 感知并描述部分生命周期；发现动物和植物都要经历出生、生长和发育、繁殖、死亡的过程；体会他们自己曾经是婴儿，将会长大。 ● 5～6 岁幼儿适宜的关键经验 感知不同生命体的周期长短和其他细节是不同的；根据观察，感知和描述植物与动物的生命周期；通过观察和比较，发现动物、植物和它们的亲代是非常相像的；初步了解自己家庭成员涉及的关于人的生命周期的现象。	天天从小班到大班，发现自己的身体发生了很大的变化：身体变高了，力气变大了，妈妈还和他说要准备换牙啦……天天感受到了自己慢慢长大的过程。

续表

关键经验	内容与要求	相关案例
生物的多样性和物种	自然界的生物种类繁多。根据生物的相似性和不同可以对生物进行区分和分类。不同物种具有不同的自然特性、基本需求、行为方式及生命周期。不同年龄的幼儿可以观察和了解不同的生物。小班幼儿可以选择他们熟悉的、比较典型的动物、植物，如果是动物必须是比较温顺的。中班幼儿可以选择两种以上的对象观察，让其在观察的基础上进行比较。对于大班幼儿，则可不限于观察真实的对象，可利用图片、录像等形式，让幼儿初步了解生物的多样性。 ● 3～4 岁幼儿适宜的关键经验 感知周围的动植物是多种多样的；开始理解在相似的环境中，可以找到相似的生物（例如，根据已有的经验或观察，期望在池塘里找到青蛙、鱼或者水草）；对生物进行基本的比较（如哪个更高、更快等）。 ● 4～5 岁幼儿适宜的关键经验 感知与体会自然界中的生物是多种多样、千差万别的；观察生物之间的相同点、不同点；尝试对不同物种或同一物种进行概括（例如，大多数植物有绿叶；燕子、海鸥和鹦鹉都是鸟）。 ● 5～6 岁幼儿适宜的关键经验 根据生物的相似性和差异性将其分类；感受不同植物与动物的多样性和变化（例如，不同植物的叶子有不同的形状）；观察和了解同一种生物也具有细微的差别（例如，同一棵树的两片叶子不是完全相同的）。	思思在动物园里玩的时候发现：有的树叶圆圆大大的，有的树叶长长细细的；有的植物能开花，而有的植物不会。动物也是各不相同的，有的小动物有四条腿，而有的只有两条腿；有的动物长得小小的，而有的长得又高又大；有的动物会飞，有的动物可以在水里游泳。这是为什么呢？妈妈告诉了她原因，原来小动物们和小草小花们是多种多样的呀，各自有它们的特点。
生物和环境的关系	地球上的生物与生物之间、生物与环境之间是相互依存的关系。教师要引导幼儿观察生物、不断学习，从而使其认识到生物与环境之间的关系，并逐渐理解人类需要保护动植物、保护生态环境，培养幼儿从小懂得人与自然是好朋友的观念，让幼儿从小关注并保护周围的环境。 ● 3～4 岁幼儿适宜的关键经验 发现动物与植物需要环境中的水、空气和光才能得以生存；感受动植物与人们的生活是相关的。 ● 4～5 岁幼儿适宜的关键经验 体会生物要依赖其他生物和非生物来满足自身的需求；开始思考生物、生物的需要及其与生活环境之间的关系。 ● 5～6 岁幼儿适宜的关键经验 感知与体会生物会引起它们所生存环境的变化（例如，植树改善沙尘环境）；体会环境的性质对生物行为模式的影响；初步感知动物的生存离不开植物；运用个人对生命需要的理解，为动植物设计生存环境（如种植植物）；初步感知和理解动植物的外形特征、习性与生存环境是相互适应的；感知与体验人类的生存依赖于自然环境和人为环境。	这几天，3 岁的青青发现家里兰花的叶子干缩了，变得黄黄的、干干的，看起来像耷拉着脑袋。青青连忙叫来了妈妈，妈妈告诉她这是兰花缺水、缺乏光照的表现。原来，兰花需要水和阳光才能够生存呀！以后要把兰花放在一个太阳光充足的环境里，当然也不能忘记给它浇水。

3. 地球与空间科学的关键经验

地球与空间科学的知识涉及地质学、气象学、天文学等多重学科的内容，且往往和各种复杂概念相关。幼儿的生活中处处充满了与之相关的探究内容，如土壤的不同颜色、昼夜的不断更替、太阳的东升西落。对于幼儿来说，对于地球与空间科学领域的探究不是为了知道各种深奥的科学知识，而是能够结合日常的生活经验，积累关于地球与空间科学的经验。

地球与空间科学主要关注地球物质的性质，天空中的物体及其变化，天气、气候及季节，以及地球与人类的活动这四大关键经验，如表 1–4–3 所示。

表 1-4-3 地球与空间科学的关键经验①

关键经验	内容与要求	相关案例
地球物质的性质	地球的物质包括岩石、沙、土壤、水分、空气等。这些物质随处可见，与地球的生物共同组成了地球的生态系统。 ● 3～4 岁幼儿适宜的关键经验 知道地球上有很多物质，包括岩石、土壤、水分、大气等；认识到我们周围有空气，空气是看不见、摸不着的；了解沙、石、土、水的基本特征（如土壤的颜色、软硬等）。 ● 4～5 岁幼儿适宜的关键经验 能够描述沙、石、土、水、空气的类型和特点（例如，水是透明的、可以流动的）；知道地球物质具有不同的用途（例如，石头可以用来建造房子）。 ● 5～6 岁幼儿适宜的关键经验 理解沙、石、土、水具有不同的种类，不同种类的特性存在差异（例如，能理解岩石的形状、软硬、纹理不同）；初步理解地球物质对于人和动物、植物生存的重要性（例如，水和空气对生命的意义）。	大班的张老师通过具体的科学活动拓展幼儿的相关经验。在开展空气主题的科学活动中，如何增加幼儿对看不见、摸不着的空气的感性认识是一个难题。张老师经过思考，决定引导幼儿通过探索空气的流动（风）、充气等和空气有关的现象，以及空气污染的现象来增强幼儿对空气的感性体验。
天空中的物体及其变化	幼儿对神秘的天空有着强烈的探索兴趣，但他们无法直接探索遥远的天体，当然也很难理解那些抽象的天文知识。对于幼儿来说，太阳和月亮是能够直接看到并感知其对自己影响的天体，因此幼儿往往对太阳和月亮充满了好奇与探索的兴趣。 ● 3～4 岁幼儿适宜的关键经验 认识到太阳和月亮存在于天空中；知道太阳和月亮的位置是不断变化的；知道和使用与天空特征有关的词汇（如太阳、月亮、星星、云）。 ● 4～5 岁幼儿适宜的关键经验 知道太阳和月亮每天都在运动；了解月相是不断变化的（如月亮有时是圆的，有时是弯的）。 ● 5～6 岁幼儿适宜的关键经验 通过观察知道太阳和月亮的基本运动模式；知道太阳提供了保持地球温度所需的光和热。	5 岁的妍妍对太阳和月亮充满了好奇，有很多问题：为什么太阳有时候看起来很大，而有时候很小？为什么月亮有时候像圆圆的饼，有时候像弯弯的香蕉呢？为了解决这些问题，在教师的引导下，妍妍观察了太阳、月亮的位置和形态变化，采用定期记录的方式记下每次的观察情况，逐渐认识到太阳和月亮的运动规律。

① 张俊. 幼儿园科学领域教育精要：关键经验与活动指导 [M]. 北京：教育科学出版社，2015：94–99.（引用时有修改）

续表

关键经验	内容与要求	相关案例
天气、气候及季节	天气、气候及季节的变化是自然界的常见现象，有万物复苏的春天、酷热多雨的夏天、落叶飘飘的秋天、寒风萧瑟的冬天。天气的变化、气候及季节的轮回带给幼儿关于生活、时间和生命的最初理解。 ● 3～4岁幼儿适宜的关键经验 感知各种天气现象（如阴、雨、晴）；感知和体会天气是会变化的；体验常见的天气、气温的变化（如下雪天寒冷、晴天温暖）；学习使用常见的表示天气的词（如雨、雪、晴）。 ● 4～5岁幼儿适宜的关键经验 感知各种天气现象及其特点（如不同天气时的云的形态）；了解四季的名称；感知季节是不断变化的；发现不同季节有各自的特点；感知各个季节的典型特征（如秋天叶子落了）；体验与发现周围的环境在每个季节的变化；感知与体验不同季节的有特色的天气状况（如春天的风、夏天的雨、冬天的雪等）；发现季节对动物、植物和人的影响。 ● 5～6岁幼儿适宜的关键经验 感知每天的天气都会变化；感知天气模式随着季节变化；体验四季的变化顺序；体验季节变化的周期性；知道天气可以通过相关测定的量来表示（如温度、风速、风向等）；初步体会与了解不同季节和动物、植物的关系；初步感知与理解季节变化与人类生活的关系。	大班的常老师为了帮助幼儿了解天气、气候和季节的变化，鼓励幼儿进行记录天气的活动，填写天气记录表，使幼儿养成系统记录的习惯；对天气变化记录的比较、分析和统计，帮助幼儿了解和思考天气与季节的变化规律。此外，常老师还积极鼓励幼儿观察与天气和气候相关的现象，例如，春天树上会长出新的叶子，而秋天叶子会枯萎飘落，帮助幼儿更好地认识天气和气候对生态的影响。
地球与人类的活动	地球与人类的活动息息相关。一方面，地球的表面在环境的作用下会发生不断的变化，这些变化会影响人类的生活。例如，受到侵蚀和风化的影响，以及自然灾害对人类产生的影响。另一方面，人类的活动也会影响地球。例如，人类的不合理开发和工业的污染带来了沙尘、雾霾等空气污染。这部分内容的学习能够激发幼儿探究地球的兴趣和好奇心，促使他们关注地球、热爱地球、保护地球，意识到保护地球的重要意义，从小树立生态意识、环保意识。 ● 3～4岁幼儿适宜的关键经验 知道人类生活在地球上；感知与体验天气对自己生活和活动的影响（例如，会想“下雨了我不能出去玩”）。 ● 4～5岁幼儿适宜的关键经验 知道地球的物质提供了人类使用的多种资源；知道人类的生活离不开空气；体验季节对自己生活和活动的影响。 ● 5～6岁幼儿适宜的关键经验 初步了解地球的表面在不断地变化（如风化和侵蚀的影响）；知道地球的变化会影响人类的生活；了解空气污染对人类有危害（如雾霾的危害）；知道要节约用水、保护水源的清洁；初步了解自然灾害对人类生活的影响（如地震）。	大班的陈老师开展了科学活动“雾霾天气”，让幼儿介绍天气观察记录、进行玻璃钢场景实验（模拟雾霾），旨在让幼儿了解雾霾的特点与危害，认识到灾害天气对人们生活的负面影响，从而养成良好的环保意识。

4. 科学与技术的关键经验

现代科技的快速发展和向社会的全面渗透，使人类生活发生了巨大变化。生活在现代社会中的幼儿也时时刻刻受到科技带给人们生活的影响，同时也会对科学技术成果产生强烈的好奇。例如，平板电脑为什么能有好玩的游戏？地铁为什么能开得比汽车快？这些问题是幼儿渴望探索现代科学技术的表现。

科学与技术主要关注幼儿生活中常见的科技产品及其作用、科技产品的发展、使用简单的工具、简单的科技小制作这四大关键经验，如表 1–4–4 所示。

表 1-4-4　科学与技术的关键经验①

关键经验	内容与要求	相关案例
幼儿生活中常见的科技产品及其作用	对幼儿进行技术教育，能够使其获得最初的“技术体验”，还能满足幼儿渴望了解周围生活中现代科技的需要，培养幼儿对科技的兴趣，对幼儿进行善待自然、善用科技，培养正确的科技观的初始教育。 ● 3～4 岁幼儿适宜的关键经验 知道常见的家用电器，如电视机、电冰箱、洗衣机、电饭煲、空调等；认识常用的通信工具，如电话、移动电话和可视电话等；了解常见的交通工具，如自行车、摩托车、汽车、火车、飞机、轮船等。 ● 4～5 岁幼儿适宜的关键经验 认识各种现代道路，如高架路、立交桥、高速公路、隧道等；认识现代农用工具，认识拖拉机、脱粒机、播种机、抽水机等，知道现代农用工具减轻了农民的劳动负担，增产又增收；初步学会家用电器安全、简单的使用方法，并体会它们在人们生活中的重要作用；认识各种通信工具的用途；认识各种交通工具的用途，知道要安全驾驶、遵守交通规则等常识。 ● 5～6 岁幼儿适宜的关键经验 能够比较各种家用电器、通信工具、交通工具的优缺点；认识各种科技玩具，体会玩具的发展；能探索各种科技小玩具并正确使用；能拆卸、组装简单的科技玩具。	大班的陈老师开展了一次科学活动“立交桥”，让幼儿通过观察，认识立交桥的特征和作用；让幼儿通过欣赏范例，尝试使用曲线和直线的穿插进行构图，设计盘绕的立交桥。幼儿通过活动，知道了立交桥是现代城市的重要标志，体会到了立交桥给人们的生活带来的便利。

① 张俊. 幼儿园科学教育[M]. 北京：人民教育出版社，2016：76–79.（引用时有修改）

续表

关键经验	内容与要求	相关案例
科技产品的发展	教师应向幼儿介绍常见科技产品的发展、进步，使其体会到它们与人们生活的关系。 ● 3～4 岁幼儿适宜的关键经验 了解科学技术是不断发展的，从中体会科学技术的发展给人们生活带来的便利。 ● 4～5 岁幼儿适宜的关键经验 了解一些常见的科学家故事，激发热爱科学的情感和对科学家的崇敬之情。 ● 5～6 岁幼儿适宜的关键经验 讨论科学技术的未来，激发想象力和创造力，萌发运用科技、造福人类的愿望。	中班的冯老师经常给幼儿讲一些科学家的故事，如牛顿、爱因斯坦、钱学森、袁隆平等，帮助幼儿了解科学家们的发明或发现，感受科学家们善于观察、善于思考、敢于尝试的优秀品质，对他们产生崇敬之情并培养热爱科学的情感。
使用简单的工具	工具是手的延伸，是技术的物化形式。教师应引导幼儿学习使用生活中常见的工具，了解工具的用处。 ● 3～6 岁幼儿适宜的关键经验 发展自身操作技能，培养动手能力，在实践中认识工具的用途（如使用小剪刀、小锤子、榨汁机、订书机等）。	大班的杨老师在活动室内放置了一些儿童用的订书机，引导幼儿了解订书机的用途和使用方法，让幼儿在区域活动和集体教学活动中使用。
简单的科技小制作	教师不仅可以让幼儿探索科学现象，还可以让幼儿在此基础上学习运用工具和材料制作简单的科技玩具。在科技制作活动中，幼儿不仅能获得亲手制作的经历，还能获得一些具体的操作技巧，这是一种对技术的直接体验。 ● 3～6 岁幼儿适宜的关键经验 学习使用生活中常用的工具，了解工具的用途；学习运用工具和材料制作简单的科技玩具（如做风车、不倒翁等），体验制作的过程，感受成功的喜悦。	大班的蒋老师开展了科学活动“旋转木马”，让幼儿利用一次性杯子、前端可弯曲的吸管、彩色纸、广告纸等各种材料制作旋转木马，学会简单的科技小制作，体验制作的过程和成功的喜悦。

拓展阅读：幼儿园科学教育内容例举

二、学前儿童科学教育内容选择的原则

学前儿童科学教育内容的选编，要依据科学教育的目标来进行，即在选择与编排科学教育的内容时，要有明确的目标，全面贯彻学前儿童科学教育的任务。在具体选择编排学前儿童科学教育内容时，除了目标的指引，还要考虑以下五个原则。①

微课：学前儿童科学教育内容选择的原则

（一）科学性与启蒙性原则

科学性原则是指选编的内容必须符合科学原理，应从自然界的整体出发，根据客观规律，正确解释学前儿童周围生活中的一切自然现象和自然物，不允许带有任何宗教迷信色彩。科学教育首先必须具有科学性，这是由本学科的特点决定的。

① 邱淑慧.学前儿童科学教育与活动指导[M]. 2 版. 北京：教育科学出版社，2016：66-76.

启蒙性原则是指选编的科学教育内容必须符合学前儿童的知识经验、认知发展水平和生活实际。学前儿童年龄小，受其生活经验、活动范围及身心发展的局限，难以理解抽象的科学概念和规律。因此，学前儿童科学教育选择的内容应充分考虑幼儿的年龄特点和身心发展水平，其广度和深度必须是学前儿童能够接受与理解的。

科学性和启蒙性是紧密结合的两个方面。没有科学性，就无法对幼儿进行科学启蒙教育；而没有启蒙性，则达不到幼儿科学教育的目标。因此，在选编科学教育内容时要兼顾科学性和启蒙性原则，所选择的科学教育内容要符合科学性，在内容的范围和深度上要遵循启蒙性原则。

对点案例

在幼儿园中，有些教师往往采用一些比喻、故事、童话来解释科学现象，例如：

1.“天上有雷公才会有闪电。”

2.“因为云朵姐姐哭了，所以就下雨了。”

分析：案例中教师的做法符合启蒙性的原则，因为考虑到幼儿年龄特点和身心发展局限，采取了比喻、故事和童话的方式帮助幼儿理解抽象的科学概念和规律；但不符合科学性的原则，因为这些比喻、故事和童话是不恰当的，如果出于学前儿童自发的联想，我们或许可以说它对于培养学前儿童的想象力是有益处的，但对于科学教育来说，未免失之偏颇，显然违背了科学性。

（二）区域性与季节性原则

区域性原则是指应联系当地的自然环境和文化背景，来选编科学教育的内容。我国幅员辽阔，地跨寒、温、热三带，各地的地理环境不同，自然状况不尽相同，风土人情、人文历史和科技水平也不一样。因此，要根据当地特点选择科学教育内容。

季节性原则是指应联系季节变化来选编科学教育的内容。每个季节都有不同的特征，科学教育内容中的自然现象就和季节、气候密切相关，动植物的生长都要受到季节影响。因此，科学教育的内容选择必须符合季节变化的规律。只有这样，才能让幼儿亲身体验，直接观察，以满足他们的好奇心和求知欲。

区域性和季节性也是相互关联的，不同区域季节的特征可能完全不同。生活在不同地区的儿童受不同生活环境的影响，各有其不同的生活经验。因此，我们要从当地的自然和社会资源中挖掘和选择有价值的内容作为科学教育的内容，形成园本特色。同时，我们也应该选择与季节同步的自然现象作为科学教育的内容，因为这些内容是离儿童最近的，也最便于他们进行直接观察和探索。比如风、雨、雪、雾等自然现象会随着气温的改变而发生变化，幼儿能够亲身经历并感受到大自然的季节与气温变化。

（三）时代性与民族性原则

时代性原则是指要根据时代的发展、科学技术的进步来选编科学教育内容。例如，我们可以选择地铁、轻轨、电脑、家用电器、现代通信设备、无土栽培、航空技术、现代建筑等内容，让学前儿童在了解这些科技知识的同时，感受到科技的重要性。

民族性原则是指在选编科学教育的内容时，要注重弘扬民族传统文化，从小培养幼儿的民族自信心和自豪感。我国是一个有着五千多年文化积淀的国家，古代的许多发明创造为世界科技的进步做出了不可磨灭的贡献，比如指南针的发明。选择这些与中华优秀传统文化有关的内容，可以让幼儿在接触现代科技的同时，了解中华优秀传统文化，培养幼儿爱科学、爱祖国的情感。

要贯彻时代性和民族性原则，首先，要结合幼儿的生活选择介绍先进科学技术的内容。例如，向幼儿介绍无土栽培、现代通信、网络技术等。其次，要选择介绍科学技术发展过程的内容。例如，让幼儿认识灯的发展历程，在对比中体验科学技术的发展及为人们生活带来的便利。最后，要引导幼儿认识我国具有民族特色的物产，或当地有名的物产。

（四）兴趣性与系统性原则

兴趣性原则是指选编的学前儿童科学教育内容必须符合学前儿童的兴趣心理。兴趣是幼儿自觉学习和发展的动机力量，能使幼儿主动进行科学探究活动，从中获得有关科学的经验和乐趣。例如，开展“好玩的纸”“神奇的皮影戏”等科学活动。

系统性原则是指选编的学前儿童科学教育内容应按照由近及远、由简到繁、由具体到抽象、由已知到未知的认知规律编排。系统性应体现在小班、中班、大班各年龄班幼儿认识容量的增加与深度的提高上。例如，选编“认识植物”这一主题时，小班可以选择认识常见的植物，感受植物是多种多样的；中班可以选择植物的生长变化及其基本条件方面的内容；大班则可以安排认识植物的外形特征、习性与生长环境的适应关系等方面的内容。

实践中遵循兴趣性与系统性原则，一是要选择应符合幼儿兴趣需要的内容。例如，开展中班科学活动“好玩的沙”，帮助幼儿运用各种工具玩沙，感知、探索沙的特性，幼儿在活动中了解到沙的基本用途，也体验到了操作的乐趣。二是要选择符合知识系统性和儿童认知特点的内容。例如，开展以“水”为主题的科学活动，小、中、大班均可进行，但教育内容的侧重点及具体要求则不同。小班幼儿主要是感知生活中水的不同声音，初步认识水；中班幼儿是进一步探索水的物理性质，以及水的浮力、水向低处流等现象；大班幼儿则可以认识地球上的各种水域，以及水的三态变化，培养爱护水资源的观念等。

（五）计划性与生成性原则

计划是工作或行动之前预先拟订的具体内容和步骤。做任何事情都应该有计划性，学前儿童科学教育工作也不例外。这就是学前儿童科学教育内容选择中的计划性原则。

教育内容的生成性是指教育内容超越事先的计划性，根据学前儿童的需要和兴趣，在即时的情境、突发事件中，或根据儿童在活动中的需要、兴趣和提出的问题进行临时的安排。这就是学前儿童科学教育内容选择中的生成性原则。

对点案例

某教师在引导学前儿童研究“鸟的本领”时，制定的教育目标是：帮助学前儿童了解鸟的本领及一些生活习性。可是，活动刚进行不久，一些小朋友看到一本有关鸟和飞机的图书后，忽然对飞机产生了浓厚的兴趣：“飞机这么重怎么能飞？”“飞机翅膀不会动怎么能飞呢？”教师认为这也是一个极好的探索内容，因为飞机就是人类从鸟的飞行中找到灵感而发明出来的，它可以延续人和自然的关系问题，也可以进一步发展学前儿童探索问题的能力。于是这位教师及时调整了教育目标，提供了玩具飞机、图片、视频等材料，满足了学前儿童探索飞机靠什么起飞、怎么飞的欲望。

分析：该活动体现了教育内容的生成性原则，体现了教师对学前儿童的尊重，在活动过程中根据儿童的需要及时调整教育内容。

计划性和生成性是辩证统一的。计划性原则强调的是教师的设计和安排，彰显的是教师的主导性。计划性要有弹性和开放性，给生成性腾出时间和空间。生成性原则强调的是儿童的活动和思维，彰显的是儿童的主体性。生成性体现的是教育活动的动态性和开放性，强调生成的动态性，意味着教学活动不是简单执行教育活动计划，而是教育活动计划的再创造过程。由此可见，计划性是生成性的基石，生成性是计划性的补充与超越，如图 1–4–2 所示。

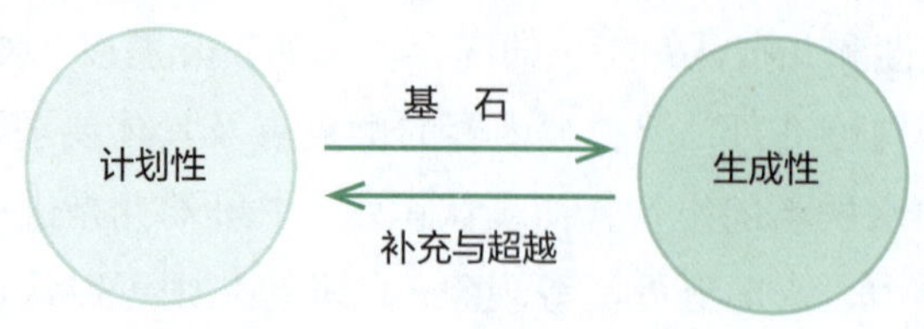

图 1-4-2 计划性与生成性的关系

在学前儿童科学教育活动中，我们要根据科学教育计划选编科学教育的内容。例如，根据幼儿园的年计划、学期计划、月计划、周计划等选择科学教育内容。同时，也要注重从学前儿童感兴趣的内容出发，从他们提出的问题和疑问入手，生成科学教育的内容。例如，在科学活动“观察蚯蚓”中，当幼儿提出“蚯蚓有鼻子吗？”这样的问题时，最好的做法不是马上告诉他有还是没有，而是要引导幼儿通过自己的思考和探究去寻找答案。我们可以提出一个引导性的问题，如“小朋友们想一想，我们用什么办法能知道蚯蚓有没有鼻子呢？”从而进一步深化幼儿的思考与探究，生成新的内容，让他们自己想办法寻求问题的答案。

三、学前儿童科学教育的方法

学前儿童科学教育的方法是为了完成学前儿童科学教育的目标所采用的具体方式和手段，解决科学教育中“怎么做”的问题，从本质上说是一种幼儿学习科学的方法。幼儿园科学教育常用的方法有观察法、实验法、记录与交流法、游戏法和制作法等。

（一）观察法

观察法是教师有目的、有计划地组织幼儿运用多种感官（看、听、闻、触、尝）去感受和发现客观世界的事物和现象，使之获得具体的感性经验，并在此基础上形成初级科学概念的一种方法。观察法是幼儿开展科学活动最基本、最重要的方法。

在学前儿童科学教育中，观察一般分为个别物体和现象观察、比较性观察、长期系统性观察。其中个别物体和现象观察指学前儿童对单个的物体（或一类物体）或现象的观察，如幼儿观察小蝌蚪、蚯蚓等；比较性观察指学前儿童同时观察两种以上的物体并进行比较，以找出物体间的异同点，如幼儿将胡萝卜与白萝卜进行比较，观察两者的区别；长期系统性观察指学前儿童在较长的时间内，持续地对某一物体或现象进行系统的观察，对其质和量两方面的发展变化过程有较完整的认识，如幼儿长期系统地观察蘑菇孢子发芽的过程，观察青蛙的整个生长过程（卵—蝌蚪—青蛙）等。

幼儿在使用观察法进行科学学习的过程中，也要注意遵循观察过程中的有序性、持续性和典型性特征。[①]

有序性。幼儿要在观察过程中根据观察对象的外部结构和特点，有序地进行观察，从而对观察对象有一个全面和整体的认识。例如，水果可按照外皮—果肉—种子的顺序进行观察，植物可按照花—叶—茎—根的顺序进行观察，动物可按照头—身—尾—四肢的顺序进行观察。

持续性。幼儿要在较长时间内持续地对某个对象进行系统的观察，这有助于幼儿在量的积累下对质的变化有系统和完整的认识。例如，幼儿长期持续地观察蚕宝宝，感受其完整的生长过程。

典型性。幼儿要从观察对象的明显特征入手开始观察。有些观察对象的外部特征比较鲜明，如鲜艳的色彩、特殊的气味、典型的动作等，这些特征吸引着幼儿的注意力。在观察过程中，教师一方面可以引导幼儿从这些典型特征开始观察，提高幼儿对观察对象的辨别能力；另一方面也可以引导幼儿在观察对象有明显的变化时进行观察，从而使得幼儿保持长时间的科学探究热情。例如观察树叶，教师可以引导幼儿观察树叶的典型特征——颜色，春季、夏季的树叶多为绿色，而到了秋季树叶开始变黄，这时候教师就可以引导幼儿重新观察颜色变黄的树叶，让他们保持对树叶长时间的探究热情。

拓展阅读：学前儿童的观察力

（二）实验法

实验法是指在人为控制的条件下，教师或幼儿利用一定的材料、仪器或设备，通过简单演示和操作，对周围常见的科学现象加以验证的一种方法。从其价值上来说，实验能够调动幼儿学习科学的主动性和积极性，激发和满足幼儿的探究欲望。实验能让幼儿体验到科学探究的本质，培养幼儿的动手操作能力，发展幼儿的思维分析能力，有助于幼儿理解科学现象，对幼儿知识经验的积累和智力的发展具有积极的促进作用。

幼儿园科学教育中的实验与成年人的科学实验是有区别的，主要体现在实验内容和操作材料相对简单，操作方法简单易行。实验仅仅是重复前人的实验，不要求有新的科学发现，往往是一些有关事物明显的、表面的因果关系，在较短时间内就能观察到实验结果。同时，实验带有游戏性质。

幼儿在使用实验法进行科学学习的过程中，也要注意遵循实验过程中的安全性、操作性和科学性特征。[②]

安全性。在实验的过程中要始终把幼儿的安全性放在第一位，充分保证幼儿

① 徐群，巫莉.幼儿园科学教育与活动指导[M].南京：南京师范大学出版社，2019：53-54.
② 徐群，巫莉.幼儿园科学教育与活动指导[M].南京：南京师范大学出版社，2019：48，56-57.

的身心健康，避免产生伤害。例如实验过程中不能让幼儿使用尖锐、有毒、有刺激性和腐蚀性的材料，实验形式也要恰当、适宜，充分考虑幼儿的年龄特点。

操作性。幼儿要在实验中亲身操作，体验实验的整个过程，感受实验中有趣的现象。著名教育家陶行知曾提出“做中学”的理念，在学前儿童的科学实验中教师也要让幼儿体验“在做中学科学”。幼儿只有通过亲身操作与体验，才能产生科学学习的兴趣，激发自身的主动性和积极性。

科学性。科学实验的内容应符合客观实际，研究过程应符合客观规律，得出的结论应当能够科学地解释自然现象和规律。科学实验有助于让幼儿明白实验的目的、用哪些材料开展实验、实验的步骤、实验得出哪些结论等。

对点案例

大班科学活动：“可乐”变“雪碧”①

设计意图：

“‘可乐’变‘雪碧’”是一节关于碘酒溶液与大苏打发生化学反应的化学实验课。可乐和雪碧是幼儿熟悉的东西，但本次活动使用的教具是类似于它们又不同于它们的，因此实验具有一定的新颖性。《纲要》提出：“引导幼儿对身边常见事物和现象的特点、变化规律产生兴趣和探究的欲望。”教师针对大班幼儿的年龄特征与学习特点，以及《指南》中指出的“（5～6岁幼儿）能通过观察、比较与分析，发现并描述不同种类物体的特征或某个事物前后的变化”，特意设计了“‘可乐’变‘雪碧’”这一科学领域的活动。

活动目标：

1.通过自我探索，从中初步了解、感受碘酒溶液与大苏打混合，会使碘酒颜色褪去的科学现象。

2.能根据自己的猜想，通过自我操作实验，用表格的方法记录结果。

3.能积极参与科学实验“‘可乐’变‘雪碧’”，主动地对科学现象进行探索。

活动准备：

1.对盐、味精、糖等晶体粉末物体有初步的了解。

2.多张小块的糯米纸（包糖果的、入口即化的那种纸）。

3.多只带盖子的小可乐瓶子、滴管、清水、1瓶碘酒、盐、味精、糖、大苏打（白色晶状粉末）。

① 刘永华.大班科学活动：“可乐”变“雪碧”[J].家教世界，2014（9）：16.（引用时有修改）

4.若干用清水及碘酒调制好的瓶盖上没有大苏打的“可乐”。

活动过程：

一、分发惊喜礼物，激发幼儿兴趣

教师：“老师今天给你们每个人都带来了礼物——神奇的可乐，现在我想请你们每个人都摇一摇、晃一晃，看看有没有什么神奇的事情发生？”

幼儿摇晃瓶子，使瓶盖中的物体与液体接触并上下充分混合，这时可以看到“可乐”变成“雪碧”。

（评析：让幼儿亲身体验实验操作，能更好地激发幼儿的兴趣，活动开始时要特别提醒幼儿不能喝，保证安全）

二、引导幼儿猜想，实验证明结果

1.请幼儿猜测为什么“可乐”变成了“雪碧”。

2.教师展示瓶盖上的白色晶体粉末，让幼儿猜想这个白色晶体粉末是什么，如盐、味精、糖等。

3.分组实验，验证、记录猜测的结果。

每5个幼儿分为一组进行实验，并用表格进行记录。

每组幼儿分别用糯米纸包住盐、糖、味精、大苏打等，用双面胶将其粘在瓶盖里面，并拧紧瓶盖开始晃动，观察记录结果。

三、点评实验结果，揭开实验秘密

原来只有大苏打与碘酒混合才会发生变化。

四、随着音乐节拍，轻松回顾内容

教师边播放音乐边让幼儿再次体验“可乐”变“雪碧”的过程，然后随着音乐的旋律，轻松、愉快地结束本堂课的内容。

（三）记录与交流法

在幼儿科学学习中，记录是幼儿通过形象化的绘画、图标等形式表达猜想、调查实验中的科学现象的行为；交流是幼儿将科学学习过程中的方法、结果、疑问等与他人进行信息互换的过程。记录与交流可以帮助幼儿树立任务意识，促使幼儿关注科学探究的过程和科学现象的变化。

微课：记录与交流法

从记录的方式上来说，我们可以将记录分为符号记录、贴图画记录、照片记录三大类型。

符号记录的方式可以将幼儿的感性经验上升到书面表述，且生动形象、方便快捷，适用于所有年龄段的幼儿。例如，在中班科学活动“好玩的磁铁”中，幼儿探究可以被磁铁吸起来的物体，就可以采用符号记录的方式，在能被吸起来的物体下面打“√”，在不能被吸起来的物体下面打“×”，从而将探究结果一目了然地呈现出来，有利于幼儿进一步的交流与学习。

贴画记录是指教师准备好所需的图案、符号等，让幼儿在记录时选择相应的图片粘贴到对应的位置。例如，幼儿在生活学习记录表中根据自己在园的表现情况，把教师奖励的五角星贴上去。而图画记录则是指幼儿通过图画的形式记录猜想或事物变化过程。在科学探究活动开始前，教师可引导幼儿猜想可能发生的现象，并用图画表示出来，这有利于培养幼儿的想象力；在科学探究活动中，教师则可引导幼儿将观察探究到的事物变化过程用图画记录下来，这有利于发展幼儿的观察能力。例如，在大班科学活动“颜色变变变”中，幼儿通过在颜色记录表中涂上相应颜色来呈现他们对颜色变化的理解，如图 1-4-3 所示。

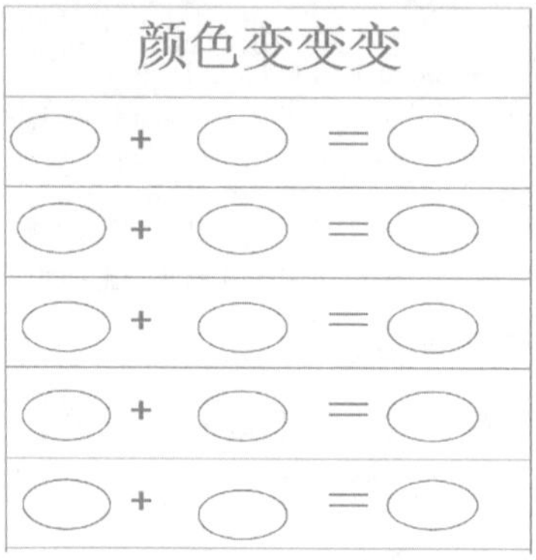

颜色变变变
○ + ○ = ○
○ + ○ = ○
○ + ○ = ○
○ + ○ = ○
○ + ○ = ○

图 1-4-3　大班幼儿“颜色变变变”图画记录表

照片记录是指教师帮助幼儿将科学探究过程中的现象和探究结果通过照片的形式记录并保留的方式。照片记录的方式具有较强的写实性，记录的内容真实、科学，常用于幼儿对动植物生长过程的观察记录。例如，教师将幼儿种植蘑菇的照片拍摄下来，作为整个蘑菇种植活动的记录，等蘑菇长出来以后让幼儿回顾这些种植过程。

从交流的方式上来说，我们可以将交流分为语言交流和非语言交流。语言交流是指幼儿使用一些简单的口头语言表达自己的想法、感受和疑问等，有描述和讨论两种方式。非语言交流是幼儿用手势、动作、表情等非语言形式表述想要交流的事物的形态特征。

对点案例

大班幼儿天天和红红讲述自己假期去动物园观察长颈鹿的经历："长颈鹿好高啊，脖子长长的，身上有好看的花纹"。

红红说："我也知道长颈鹿！"然后把一只手举起来到头顶，边比划边说，"它有这么高！"

分析：天天通过描述的方式告诉红红长颈鹿的外形特征，属于语言交流。红红将手举到头顶比划长颈鹿的身高，属于用动作进行非语言交流。

在科学教育活动中，幼儿记录与交流的意识逐步增强，自主性和独立性不断发展，其交流内容不断深入，形式逐渐分化，能力明显提高。各年龄段幼儿记录与交流的内容及特点如表 1-4-5 所示。

表 1-4-5 各年龄段幼儿记录与交流的内容及特点①

年龄段	内容	记录方式	表达方式	特征
小班（3～4 岁）	具体形象的外显特征	能用粗略的线条、符号记录	能用单个词或简单的句子表达，同时辅以一定的动作、手势、表情	局限性 单一性
中班（4～5 岁）	事物的外在特征、外在联系及简单的科学现象	能用图画或其他符号记录	能基本完整地用语言表达，非语言方式相对弱化	具象性 完整性
大班（5～6 岁）	事物的本质特征、内在联系及相对复杂的科学现象	能用数字、图画、图表或其他符号记录	能有序、连贯、生动地表达	细致性 深入性

（四）游戏法

游戏是幼儿最喜爱的活动，是幼儿认识自己、认识自然、认识社会的重要途径。教师在组织幼儿开展科学教育活动时，必须要将游戏法作为其中一种重要的方法，激发幼儿的好奇心和探究欲望，让幼儿在愉快的游戏中探索科学的快乐。

科学游戏是指借助石头、水、沙、树叶等自然界的物质材料和科技产品、玩具、图片等，把科学原理寓于游戏之中，通过幼儿参与有一定规则的自主游戏，达到某一科学教育的要求，提升科学认知。科学游戏是进行科学启蒙教育的一种有效方法。

拓展阅读：科学小游戏"神奇的颜色"

运用游戏法时，教师应注意游戏的科学性、趣味性和规则性。要保证游戏所涉及的科学内容是正确的，游戏开展的过程要有变化，能吸引幼儿的兴趣。游戏规则难易适中，要适合不同年龄段幼儿的

① 徐群，巫莉．幼儿园科学教育与活动指导[M]．南京：南京师范大学出版社，2019：48，61.

发展特点。教师在指导幼儿进行科学游戏时，要让幼儿有充分的操作和活动机会，通过幼儿自主活动，感知与体验科学的内容。

对点案例

在小班科学活动“和风爷爷做游戏”中，教师为幼儿提供了各种物品作为与风爷爷做游戏的材料，然后让幼儿探索风会把什么物品吹起来。幼儿还可以结伴到户外自由探索风的奥秘。

分析：幼儿通过游戏法的形式，到户外和风做游戏，感知风的存在，探索风的奥秘，明白了哪些物体可以被风吹起来，从游戏中体会到科学学习的快乐。

（五）制作法

制作法又称科技小制作，是指幼儿利用某些材料和工具，通过实际操作来完成实物制作的方法。科技小制作有利于提高幼儿的动手操作能力，也能增进幼儿对科学现象的理解，让幼儿在制作的过程中感受到直接的科学经验。

幼儿在运用制作法的时候，也需要教师提供适时的引导和帮助。作为教师，在组织幼儿进行制作活动时要遵循以下要求：在运用科技制作法之前，应为幼儿提供适当的制作材料；在制作活动中，要引导幼儿自主探索制作的方法和技巧，通过创设问题情境，引发幼儿思考，使幼儿在解决问题中完成作品。例如，大班小制作“汽车开起来”，教师提出三个问题：请你自选材料设计一辆小汽车，你想设计一辆什么车？（车型）用什么材料做？（材料选择）用什么办法让它动起来呢？（用什么做动力推动，是用电路还是用气球）

岗位技能实训

实训1　幼儿园科学教育活动视频分析

目标：

初步感知幼儿园科学教育活动的特点与意义。

准备：

幼儿园科学教育活动视频。

过程：

1. 独立或小组观察科学教育活动（视频），记录活动过程。

2. 小组讨论：结合视频谈谈对幼儿园科学教育活动的认识。该活动中幼儿学习科学有什么特点？

3. 全班汇报、交流，教师总结。

建议：

1. 此活动可以在课中进行，也可以在课后作为小组或个人作业。

2. 视频内容可以多样，比如集体教学活动、科学区域活动等。

实训 2 运用建构主义学习理论设计方案

目标：

理解并能够运用建构主义学习理论解决实际问题。

准备：

1. 4 ～ 6 人一组。

2. 案例：某大班开展“动物怎样过冬”的主题活动，教师和幼儿讨论哪些动物需要冬眠。大家都认为乌龟是要冬眠的，这时一个幼儿站起来说：“乌龟是不冬眠的，我家里有两只小乌龟到现在都没有冬眠……”

过程：

1. 出示案例，提出问题：如果你是老师，你会如何运用建构主义理论帮助幼儿主动建构“乌龟是否冬眠”的科学知识？

2. 小组讨论，设计方案。

3. 小组代表汇报、交流。

4. 教师总结点评。

建议：

此活动可以在课中进行，也可以在课后作为小组作业。

实训 3 科学教育活动内容的选择与目标的制定

目标：

1. 掌握幼儿园科学教育活动目标的制定要求及表述技能。

2. 掌握幼儿园科学教育内容选择的原则。

准备：

选取某一适合各年龄段开展的科学活动主题，如“沉与浮”“奇妙的水”等。

过程：

1. 布置任务，提出要求。

2. 小组讨论，根据指定的主题，分别为大、中、小班科学活动选择具体的内容并设计活动目标。

3. 分组展示、汇报，其他组进行补充。

4. 教师点评、总结。

建议：

1. 选取同一个主题（内容）在不同年龄段开展，把握目标制定和内容选择的年龄适宜性。

2. 此活动可以小组或个人独立完成。

实训 4　设计科学活动记录表

目标：

掌握记录法的基本特点并能正确运用。

准备：

科学教育活动方案 1 份；纸若干。

过程：

1. 布置任务：根据科学活动方案，为探究环节设计一份幼儿使用的记录表。

2. 分组讨论，并将记录表画在纸上。

3. 分组展示、汇报。

4. 教师点评、总结。

建议：

1. 选取的科学活动方案可以是集体教学活动，也可以是自然角或种植园地活动。

2. 每组设计的内容可以不一样。

课赛证融通

一、选择题

1. 以下对“科学”的认识不正确的是（　　）。

A. 科学是一种反映客观事实和规律的知识体系

B. 科学是一种探究世界、获取知识的过程

C. 科学是一种实践意义

D. 科学是一种看待世界的方法和态度

2. 午餐时餐盘不小心掉到地上，看到这一幕的亮亮对老师说："盘子受伤了，它难过得哭了。"这说明亮亮的思维特点是（　　）。【2017 年上教师资格证考试真题】

A. 自我中心　　B. 泛灵论　　C. 不可逆　　D. 不守恒

3. 下列表述中，与大班幼儿实物概念发展水平最接近的是（　　）。【2018 年下教师资格证考试真题】

A. 理解本质特征　　B. 理解功能性特征　　C. 理解表面特征　　D. 理解熟悉特征

4. 按照布鲁姆等人教育目标分类的观点，"了解青蛙的生长发育过程"属于（　　）。【2019 年上教师资格证考试真题】

A. 情感目标　　B. 认知目标　　C. 动作技能目标　　D. 行为目标

5. 下列不宜作为幼儿科学领域学习方式的是（　　）。【2019 年下教师资格证考试真题】

A. 直接感知　　B. 实际操作　　C. 亲身体验　　D. 概念解释

6. 学前儿童科学教育内容选择的首要原则是（　　）。

A. 科学性和启蒙性原则　　B. 兴趣性和系统性原则

C. 区域性和季节性原则　　D. 时代性和民族性原则

7. 下列有关学前儿童科学实验的说法中，正确的是（　　）。

A. 实验的内容应为大众生活中常见的科学现象

B. 实验的设备和条件应达到实验室的标准

C. 实验的结果应是新得出的科学结论

D. 实验的操作应简单，且具有游戏性

8. 幼儿园科学教育中的观察活动有多种方式，最适宜于全班集体开展的观察活动是（　　）。【2012 年上教师资格证考试真题】

A. 观察自然角中植物的生长变化

B. 观察月亮的圆缺变化

C. 观察蜘蛛的生活习性

D. 观察溶解现象

9. 在科学活动"奇妙的气味"中，教师准备了分别装有水、食醋、酱油等液体的瓶子，请幼儿看一看，闻一闻。幼儿在活动中使用了什么方法？（　　）【2021 年上教师资格证考试真题】

A. 实验　　B. 参观　　C. 观察　　D. 讲述

二、材料分析题

材料：夏日的雨后，某幼儿园大班幼儿来到户外准备做操，发现地上爬了几只蜗牛，都纷纷蹲下来看，音乐声响起，幼儿小心翼翼地站在操场上做操，互相提醒别踩到蜗牛，做完操后有幼儿提议要救蜗牛，还有提出要捉几只到班里养着。

“蜗牛有嘴吗？”“有没有脚？”“喜欢吃什么？”“它能走曲线吗？”“是公的，还是母的？”幼儿提出很多问题，李老师表现出十分感兴趣的样子和幼儿一起讨论，李老师说：“宝贝们真棒！提出这么多有趣的问题，不过老师也不知道答案，但是老师很愿意和大家一起学习，我们想想怎么可以获得答案呢？”“看书！”“问爸爸妈妈！”……小朋友纷纷回答，李老师高兴地说：“好，我们分头行动。”于是，李老师用瓶子装着蜗牛带到班里，养蜗牛行动开始了。

之后的一段时间里，李老师找来关于蜗牛的科普视频和孩子一起观看，同孩子们一起观察，记录蜗牛的生活并一起围绕蜗牛“吃什么”“怎么睡觉”等问题查阅资料，分享资料，以蜗牛为主题的系列活动陆续在班里开展起来

问题：请结合材料，从教师观的角度评析李老师的教育行为。

【2019 年上教师资格证考试真题】

三、简答题

1. 简述维果茨基有关幼儿科学概念形成的理论及其对幼儿园科学教育的启示。

2. 学前儿童科学教育的总目标是什么？

参考答案

模块一　科学探究

PROJECT

2

项目二

幼儿园科学集体教学活动的设计与指导

项目导学

在幼儿园科学教育活动中，集体教学是当前最普遍的教学组织形式。在科学集体教学活动中，教师根据《纲要》《指南》的目标要求，基于本班幼儿发展经验水平，有目的、有计划地选择内容，选用适当方法，创设适宜环境，提供相应材料，面向全体幼儿展开活动。教师是活动的主导，对幼儿进行统一指导或个别指导；幼儿是活动的主体，每个幼儿通过自身的探究活动，获取相关的科学经验，实现原有水平上的提高。一名幼儿园教师，应具备设计与组织幼儿园科学集体教学活动的能力。在学习本项目时要结合当前幼儿园科学领域教学改革的理念与实践，重视案例学习，通过幼儿园现场观察、教学模拟、实习实践等形式，领悟幼儿园科学集体教学活动设计指导的方法与策略。

学习目标

知识目标：

1. 了解幼儿园科学集体教学活动的主要类型及其结构。
2. 掌握幼儿园科学集体教学活动的设计要点和组织方式。

能力目标：

1. 能基于幼儿身心发展特点和探究事物的特点设计科学集体教学活动。
2. 能组织、指导与评价科学集体教学活动。

素养目标：

1. 乐于探索周围生活的科学现象，感受幼儿园科学教育的重要性。
2. 大胆参与模拟教学活动和现场教学活动研讨，在实践过程中，能严谨、细致地思考问题，树立团队合作意识，感受精益求精的科学精神。

内容导图

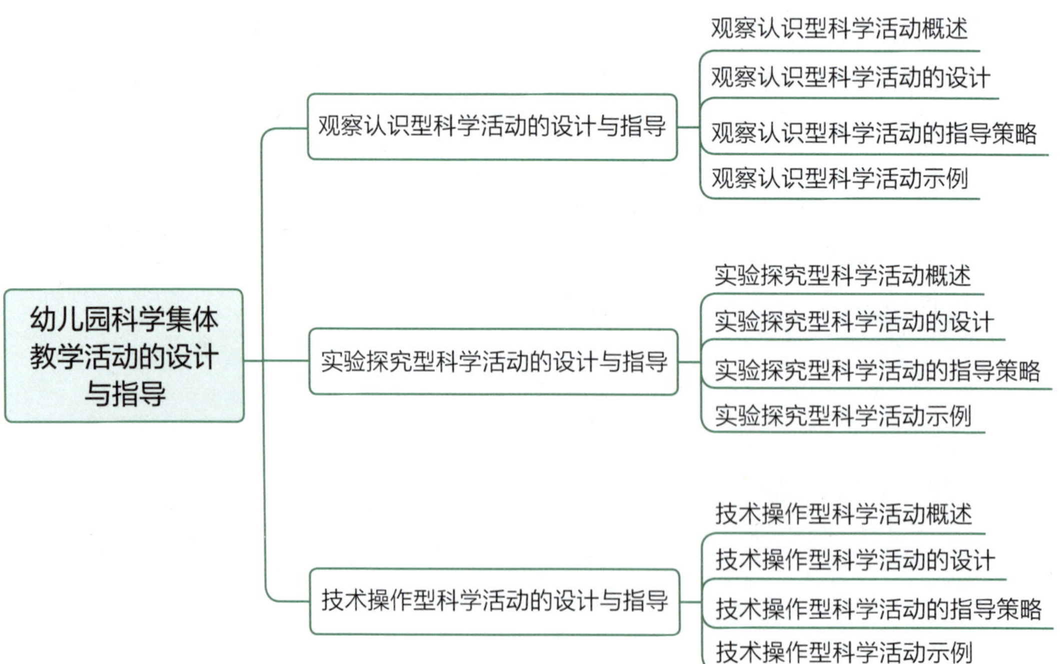

思政元素

1. 儿童观、师德

通过幼儿园科学教学活动设计与实施，感受不同的教育理念、师幼互动的方式对幼儿的影响，提升专业理念。在教育实践中，关爱幼儿，信任幼儿，尊重个体差异，平等对待每一个幼儿。

2. 科学素养、科学精神

结合科学家的故事，感受科学家的家国情怀、科学精神；结合实验探究型、技术操作型等活动的体验性实训活动，感受精益求精、实事求是的科学精神；在教学准备及实施中，丰富科学知识，完善自身知识结构，提升科学素养。

3. 团队协作

小组合作设计教学活动方案、组织教学实施、开展教学研讨，树立团队协作精神。

问题导入

在大班科学活动“青菜成长记”中，孩子们拿着放大镜观察着菜叶的形状、叶脉，记录着看到的叶片的模样……这时，妍妍突然叫了起来：“看，有一条大青虫，好肥好肥的大青虫！”一旁的辰辰马上说：“让我来消灭它！”悦悦说：“别，它是肚子饿了才吃掉我们的青菜的！”妍妍也说：“是啊！这小青虫可能会变成蝴蝶呢！”孩子们的注意力从菜叶本身转向菜叶洞洞的秘密再到青虫的留与灭的探讨。班级老师一边请孩子们把刚才发现的、感兴趣的问题一一记录下来，放在问题墙上，一边继续开展原来预设的活动。就这样，“菜叶洞洞的破秘之旅”开启了，有的孩子回家去请教长辈，一起搜集资料，翻阅图书；有的孩子一天好几次地拿上放大镜去观察，寻找那个不速之客。在这样的氛围中，孩子们观察着、寻找着、讨论着、思考着、记录着、表达着；老师在这个过程中，通过开展相应的科学活动，助力儿童的探索与发现、表达与想象，帮助他们感受着在这个过程中发现的惊喜，体验大自然的神奇。

问题：上述场景中，教师如何在集体活动中做幼儿科学学习上的支持者？如何把握集体教学活动中出现的教学契机，让科学活动变得更有效？

任务 1　观察认识型科学活动的设计与指导

一、观察认识型科学活动概述

（一）什么是观察认识型科学活动

观察是一种有目的的知觉活动，它是幼儿进行科学探索的基本方法。在幼儿园科学教育活动中，观察不仅存在于观察认识型活动中，而且幼儿实验探究、科学制作、科学阅读等活动也离不开观察。这里讨论的观察认识型科学活动是指专门的以观察学习为主要方法的科学活动，即幼儿运用各种感官，认识客观事物和现象的特征，获取感性经验的科学活动。

（二）观察认识型科学活动的特点

1. 注重多种感官的参与

观察是幼儿了解自然的基本途径，也是其认识客观世界的重要方法。在观察认识型科学活动中，幼儿不仅仅是用眼睛看，还要综合运用视觉、听觉、味觉、嗅觉、触觉等多种感官参与观察活动，获得对事物特征的全面、细致的认识。例如，在观察活动“认识西红柿”中，教师引导幼儿看一看、摸一摸、闻一闻、尝一尝等方式，让幼儿获得关于西红柿基本特征的感性经验。

2. 注重认识客观事实

观察认识型科学活动必须建立在科学性的基础之上，也就是说，观察的内容应该是符合客观现实的、真实的，这样才能保证幼儿在观察活动中获得的经验是科学的。例如，在观察活动“认识小白兔”中，教师如果选择小白兔的毛绒玩具代替真实的兔子组织教学活动，那么就违背了科学性的特点。

3. 注重感性经验的获取

拓展阅读：爱石头的科学家李四光

3～6 岁幼儿的思维具有具体形象性特点，他们的科学探究更依赖于具体的对象。观察认识型科学活动为幼儿提供了直接与周围事物接触的机会，它的意义在于帮助幼儿分清主观、客观，通过感官获取客观事实的证据。在活动中，幼儿借助于多种感官，亲身体验，获得最直接、最具体、最真实的科学经验，并养成尊重客观事实的科学态度。

（三）观察认识型科学活动的类型

1. 单一性观察

单一性观察是指幼儿运用多种感官对某一单个物体或现象进行观察。这是幼儿园最基本的观察活动，由于观察对象单一，观察方法较易掌握，一般在幼儿园小班运用较多。

单一性观察重在把握观察对象的外形特征，如形状、颜色、大小、软硬、气味等特性，了解动植物生活、生长习性，以及物体的存在与环境的关系等。通过这种观察可以积累大量的感性经验，帮助幼儿学习和掌握基本的观察方法和技能，从而学会从不同角度观察物体。

对点案例

在“有趣的螃蟹”活动中，教师组织幼儿分组自由观察螃蟹的外形特征。孩子们发现螃蟹走路是横行的，于是提出了一系列的问题与猜测：为什么螃蟹横着爬？难道是因为它特别霸道吗？为此，教师提供放大镜帮助幼儿进一步细致地观察螃蟹特殊的身体结构，并通过视频的解读，使幼儿懂得了螃蟹的关节长相的奇妙。

分析：幼儿通过观察，了解了螃蟹的外形特征，但对螃蟹为什么横着走产生了浓厚的兴趣。教师适时地提供放大镜，让幼儿从多角度进行深入观察。在这个过程中，引导幼儿学会去推测动物外形特征与它的生活习性之间有着密切的联系，大自然的事物之间也存在奇妙的内在联系。

2. 比较性观察

比较性观察是指同时观察两种以上的物体、现象，并进行比较，找出事物的异同点。这种观察方法，主要适用于中、大班幼儿。中班幼儿可以去找事物（现象）的明显不同点，大班幼儿则可以比较事物的不同点和相同点并进行分类。

比较性观察，要求选择同类物体进行比较，先在幼儿已经认识的物体基础上进行比较，再把新认识的对象和已认识的对象进行比较，这样能帮助幼儿较快发现事物的特征，有利于幼儿分类能力的发展和概念的形成。教师在组织幼儿观察时，要先选择一些差异比较明显的物体给幼儿观察，逐步发展到差异较小或差异细微的物体。

3. 长期性观察

长期性观察是指幼儿在较长时间内持续对某一物体或现象进行系统观察，对其质和量两方面的变化过程获得较完整的认识。

这种观察主要用于观察动植物的生长变化过程和气象的变化，以了解物体间的相互关系。它的特点是持续时间长、持久性强，一般从中班开始采用这种观察方法。比如动植物的生长变化、季节的更替等，需要幼儿连续、持久地观察。

对点案例

幼儿园的后花园里种着丝瓜，孩子们观察着丝瓜的发芽、开花、结果等生长过程。如何通过一个集体活动，给幼儿的长期性观察画上一个圆满的句号或者进行经验的梳理提升，这就需要教师用合适的策略将儿童的发现进行整理和筛选，并结合指南，链接儿童的原有经验，拓展儿童的新经验。于是，大班科学活动“丝瓜的秘密”诞生了。活动以绘本猜谜的方式导入，让幼儿回顾原有的生活经验；通过对不同成熟度的丝瓜的表面和内部结构的观察，发现丝瓜的成长秘密；最后，以丝瓜络在生活中的运用拓展为结束环节。

分析：该活动体现了多种观察类型的结合使用。教师基于幼儿对丝瓜生长过程的持续观察所积累的零散经验，组织开展集体教学活动。在活动中，教师提供不同的丝瓜，引导幼儿深入观察丝瓜表面和内部结构与丝瓜成熟度之间的关系，让幼儿始终在有趣的情节中，回顾丝瓜的成长秘密，感受植物生长的神奇。

二、观察认识型科学活动的设计

（一）观察认识型科学活动的内容选择

观察活动是幼儿认识世界的重要途径。教师需要抓住幼儿生活中感兴趣的事物，结合幼儿年龄特点、认知发展水平及季节等因素，选择对儿童发展有着重要联结作用的事物进行观察。

1. 选材源于儿童的兴趣与问题

选择观察对象应从本班幼儿的兴趣和生活经验入手，符合幼儿的发展需要，避免从教师自身经验或从以往幼儿园教学惯例中搬用。在教师与幼儿的互动过程中蕴藏着许多偶发性课程资源，比如幼儿的疑问、关注点，甚至是错误的认识，教师从中都可以捕捉到观察内容的生成点。课程生成经验不足的新手教师则可以从现有的科学领域课程中选取内容，结合本班幼儿实际情况，进行“班本化”处理。

2. 选材符合儿童的认知发展水平

根据不同年龄阶段幼儿的认知发展水平，选择适宜的内容。一般来说，小班以观察个别事物和现象为主，主要学习运用各种感官感知物体的明显特征和简单现象。中、大班以比较性观察为主，学习观察两种以上物体，比较共同点和不同点。

3. 选材体现适时性原则

选择观察对象时还要考虑季节、时间的特点，特别是观察一些生物节律比较明显的动植物和自然现象，如表 2–1–1 所示。比如，大班“冬眠的动物”活动应该选择在冬天开展，“认识蜗牛”活动安排在春天雨后天气开展比较适宜。

表 2–1–1　观察认识型科学活动内容举例

小班	中班	大班
酸酸甜甜的橘子	常绿树和落叶树	动物的尾巴
各种各样的萝卜	各种各样的纸制品	蝌蚪变青蛙
好玩的石头	小麦和韭菜	蚂蚁喜欢的味道
有趣的西瓜虫	各种各样的瓜	有趣的指纹
认识西红柿	仿生王国	美丽的晚樱
可爱的小乌龟	香甜的栗子	种子的旅行
糖怎么不见了	种子发芽	丝瓜的秘密

（二）观察认识型科学活动的目标设计

观察认识型科学活动的目标指向在于幼儿的多元发展，幼儿通过多感官参与，发现观察对象的特征和变化规律，提高观察能力；在交流表达、操作中促进思维的发展，增进观察兴趣、关爱情感的萌发。观察认识型科学活动的目标包括观察兴趣与态度、观察与表达技能、有关观察对象的科学认识三个方面，如表 2–1–2 所示。目标设计应针对不同的内容和不同年龄阶段幼儿的特点，提出具体的、可操作的目标。

表 2–1–2　观察认识型科学活动目标[①]

核心目标		年龄段	举例
观察兴趣与态度	喜欢观察，对观察对象产生兴趣，积极参与观察活动	小班以上	对溶解现象产生好奇，并愿意思考“糖不见了”的问题（小班活动“神奇彩虹糖”）

① 罗竞. 学前儿童科学教育 [M]. 武汉：华中科技大学出版社，2021：81.

续表

核心目标			年龄段	举例
观察与表达技能	观察技能	能运用多种感官感知事物特征	小班以上	通过看、摸、闻、听、尝等感知西瓜的特征（小班活动“好吃的西瓜”）
		能对不同的事物进行比较观察	中班以上	能比较大蒜、葱和韭菜的叶子、茎的形状和颜色（中班活动“大蒜、葱和韭菜”）
		能有顺序地观察事物的特征	中班以上	观察柳树的各个部分及其特征、结构，感知功能（中班活动“柳树”）
		能对事物进行长期系统的观察	中班以上	观察并记录水仙花的生长过程（大班活动“水仙花生长记”）
		能观察事物的变化和现象的发生	小班以上	感知糖在水中溶解的过程及所发生的变化（小班活动“神奇彩虹糖”）
	表达技能	能运用语言大胆讲述自己在观察中的发现	小班以上	会用“光光的”“硬硬的”“凉凉的”等词语或简单的句子描述自己的发现（小班活动“多样的石头”）
		能运用语言完整地讲述并交流自己在观察中的发现	中班以上	能使用一些词语完整表达自己对各种气味的认识（中班活动“有趣的气味”）
		能用图画、数字等记录自己观察的结果	中班以上	能用图画的方法表现自然角中蝌蚪的成长变化（大班活动“蝌蚪变青蛙”）
有关观察对象的科学认识		认识观察对象的显著特征	小班以上	观察饼干的形状、颜色、花纹等明显特征（小班活动“好吃的饼干”）
		认识观察对象的多样性	小班以上	知道水果是多种多样的，不同季节有不同的水果（小班活动“各种各样的水果”）
		认识各个观察对象的不同点和相同点	中班以上	通过观察大蒜、葱和韭菜，发现它们的相同点和不同点（中班活动“大蒜、葱和韭菜”）
		探寻观察对象的变化规律	中班以上	了解种子发芽和水的关系（中班活动“种子发芽了”）

（三）观察认识型科学活动的材料设计

活动材料的设计是开展观察认识活动的重要准备工作，是实现活动目标的关键。对于幼儿来说，观察是一种重要的科学探究的技能，在亲身经历的观察探究过程中，幼儿学科学的主动性和积极性被充分调动。因此，教师应创设有趣的、充满好奇的情景，提供丰富、多层次的操作材料，让幼儿在与材料的互动中获得有益的经验，如表 2–1–3 所示。

表 2-1-3 观察认识型科学活动材料举例

小班：好玩的石头	中班：各种各样的纸	大班：土壤的秘密
1. 幼儿收集的各种各样的石头； 2. 把石头装在废旧铁盒里，设计成漂亮的礼物； 3. 放大镜每人1个，颜料、棉签若干； 4. 分类盘、箩筐各4个。	1. 各种类型的纸（图画纸、皱纹纸、宣纸、蜡光纸、牛皮纸、色卡纸等）若干，放在塑料筐里； 2. 各种纸制品（纸币、纸巾、图书、纸袋、纸杯、纸盒等）若干； 3. 塑料盘、玻璃瓶若干，水盆5个。	1. 颜色不同、干湿不同、软硬不同的土若干； 2. 用透明器皿装的水、大盘子，每组1份； 3. 陶瓷器皿、用土捏的物体若干； 4. 小杯子每人1个。

（四）观察认识型科学活动的过程设计

观察认识型科学活动过程设计一般包括：激发观察兴趣的活动导入—基于经验的初步观察—源于问题的深入观察与表达—高于经验的拓展提升等几部分内容组成，每个部分的设计可以从以下方面考虑。

1. 导入方式

观察活动的导入重在激发幼儿观察兴趣，引发幼儿观察的目的性。教师可以根据幼儿的年龄特点和观察对象的显著特征采用不同的导入方式。比如，可以采用有趣的故事情境、游戏情境或者生动的绘本节选作为导入，增进幼儿与观察对象之间的亲近感。也可以直接呈现观察对象，利用观察对象的显著特征激发幼儿的观察兴趣。

2. 初步观察

教师要基于幼儿已有经验，引导幼儿运用各种感官进行初步感知观察，感知观察对象的特点和变化，这是观察活动最基本的环节。观察对象不同，初步观察的重点也应不同。比如，单个物体和现象的观察，要重在观察外形特征、结构特点、变化规律；两种物体和现象的观察，要重在通过比较观察区分、辨别异同；多种物体观察的重点则在于比较不同点，知道物体和现象的多样性。

3. 深入观察与表达

在活动过程中，多次观察一定要基于儿童的经验与问题。通过初步观察，幼儿对观察对象已经形成了一定的认识，但此时的观察难免不细致、不全面。因此，教师应设计问题情境，提供相应的观察工具及材料，通过启发性的问题引导幼儿多角度、探索性地进行深入观察。在此环节中，教师还应注重为幼儿创设观察记录、表达交流的条件。比如，提供卡片、图表、符号等，让幼儿记录观察到的信息。观察结束后，让儿童展示表达、回顾总结自己与同伴的观察发现。

微课：如何设计启发性提问？

4. 经验巩固、拓展与提升

结束环节也是新的探索起点，观察活动源于生活又高于生活，教师要采用多种组织方式，让孩子们充分感受科学就在身边，科学充满了奇妙与乐趣。例如，大班活动“丝瓜的秘密”以丝瓜络在生活中的运用拓展为最后环节，让幼儿感受植物与人类生活的密切关系，激发进一步探索的愿望。

当然，上述四个部分只是观察认识型活动的典型结构，在具体的教学设计中，教师不可被“模式化”，而是要根据观察内容的不同灵活运用。

三、观察认识型科学活动的指导策略

（一）以问题形式引导幼儿观察

微课：怎样组织与实施观察认识型活动？

在观察活动中，教师要引导幼儿从无意识的、自发的感知转向有目的的观察，这有赖于教师在活动中适时地、积极地与幼儿互动，通过一系列启发性的问题引导幼儿全面、系统、有序地观察。所提的问题应能触发幼儿全身心投入观察对象，既要能引导幼儿仔细观察事物的整体与局部，又要给幼儿留下自由观察的空间，以免造成被动学习。

（二）提供支架让幼儿经历观察探究的过程

儿童是主动学习者，发现问题并想方设法寻找答案解决问题是儿童认知方面最重要的发展目标。观察事物和现象也是幼儿探究的过程，教师通过提供材料、创设问题情境等方式，引导幼儿动手操作，让幼儿在操作的过程中感受观察探究的过程和方法。

对点案例

中班科学活动“蜗牛的秘密”活动实录

在幼儿观察小蜗牛爬行的秘密时，教师提供了三种不同维度的材料，分别是细细长长的小棒、透明的垫板、黑色的硬卡纸。投放这三种材料的目的是让孩子们通过与小蜗牛的互动发现：它是一个爬行高手，再细的接触面它都能爬行自如；它在爬行的时候，腹部贴地蠕动，就像一个大吸盘；黑色的卡纸上会留下它爬行过的黏液痕迹，它就像是一个小画家。

分析：此活动中，教师没有直接告诉幼儿蜗牛爬行的特点，也没有让幼儿漫无目的地观察，而是提供材料支持幼儿主动探索，将蜗牛爬行的特点隐含在细细长长的小棒、透明的垫板、黑色的硬卡纸三种材料中。幼儿通过观察蜗牛在这三种材料上的爬行现象，探究蜗牛的秘密。

（三）运用观察记录激发幼儿思考

幼儿的年龄特点决定了他们在观察探索时的最初阶段是以无意为主的，需要教师在提出疑问的基础上，提供富有挑战性的探索平台，激发思维的火花。因此，巧妙运用记录，是记录观察信息、整理分析信息、获得发现的重要手段，也是将儿童的思维外显化的重要方式。在观察过程中，教师可以为幼儿提供记录的材料，让幼儿用图画、符号、数字等记录观察的结果，然后通过观察记录来交流观察活动的发现、收获和体会。教师在解读幼儿的观察记录中，及时捕捉有价值的问题，然后再把问题“还给”幼儿，让他们“接过球”，投入新一轮的观察与探索，这也是促进幼儿深度学习的重要方法。

对点案例

大班科学活动“丝瓜的秘密”活动实录

在观察丝瓜的活动中，幼儿将丝瓜切开，观察内部的秘密，并用各种表征进行记录。这时，其中一组孩子发现有一根丝瓜里面的肉是一丝丝的线条，还是硬邦邦的，这与平常所见的丝瓜有着很大的不同。幼儿用自己的方式进行了记录，有的用粗粗的线条表示，有的用纵横交叉的网格表示……在交流与分享中，大家对于丝瓜变老后的“秘密”——丝瓜络产生了浓厚的兴趣。有的幼儿觉得丝瓜变老了都是那样变硬，不能吃，没有用了；有的幼儿将丝瓜络与老丝瓜建立起了联系。于是，“有用的丝瓜络”活动就此生成了。

分析：记录是幼儿观察活动的一个方面，也是一种表达方式。幼儿在活动中用自己的方式记录自己的观察结果，描述丝瓜的内部结构和特点，可以使他们反省和评价自己观察得到的信息，激发思维的积极性。

（四）鼓励幼儿用语言表达交流观察中的发现

在活动过程中，教师要鼓励幼儿用语言将自己的观察发现生动形象地描述出来，大胆表达自己的收获。幼儿在表达交流时，会有许多新发现，对于幼儿的“发现”教师要认真倾听，积极巧妙地回应。教师应尊重幼儿的看法，善于捕捉其独到之处，表扬其发现中的合理地方，提醒幼儿继续思考不合理的地方。

四、观察认识型科学活动示例

教学活动视频：蚯蚓的秘密（说课）

案例1　大班科学活动：蚯蚓的秘密[①]

活动目标：

1. 对蚯蚓产生探究的兴趣，乐意表达自己的想法。

2. 尝试用观察、推理的方式寻找蚯蚓的头和尾，发现它的外形与生活环境之间的关系，体验发现的乐趣。

活动准备：

蚯蚓若干，透明器皿、放大镜、黑色垫板、棉签、手电筒等探究工具，用于集体记录的导图及图贴，相关视频。

活动过程：

一、绘本导入，激兴趣

用绘本的形象与幼儿互动。

"你们认识它吗？你们知道蚯蚓的秘密吗？"

"今天，蚯蚓伙伴们到这里来和大家交朋友，看看你们能不能找到它们身上更多的秘密。"

二、自主观察，探秘密

1. 提供蚯蚓的模拟生态环境（有土），并引导幼儿细致观察。

"请你仔细地看一看小蚯蚓长什么样？轻轻地摸一摸它的身体，有什么感觉？"

2. 集中交流自己的发现。

3. 蚯蚓丁丁的梳理："我有很多兄弟姐妹，有的红红的，有的灰灰的，还有的绿绿的。我们的身体是软软的，一节一节环形的。我们没有眼睛、鼻子和耳朵。我们有嘴巴，但是没有牙齿，所以我们永远不必看牙医。不管我们怎么照镜子，我们的脸好像永远跟屁股长一个样。"

4. "对于蚯蚓，你们还想知道什么？"（用小问号记录）

图示记录问题，推进持续的探究。

"看来大家越来越想了解蚯蚓朋友身上的趣事。今天，我们先来试着找一找蚯蚓的头和尾，怎么找出来呢？"

5. 幼儿猜测，交流自己的想法。

---

① 此活动由宁波市江北区甬港幼儿园陈夏梅老师设计。

三、深入探究，享乐趣

1.为幼儿准备放大镜、手电筒、棉签，请幼儿分别用这些材料试一试，找一找小蚯蚓的头和尾，看看有什么新发现。

2.再次探究，教师引导。

3.集体交流，分享发现。“说一说你的发现。你用什么办法找到了蚯蚓的头和尾？”

4.视频小结。“我们来听一听蚯蚓丁丁的分享吧！”

四、探究延续，有期待

1.出示绘本《蚯蚓的日记》，引发幼儿阅读兴趣，激发幼儿对蚯蚓更多的探究期待。

2.放生蚯蚓，回归自然。

五、活动拓展

在小农田里，安置蚯蚓塔，为孩子们的持续观察提供机会，使他们在实践中感受世界的奇妙。

案例2　中班科学活动：好玩的黏黏果[①]

教学活动视频：好玩的黏黏果

活动目标：

1.能细致观察新鲜无患子果的外形特点，并能用多种方式大胆表达。

2.尝试运用工具探索果子黏黏的秘密，体验发现的乐趣与神奇。

活动准备：

教具：PPT、记录表、黑板、黏黏果秘密图示，黏黏果手偶，吹泡泡勺子。

学具：新鲜的黏黏果，湿毛巾若干，工具（捣臼、水瓶、网袋和水盆）。

活动过程：

一、视频导入，引出果子

1.“孩子们，你们在幼儿园外面的马路上发现了什么果子？”（看视频回顾经验）

2.幼儿表达：黏黏果。

二、细致观察，发现秘密

1.“瞧！谁来啦？请你仔细看看我、摸摸我、闻一闻，听一听，找找我身

① 此活动由宁波市江北区甬港幼儿园乌晶晶老师设计。

上的秘密吧！”

2.幼儿操作，教师巡回指导。

3.集中交流：“你发现了黏黏果朋友的什么秘密？”

（1）看：颜色、果托。

（2）摸：滑滑的、黏黏的。

（3）闻：淡淡的果香。

4.手偶小结：“我是黏黏果，你们太厉害了，发现了我们身上那么多秘密。好喜欢你们，黏黏你，黏黏你的小脑袋，黏黏你的小肚子。好喜欢你们取的黏黏果的名字，其实呀，我们还有一个好听的名字，叫无患子果。我是新鲜的黏黏果，肚子里藏满了黏黏的汁水。但是别小瞧我们，我们身上黏黏的东西，本领可大着呢。”

三、探秘“黏黏”，发现神奇

1.问题呈现：“你们还有什么问题想问？（黏黏的东西是从哪里来的？绿果果为什么黏？）看来大家对我的‘黏黏’特别感兴趣，怎么把‘黏黏’找出来呢？”

2.提出要求：“还来了一些材料朋友，帮忙找‘黏黏’。”（出示材料：捣臼；装有水的瓶子，网袋还有水盆）

再探“黏黏”：

捣臼组：“捣一捣，‘黏黏’什么样？”

瓶子组：“摇一摇，有什么发现？”

网袋组：“捏一捏，搓一搓，洗手泡泡出来了。”

“从你们的表情中，我就知道，你们肯定是发现了很多有趣的秘密。赶紧回来分享一下。”

4.集中交流：“你用了什么工具，发现了‘黏黏’的秘密？”

5.吹泡泡验证小结：“‘黏黏’真的是泡泡水吗？请你来试试看。你们太棒了，想了那么多好办法找出了‘黏黏’，还用‘黏黏’吹泡泡。”

四、视频拓展，升华情感

“其实‘黏黏’还有很多用处呢，我们一起来看一看。‘黏黏’还有什么用呢？真的是太神奇了，这是秋姑娘送给我们的特别的礼物呀，让我们到大自然里再去找找黏黏果更多的秘密。”

任务 2 实验探究型科学活动的设计与指导

一、实验探究型科学活动概述

（一）什么是实验探究型科学活动

实验探究型科学活动是指幼儿在教师指导下通过自己动手操作材料和仪器，以发现客观事物的变化及其关系的科学活动。随着幼儿园科学教育改革的深入，“探究式学习”已成为共识，实验探究型科学活动逐渐成为幼儿园科学教育活动的主要形式之一。《纲要》强调“要尽量创造条件让幼儿实际参加探究活动，使他们感受科学探究的过程与方法，体验发现的乐趣”。可见，幼儿应通过以研究为基础，以探究为中心的经历，建构他们的经验基础。

实验探究型科学活动能最大程度地调动幼儿学习科学的主动性和积极性，它是一种融操作性、思考性、变化性、趣味性于一体的活动，幼儿通过真正的“做科学”，学习发现问题、分析问题、解决问题。在探究的过程中不断积累经验，并运用于新的学习活动，形成终身受益的学习态度和能力，体验科学探究的乐趣。

拓展阅读：法国“动手做”项目

（二）实验探究型科学活动的特点

1. 以直观的科学现象为探究内容

科学领域有很多原理看似简单，却很难用语言解释清楚，尤其是对于具体形象思维占优势的学前儿童来说，更难理解。幼儿园科学实验一般比较简单，能让幼儿直接看到实验的变化和结果，直观地感受到其中蕴含的科学原理。实验中奇妙的现象、有趣的过程极大地吸引着幼儿，易于被幼儿接受。

2. 以丰富有效的材料为活动条件

实验探究型科学活动多以操作简单、容易出效果的实验为主，丰富多样、科学有效的材料提供是实验活动开展的前提。实验探究活动中的材料必须充足，让每一个幼儿都有动手操作的机会；材料应符合实验探究的目标与内容，有利于引起幼儿的探究兴趣和针对性地进行探究。

3. 以幼儿自主学习为主要特征

科学实验的本质在于探究，探究的过程需要自主和自由。在实验探究活动中，教师通过创设自由宽松的氛围，鼓励幼儿自主探究，让幼儿通过动手操作、表达交流等方式发现问题、解决问题，获得对材料的认识，理解相关科学原理，培养科学学习的情感与态度。

二、实验探究型科学活动的设计

（一）实验探究型科学活动的内容选择

实验探究型科学活动非常符合幼儿的学习特点，深受幼儿喜欢。但 3 ～ 6 岁儿童还不能很好地理解事物之间的因果关系，对实验操作也不具备严密的逻辑。因此，教师要根据科学教育总目标的要求，幼儿兴趣、理解水平和接受能力，恰当地选择实验探究的内容，如表 2–2–1 所示。

表 2-2-1　实验探究型科学活动内容举例

小班	中班	大班
冰不见了	纸花开放	胶囊里的秘密
吹泡泡	勺子里的哈哈镜	转动的小水轮
水果宝宝的沉与浮	纸桥力量大	好玩的弹力船
颜色对对碰	会变色的花	空气
有趣的磁铁	旋转的陀螺	有趣的复制
蛋宝宝站起来	神奇的紫甘蓝	影子

一是实验探究内容必须贴近幼儿生活，符合不同年龄阶段幼儿的兴趣、需求和经验水平。

二是实验探究内容能聚焦一个研究的问题，实验过程现象明显，幼儿容易观察，变量控制较简单。

三是实验探究内容有利于幼儿亲身经历探究过程，符合幼儿认知发展特点，体现启蒙性和生活化。

四是实验操作带有游戏性，程序简单，能激发幼儿兴趣，满足幼儿的好奇心和求知欲。

（二）实验探究型科学活动的目标设计

活动目标是整个教学活动的“纲”，指导着每个教学环节，贯穿于活动始终。因此，教学内容确定以后，制定教学目标对教学设计具有指导性作用。实验探究型科学活动作为科学教育的一种具体形式，它在目标制定上首先要符合科学教育活动的大目标，然后根据实验探究的具体内容和特点制定具体活动目标。

实验探究型科学活动的核心目标是有科学好奇心和科学探究能力。在进行活动设计时，应提出更为具体的目标，如表 2–2–2 所示。

表 2-2-2 实验探究型科学活动目标

核心目标		年龄段	举例
科学好奇心	注意到新异的事物或现象	小班以上	活动名称：有趣的溶解（小班） 目标：感受不同物体在水里溶解的有趣现象
科学好奇心	愿意探究新异的事物或现象	中班以上	活动名称：神奇的月亮船（中班） 目标：对不同大小的月亮船在斜坡上下滑的速度和现象感兴趣
科学好奇心	对新异的事物或现象提出问题并进行探究	大班	活动名称：三角船（大班） 目标：对弹力作用让三角船在水里行驶的现象感兴趣
科学探究能力	通过操作和实验获得发现	小班以上	活动名称：吹泡泡（小班） 目标：通过观察和实验，发现不同造型泡泡器吹出来的泡泡都是圆的，并尝试自制简易泡泡器
科学探究能力	对问题做出假设，并用自己的经验加以验证	中班以上	活动名称：好玩的磁铁（中班） 目标：根据经验预测能被磁铁吸引的物体，并通过实验加以验证
科学探究能力	根据已有经验和实验结果进行推断，验证结论	中班以上	活动名称：谁射得远（中班） 目标：通过实验操作，发现并了解水位高度与水柱喷射距离间的关系
科学探究能力	能根据经验或逻辑推论对现象进行解释和预测	大班	活动名称：神奇的摩擦力（大班） 目标：通过实验，知道哪些物品能被带电的塑料棒吸起来

（三）实验探究型科学活动的材料设计

在教学准备中，实验材料的设计是重要的内容，它应体现探索的价值，并能确保活动效果的最优化。实验探究型科学活动的材料设计应注意以下几点要求。

1. 材料要丰富

丰富的材料是实验探究型科学活动顺利开展的保证，它直接影响幼儿探究的过程和结果。首先，材料种类要多样，以有利于幼儿探索多种解决问题的方法。比如，“鱼缸取物”这一活动，要求幼儿不弄湿手，从鱼缸里把铁钉取出来。教师提供各种辅助材料，如网兜、筛子、磁铁、夹子、筷子、绳子等，幼儿选择不同的材料用不同的方法取出铁钉。其次，材料数量要充足，以确保每个幼儿都有动手操作的机会。

2. 材料要严谨

实验探究型科学活动是让幼儿在实验操作中直观感受科学现象，理解科学原理，因此，教师提供的材料必须科学、严谨。比如，大班科学活动“下落的物体”要让幼儿探究物体自由下落的现象，观察物体下落时的异同。为确保幼儿能发现物体自由下落轨迹的明显现象，教师提供气球、羽毛、树叶、纸等为飘落的材料，木块、橡皮、水笔等为直落的材料。

3. 材料要有结构性

材料的结构性是材料所具有的特征，材料蕴含着丰富的可探索性和可利用性。教师对材料的结构认识越丰富，越有利于幼儿的探索、发现、创造和获得各种有关的经验。比如，在“下落的物体”活动中，教师提供纸张等可以改变形状的材料，幼儿在探索中会发现改变物体的形状，下落的速度和轨迹会不一样。可见，教师尽可能提供一些结构性材料，让探究问题蕴含在材料中，可使幼儿在操作材料中，发现问题、解决问题。

（四）实验探究型科学活动的过程设计

微课：实验探究型科学活动过程有哪些环节？

实验探究型科学活动的过程设计要以幼儿为中心，虽然无固定的模式，但一般包括以下基本环节。

1. 提出问题，引起幼儿探究兴趣

幼儿的主动探究是从意识到有“问题”开始的。在导入部分，教师要设置悬念，提出幼儿关注的问题，吸引幼儿进入实验探究的情境。比如，大班科学活动“胶囊里的秘密”，以师幼表演魔术导入：教师和幼儿分别把胶囊放进透明塑料管子里，结果发现老师的胶囊能翻滚，而幼儿的胶囊不能翻滚。这时，教师提出问题：“为什么我的能翻，他的不能翻？请你猜一猜，我的胶囊里可能会是什么呢？”进一步激发了幼儿进行操作的欲望，让幼儿带着疑问投入探究活动中。

2. 推测与讨论，调动幼儿原有经验

在明确的实验探究的问题之后，教师要鼓励幼儿对问题的答案进行推测。可以通过教师与幼儿之间的讨论来推测结论，也可以让幼儿进行小组讨论，得出小组的一致的预测，并用不同的方式记录和表征。比如，在“胶囊里的秘密”活动中，教师出示了多种材料，让幼儿猜一猜哪一种材料最有可能让小胶囊翻跟头，并说明理由。

在幼儿进行推测时，教师要积极调动幼儿的原有经验，支持和鼓励他们运用原有经验进行充分的猜想和假设，提出自己对观察和实验的想法与做法。需要特别注意的是，教师要引导幼儿有依据地进行推论，而不是瞎猜乱想。[①]

3. 实验与观测，引导幼儿获得事实依据

这一环节主要让幼儿按自己的想法做，尝试自己解决问题，寻找事实依据和

① 刘占兰. 学前儿童科学教育[M]. 2版. 北京：北京师范大学出版社，2008：141.

实证材料，验证自己的猜测。在幼儿实验与观测时，教师要尽可能地让幼儿直接接触实际的客观世界，运用多种感官去感受客观世界。教师要创设相应的物质条件，介绍实验材料，提出实验规则和要求。幼儿通过自身操作来验证自己的猜测是否与实验结果一致。结果一致，将强化和扩展幼儿已有的经验和认知结构；结果不一致，将调整幼儿原有的认知结构和经验，以至达到新的认识。

4. 记录与处理信息，让幼儿对事物进行描述

随着实验和观测的进行，教师要指导幼儿用图画、符号、表格、简单的文字等多种适宜的方式，记录实验探究的主要过程和关键步骤。可以是小组的方式记录，也可以是每个幼儿独立记录。在实验结束后，鼓励幼儿尝试着将记录的信息进行整理，从中发现事物变化规律。这个环节有利于培养幼儿对事物客观描述的素养和尊重客观事实的态度，使结论建立在事实基础之上。

5. 表达和交流，引导幼儿相互学习

在实验操作和探究后，必须安排表达和交流的环节，这是实验探究活动必不可少的。在此环节中，幼儿要组织自己的想法，向同伴汇报与展示自己实验探究的过程和结果。同时，幼儿也要学会倾听别人，关注同伴间探究结果的矛盾和不一致。教师要引导幼儿懂得，每个人都可以对同伴和老师提出疑问，但必须以观察到的事实为依据。

最后，教师要综合幼儿的观点，可以选择幼儿的表达方式对结论进行描述，也可以以幼儿的实验和经验为背景，使用比较准确的、幼儿能够理解的语言来描述事实和原理。

综上所述，实验探究型科学活动不再局限于静态知识的传递，而是注重使幼儿通过亲身体验和操作来学习知识、丰富经验，更关注幼儿探究能力和情感态度的培养。值得注意的是，实验探究内容各不相同，活动过程的设计思路也应不同。教师要根据活动目标，把握活动过程各个环节的逻辑关系，清楚重点、难点。从科学性和幼儿年龄特点出发引导幼儿在实验操作过程中先做什么、后做什么，遵循事物发展变化的科学规律，循序渐进地开展教学。

三、实验探究型科学活动的指导策略

（一）大胆放手，给予幼儿充足的探究时间

在实验探究型科学活动中，因受常规、目标达成等条条框框的束缚，一些教师不敢放手让幼儿操作，导致探究活动形式化、肤浅化。事实上，教师要尊重儿童、信任儿童，提供充足多样的实验材料，给幼儿充足的活动时间，以保证幼儿能反复操作，在实验过程中去探索、发现、判断，自己找出问题的答案，体验成功的快乐。

幼儿在实验操作时，教师要仔细观察幼儿的行为，理解分析幼儿的行为。比如，幼儿选择了何种材料？如何操作材料？幼儿在探究过程中的情绪如何？与同伴互动、合作的行为发生吗？教师通过观察这些行为，分析行为背后幼儿的经验与想法，从而采取有针对性的教育措施。幼儿的探究是一个从失败到成功的过程，所以，教师要学会等待，把握时机，适时介入，不能因为幼儿暂时没有成功，而直接告诉他们答案或立刻示范给他们看。

（二）分层投放材料，不断激发幼儿探究兴趣

要充分发挥材料的作用，实验探究的材料或隐含了新内容，构成了新任务；或隐含了新线索，暗示着解决问题的方法。教师要借助材料投放，引导幼儿自己去探究问题，发现解决问题的方法。比如，幼儿在感知了磁铁的基本特性后，教师又提供了条形磁铁。幼儿在玩磁铁的过程中，自然会发现磁铁有两极，并且两极或相吸或相斥的有趣现象。

对点案例

大班科学活动“沉与浮”，教师分步投放材料

第一次实验：提供大小一样、轻重不同的材料，如同样大小的乒乓球和橡皮泥球、木块和铁块，发现一样大小的物体重的下沉，轻的漂浮。

第二次实验：提供轻重一样、大小不同的材料，如重量一样的图钉和塑料空瓶，探索发现一样重量的物体小的下沉，大的中空的漂浮。

第三次实验：提供可以改变沉浮的材料，如有盖子的瓶子、纸张、海绵等，探索发现有的先浮后沉，有的中空的漂浮、装满水就下沉。

第四次实验：提供各种材料，做改变沉浮的实验，使沉的东西浮起来，浮的东西沉下去。

分析：在上述案例中，教师分层逐步投放材料，活动由浅入深、由表及里层层展开，不断地挑战幼儿，借助架构好的材料，引导幼儿深入探究。这对幼儿逻辑思维的培养和科学方法的训练都大有好处。

（三）有效利用提问，引导幼儿深入探究

在实验探究中，教师通过提出问题引导幼儿探究，问题要有启发性，能引发幼儿做出新的探索。比如，在探索“下落的物体”时，幼儿发现有的物体下落快、有的下落慢以后，教师提问：“有什么办法可以改变物体下落的速度，使快的变慢，使慢的变快？”

当然，教师也应引导幼儿自己发现和提出问题，如“请你再试一试、玩一玩，

看看还有没有新发现？”“它们一样吗？有什么不同？你还有什么办法？”这样的问题意在激发幼儿的思考，让幼儿想出各种方法，并且可以大胆地去尝试、验证。

四、实验探究型科学活动示例

案例 1 大班科学活动：胶囊里的秘密①

教学活动视频：胶囊里的秘密

活动目标：

1. 探索胶囊翻滚的条件，感知胶囊由于重心转移而发生的翻滚现象。

2. 能细致观察胶囊翻滚，并乐意与同伴分享自己的发现。

活动准备：

1. 幼儿操作玩具每人 1 套（胶囊、透明塑料管子、小钢珠、塑料珠、小螺丝）。

2. 多媒体课件。

活动过程：

一、魔术导入，激发兴趣

1. 导语：教师介绍道具并变魔术。

“今天我给你们带来一个神奇魔术。瞧，这是我的魔术道具，这是一根细细长长的透明魔法棒，还有一个小胶囊，魔术开始了，看仔细哦！”

2. 提问。

“胶囊怎么了？调皮的胶囊翻起了跟头，你们一定也想来玩玩这个魔术吧！我请一位小朋友上来试试，给你魔法棒和胶囊，传授你魔术手法，慢慢地抬起头，仔细看！”

二、引发猜想，初次探索

1. 师生表演魔术。

“为什么我的能翻，他的不能翻？请你猜一猜，我的胶囊里可能会是什么呢？”

2. 教师依次出示材料图片。

“我带来了一些材料，看看有些什么材料？你觉得哪一种材料最有可能让小胶囊翻跟头？并说明理由。”

3. 幼儿第一次操作。

“到底是谁在帮助小胶囊翻跟头的呢？我们可以打开胶囊，把这些材料一

① 此活动由宁波市江北区甬港幼儿园陈夏梅老师设计。

个一个分别拿去试试。”

4. 结果分享交流。

“孩子们，你们玩得很开心，谁愿意来分享下你的发现？原来帮助小胶囊翻滚的魔法材料是小钢珠。”

“为什么小钢珠能帮助小胶囊翻滚起来？而其他材料不行？谁来做做小博士解答这个问题？”

5. 小结。

“小朋友发现了会滚的小球，而且是重重的小球，必须在斜斜的管子里才能帮助这颗小胶囊翻跟头。那么小钢珠到底是怎么帮助胶囊翻跟头呢？我还带来了特别的胶囊，它是什么样的？透明小胶囊。请你仔细地观察小钢珠和小胶囊到底是怎么翻滚起来的。”

三、再次探索，感知原理

1. 幼儿再次操作。

“仔细看，小钢珠滚到了哪里？胶囊怎么了？魔法棒斜一点，多斜一点点有什么区别？”

2. 结果分享交流。

“孩子们，你们又有什么新发现，快来分享下吧！”

3. 教师播放视频。

配音：“小钢珠像球一样会滚动，它又比胶囊重，所以当魔法棒倾斜时小钢珠滚动到胶囊的一头，另一头就翘起来了，这样接连不断地滚动，让小胶囊翻起了跟头。”

4. 小结。

“这个魔术真神奇，我们知道了小胶囊翻跟头的秘密，现在请你们变身小魔术师给下面的老师表演一下魔术吧。可以多拿几个胶囊，或者两个好朋友连起魔法棒试试，看看又会有什么更有趣的发现呢。”

案例 2　大班科学活动：好玩的弹力船①

教学活动视频：好玩的弹力船

活动目标：

1. 对弹力作用让三角船在水里行驶的现象感兴趣。

2. 探索三角船在水中进退、行驶快慢的方法，并能大胆提出问题、尝试解决问题。

---

① 此活动由宁波市江北区甬港幼儿园何妨老师设计。

活动准备：

自制三角船、小木片若干、大盆8个、记录表、毛巾、记号笔、说明书、课件。

活动过程：

一、情景引题，激发兴趣

1.“今天，我给大家带来了一样非常好玩的东西，你们看，它像什么？”

2.“三角船可好玩了，你们想不想在水里玩一玩这个三角船啊？”

二、动手操作，解决问题

（一）第一次操作，探索三角船的组装及其在水中行驶的方法

1.“这是三角船的说明书，你们能看懂吗？”

2.“如果你看得懂就做一做三角船，然后到后面的水盆里试着玩一玩吧！”

3.幼儿第一次操作，教师巡回指导。

4.集中交流。

“你的三角船能在水里开动吗？你是怎么做到的？”

5.“那你们在玩的时候有没有发现什么问题？为什么在橡皮筋上转动小木片就能使三角船在水里动起来呢？”

6.教师小结。

（二）第二次操作，探索三角船在水中进与退的方法和原因

“刚才你的三角船是向前开还是向后退的啊？怎么做才能让我们的三角船向前进或者向后退呢？”

1.出示记录表，集体猜测。

“我要把你们的想法记录下来：你觉得小木片向前面转，三角船就会……小木片向后面转，三角船就会……那是不是真的像你们猜的这样呢？请你们拿着三角船去试试吧！”

2.幼儿第二次操作，教师巡回指导。

3.集体记录操作结果。

“谁能用你的方法来记录下你的发现？”

4.集中交流。

“孩子们有发现了吗？心里有问题了吗？赶快回来说说你的想法吧！你刚才在玩三角船的时候发现了什么？”

5.提问。

“看到这样的结果，你有什么问题要问大家吗？”

“是啊，为什么当小木片绕着橡皮筋向前转时，三角船会向后退，而当小

木片绕着橡皮筋向后转时，三角船反而会向前进呢？这是个好问题，那谁能解决这个问题呢？”

6.教师小结。

三、迁移生活，拓展延伸

“橡皮筋的这种力量可真神奇啊，居然能推动三角船。其实这种神奇的力量在我们的生活中有很多，你在生活中的什么地方也发现过这种力量？”

教学活动视频：转动的小水轮

案例3　大班科学活动：转动的小水轮[①]

活动目标：

1.对小水轮产生探究的兴趣，争做小玩家并大胆表达自己的想法。

2.发现水轮转动的速度、方向与水流之间的关系，体验成功的喜悦。

活动准备：

1.前期收集转动的玩具，发现生活中转动物体的秘密。

2.设计一款属于自己的转动玩具。

3.教具：视频（“转动的轮子”“水轮转动的秘密”）。

学具：小水轮制作材料、小毛巾、记录纸、记号笔等人手1份。

活动过程：

一、谈话导入，聚焦转动

“这段时间，大家对会转动的东西特别感兴趣，我们一起回忆一下有哪些会转动的东西呢？”

“这些会转动的玩具都是怎么转动起来的呢？”

幼儿自主表达关于自制玩具转动的秘密。

二、自主观察，探秘转动

1.“大家对水车的转动产生了浓厚的兴趣。我们还一起设计了好玩的小水轮玩具。我们选择其中的一个设计图，一起来做一做。请这一组的小朋友为我们介绍一下！”

2.“为了制作这个玩具，我们一起寻找了许多的材料。请一个小朋友来介绍一下我们准备的材料吧！”

① 此活动由宁波江北区甬港幼儿园胡刘浩老师设计。

3. 幼儿图示观察，说发现。

“我们已经准备好了水轮制作需要的材料。今天，我们一起按照水轮秘籍图来做一做吧！我们一起回忆一下，这个水轮制作需要哪些步骤呢？”

“看来，大家对组装小水轮都超级有信心啦，那赶紧去试一试吧！”

4. 幼儿尝试组装，教师巡回指导。

5. 交流分享。

“为什么这个轮子会转起来？”

“谁遇到了困难，谁来帮帮他，你能说出他的问题在哪里吗？”

6. 小结。

“你们已经是能干的小玩家了，看着秘籍就能完成挑战。不过要想成为一名大玩家，这是不够的。愿意再挑战吗？怎么样让轮子一直欢乐地转动起来？你们有什么好办法？”

三、探索水轮，体验乐趣

1. “有什么办法能让轮子持续地转动呢？”

“这里就有一个瓶水，这瓶水还有一个秘密，等下请你试试和小水轮一起玩起来吧！”

2. 幼儿探索操作，教师巡回指导。

3. 集中交流分享。

“你们是怎么玩的？有什么有趣的发现？”

4. 幼儿表达，教师记录大图表。

5. 小结。

“原来小水轮转动跟水流冲击位置有关，水轮转动的快慢跟水流大小有关，小水轮转动的方向跟水流的方向有关。”

四、视频拓展，感受奇妙

1. “你们玩了之后有什么感觉呢？”

“生活中还有很多的小东西，只要我们仔细观察，动手动脑，就能把简单的材料变成好玩的玩具，你们真是棒棒的大玩家！”

2. “你们还想不想再设计有趣的转动玩具呢？”

3. 播放视频。

“其实老师也找到了许多生活中有意思的转动玩具，我们一起去看看……”

任务 3　技术操作型科学活动的设计与指导

一、技术操作型科学活动概述

（一）什么是技术操作型科学活动

技术操作型科学活动是指以真实的科学本质为基础，以试验性的步骤，使用科技产品或掌握某些工具的操作方法、技能，学习制作科技产品的科学活动。它是幼儿了解技术、体验技术的重要手段。

随着时代的发展，科学和技术的联系变得越来越紧密。该类型的活动把科学知识转化为动手制作、实践操作，让科学学习变得立体且有趣，可以调动幼儿学科学的兴趣，逐渐让幼儿获得对科学技术的基础认识，了解技术的转化和中介作用，从而为幼儿提供理解和掌握这个现代化世界的窗口。在与多媒体互动、与信息互相渗透中，让幼儿的科学世界与生活世界交互融合。

（二）技术操作型科学活动的价值

1. 能提高幼儿的科学探究能力

科学的本质在于认识事物、探究规律，技术的本质是解决问题、设计产品，操作则是具体的制作过程。技术操作是科学探究的重要组成部分，更强调通过设计和制作来解决问题。在技术操作的过程中，枯燥的科学知识变为动手操作，能够有效地激发幼儿科学探究的兴趣。幼儿借助已有的经验积极思考、不断尝试，统整自身的各种能力，发挥潜在的创造力，主动地进行设计、制作，在这个过程中，探究能力不断地发展着。

2. 能加深幼儿对科学现象的理解

幼儿在技术操作的过程中，对所探究的事物进行不断深入的分析、理解，在产生问题、动手操作、解决问题中，逐步加深和丰富对相关科学现象、科学原理的理解。比如，幼儿自己制作各种各样的陀螺，在制作的过程中对于“怎样找到陀螺的中心点”“怎样让陀螺趋于平衡”等问题会有进一步的认知，比单纯地玩陀螺所获得的第一手资料和经验更丰富，且更有趣味。

3. 能激发幼儿的学习兴趣和创新意识

儿童是天生的探究者。他们充满好奇，由好奇产生问题，由问题引发兴趣，由兴趣引发探究，由探究引发创新。从好奇到创新的这个心理过程，其实也展现了探究的历程，也是技术操作型科学活动吸引幼儿的最大魅力所在。教师在设计技术操作的活动时，要选择有趣味、能探究、能设计、能制作的活动内容，驱动幼儿的探究欲望和强烈的动手意愿，并鼓励幼儿经历整个设计和操作过程，从而激发幼儿的学习兴趣和创新意识，产生新的作品。

4. 能让幼儿获得具体的操作与制作技巧，培养动手操作的技能和习惯

幼儿在设计物品时需要积极动脑，思考物体的形状、功能、材质，在制作物品时需要思考物品各部分与整体之间的协调性、精细部位的制作方法等，这些都能促进幼儿操作与制作技能的不断娴熟，提升手指的灵活性，同时也养成良好的设计与操作习惯。

（三）技术操作型科学活动的分类

技术操作型科学活动一般分为两大类：一类是学习使用科技产品和常用工具的活动；另一类是科技小制作活动。

1. 学习使用科技产品和常用工具的活动

这类活动主要目的是引导幼儿学习现代科技产品的操作方法，学习使用日常生活用品、常见工具的使用方法。根据活动目标的不同又可以分为“感受—操作式”和“运用—操作式”两种。

感受—操作式活动，主要是通过多种感官（视觉、听觉、嗅觉、味觉、触觉等）感知事物明显的外部特征，观察现象的发生和事物的变化，关注操作的结果，在动手尝试中进行探究。

运用—操作式活动，主要是运用简单的工具，发现事物的不同之处和相同之处，收集更多的细节性的信息，在操作的过程中发现物体的性质、用途及其之间的联系。

2. 科技小制作活动

这类活动是让幼儿在制作活动中进一步发现科学现象，体验其中蕴含的原理，同时掌握科技制作的技巧。这种活动又可以分为两种类型，即“模仿—制作式”和“设计—制作式”两种。

模仿—制作式活动是指通过模仿来学习别人的经验或者按一定的程序来进行操作与制作，探寻事物的变化规律和内在联系。这种方式是学习设计与制作的初步阶段，可以使幼儿获得技术实践的基本方法，有助于他们的设计制作能力的发展。

设计—制作式活动是一种综合性的活动，此类活动是幼儿主动探究的具体展现，教师要肯定幼儿的想法，鼓励幼儿自己探索制作的方法和技巧，留给幼儿自己探索制作的方法与技巧的时间和空间，并根据幼儿的需要提供结构化程度低、具有选择性的材料，以

拓展阅读：STEAM教育

及各种帮助。让幼儿在积极构思、亲身制作中体验设计制作的乐趣，提升动手操作的技能、技巧。

二、技术操作型科学活动的设计

（一）技术操作型科学活动设计的内容选择

技术操作型科学活动与其他类型的活动相比，更加重视幼儿操作技能的培养，使其养成“动手做”的学习习惯。因此，它非常强调让幼儿经历制作、操作过程，并且要求幼儿有相关的知识经验。教师在选择技术操作活动内容时，需要考虑生活、经验、能力和材料等多种因素。技术操作型科学活动内容举例见表 2–3–1。

表 2–3–1　技术操作型科学活动内容举例

年龄段	使用科技产品或工具	科技小制作
小班	手电筒亮起来	旋转的色板
中班	厨房小用具；小小木工厂	神奇的浇花器；动力橡皮筋船
大班	有用的工具；家用电器	有趣的不倒翁；旋转的纸玩具；自制降落伞；神奇的万花筒

首先，活动应源于儿童的生活和兴趣。可以引导幼儿探索生活中的科技产品，所选的内容要符合幼儿园科学教育目标，并且是幼儿感兴趣的。

其次，内容是适合幼儿发展水平的，幼儿必须具备相关的知识经验，并且有能力完成。比如，幼儿对工具的使用首先要建立在对工具的结构原理的认识基础上，而完成科技小制作也要理解一些简单的科学原理。一般把科技小制作安排在中、大班进行。

最后，所选择的科技产品或制作材料应容易搜集，适合幼儿探索与操作。让每一个幼儿在与活动内容的互动中，运用已有的能力，通过创意制作解决生活中的问题，体验成功的乐趣。

（二）技术操作型科学活动的目标设计

技术操作型科学活动的目标指向是幼儿动手动脑、运用简单的工具进行制作创造，尝试解决生活中的问题的过程，这个过程助推幼儿思维的发展，同时也激发幼儿良好的科学态度和科学情感，为其终身发展积淀良好的学习品质，如表 2–3–2 所示。目标应遵循幼儿教育理念与精神、幼儿思维能力发展的特点、幼儿动手能力发展的特点。

表 2-3-2 技术操作型科学活动目标

年龄段	目标指向
小班	1. 尝试用简单的材料进行组合制作，喜欢参与制作活动 2. 初步运用小工具进行辅助制作，探索科学现象的有趣与奇妙 3. 能用简单的语言表达自己的发现
中班	1. 运用多种感官发现科技的奥秘，萌发对小制作的兴趣 2. 选择适合的工具和材料，尝试设计与制作 3. 乐意与同伴互助合作，并记录自己的问题，想办法解决
大班	1. 尝试有目的地设计、制作，灵活地运用各种工具解决问题 2. 自主选择收集多种所需材料，进行创意制作，体验科技制作带来的乐趣 3. 乐意小组合作，共同解决困难，大胆表达制作的过程与想法

（三）技术操作型科学活动的材料设计

在技术操作型科学活动中，材料是关键，特别是制作活动，更需要丰富而实用的材料。在活动开展前，教师应做好充分的准备，为每个幼儿提供充足的材料，以保证活动正常进行。技术操作型科学活动的材料非常广泛，日常生活中随处可见，教师平时应注意随时收集，并对收集来的材料进行整理和加工，使其真正成为可用于开展活动的材料。

技术操作型科学活动的材料既包括制作的原材料，也包括制作中需要的工具。教师在投放材料时应注意以下要求。

1. 提供半成品的材料

一般来说，幼儿还不能独立完成制作任务，教师可以根据不同年龄幼儿的发展特点，提供相应的半成品材料供其使用，使幼儿既能体验到制作成功的喜悦，又能获得制作的经验。

2. 提供的材料应具有可选择性

比如，在制作不倒翁的活动中，教师提供各种各样的材料（棋子、雪花片、小石头、圆形磁铁、弹珠、油泥、棉花等），让幼儿探究用哪一种材料才能让不倒翁推不倒，这样就大大激发了幼儿的探究兴趣，并在此过程中感受蕴含的科学原理。

拓展阅读：几种常见的科学小制作

（四）技术操作型科学活动的过程设计

在技术操作型科学活动中，幼儿能感受和正确使用科技产品，动手设计和制作科技产品，可以萌发对科技活动的兴趣和研究欲望，加深对有关科学现象的理解。技术操作活动的目标和内容不一样，设计思路也不一样，以下介绍几种常见的设计思路。

1. 制作产品活动的设计思路

这类小制作是基于幼儿的生活经验进行扩展和创新。主要以解决儿童在生活中的实际困难为线索，激发幼儿动手制作的愿望。这类制作活动一般由教师设计制作方法，有规定的制作流程，幼儿按正确的制作程序和方法完成制作，体验完成作品的成就感，感受科技的神奇。

设计思路：问题情境，引发制作欲望—提供支架，启发制作—操作对比，发现秘密—观察分享，体验成功。

2. 设计制作活动的设计思路

这类活动中，幼儿既要在制作中自己动脑设计，又要自主解决问题。因此，教师需要引发孩子主动创作的兴趣和动机，把要获得的新经验和人的本质情感联系在一起，如通过“父亲节的到来”学习用航模小制作送给爸爸当礼物；通过“家”中的吸尘器创想设计一个简易纸屑收集器等。

设计思路：提问讨论—自主设计—指导制作—调整改进—实践运用。

3. 操作使用活动的设计思路

这类活动的主要指向在于引导幼儿学习生活中科技产品的操作方法或常用工具的使用方法。活动中，教师先让幼儿通过观察来了解产品或工具结构，在尝试操作中初步理解其特性。在此过程中，教师一般不做演示操作，而是在讨论交流中帮助幼儿分析错误的原因，总结正确的操作方法，从而达到使幼儿学会正确使用科技产品或工具的目的，助力于幼儿的探究性学习。

设计思路：出示产品—观察产品—尝试操作—讨论交流—正确操作—教师总结。

三、技术操作型科学活动的指导策略

技术操作型科学活动的指导应注重探究过程中的指导，并为不同发展层次的儿童的需求搭建支架，让幼儿能感受创造的乐趣，体验成功的喜悦。在开展技术操作型科学活动时，教师还应该让幼儿意识到科学技术的重要性，培养幼儿的工匠精神。

（一）聆听需求，及时鼓励

幼儿的创意往往来自生活中的事件、场景。因此，教育者需要仔细聆听儿童在学习与生活中的需求，对孩子充满天马行空的想象与表达给予充分的肯定和鼓励，并给予行动上的支持。比如，“神奇的浇花器”活动来源于幼儿对自然角植物照顾的需要，教师引导幼儿观察公园里自动浇花器的特点，提供制作材料，让幼儿在动手操作中体验乐趣、满足愿望。

（二）多元支持，突破难点

在技术操作探究中，幼儿往往会遇到这样那样的难点，这就需要我们不断地向幼儿提出问题，促进他的思考，为他寻找解决问题的方法提供方向性的指导；另外，还需要借助同伴之间的力量，相互讨论合作，学习他人的好想法与好做法，相互弥补，同时也不轻易放弃自己的想法，愿意大胆表达自己的思考。

（三）联系生活，共享成果

在科技小制作中，可能幼儿的想法是奇妙的，制作的作品却是稚拙的、粗糙的，但那都是幼儿智慧的展现，我们应该积极鼓励，给予作品充分的肯定与赞赏，以欣赏的眼光看待，并创造机会展示他们的作品，让每一个幼儿体验成就感，这将是对他们最好的鼓励。

对点案例

在大班科学活动“垃圾分类器”中，幼儿在教师的支持引导下经历了“方案制定—创意制作—调整改进—分享成果”的整个过程。最后，教师将孩子们的作品以宣传海报的方式进行展现，并提供机会让孩子们到社区进行宣讲，展示成果。在这个过程中，孩子们体验到自己作为一个小小设计师的满满自豪感。

四、技术操作型科学活动示例

案例1　大班科学活动：旋转的纸玩具[①]

教学活动视频：旋转的纸玩具（说课）

活动目标：

1. 对纸条飞舞游戏感兴趣，观察发现相同大小的纸条，改变形状后下落的速度与轨迹不同。

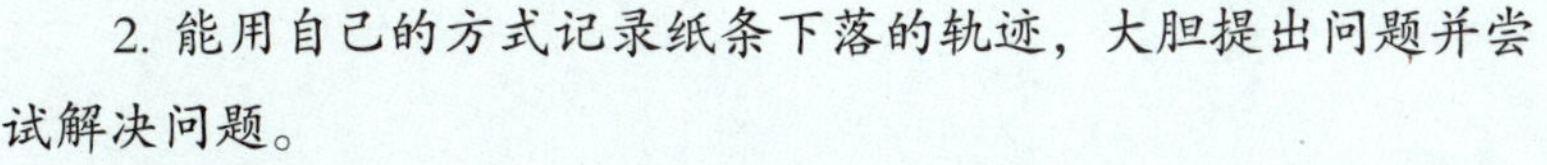

2. 能用自己的方式记录纸条下落的轨迹，大胆提出问题并尝试解决问题。

活动准备：

1. 人手2片大小一样的纸条。
2. 旋转三角材料：画好的纸条、回形针、剪刀。
3. 记录纸、笔。

---

① 此活动由宁波市江北区甬港幼儿园朱黎黎老师设计。

活动过程:

一、出示彩纸,引出主题

“你们平时会怎么玩这个纸?”

“今天,我们就来试试新的广告纸玩法哦。”

二、对比观察,探索下落轨迹

1.把彩纸剪成两条一样大小的纸条,然后把其中一张纸条,用喜欢的方式改变它的形状,并对比猜测。

“你们觉得在同一高度落下来它们会有什么不同呢?”

2.幼儿动手尝试操作,感受纸条和改变后的纸条在同一高度落下来的不同。

3.集体讨论,探索发现。

“刚才我们玩了纸条下落游戏,你们有什么发现?除了速度不一样,还有什么不一样呢?”

4.小结。

“同样大小的纸条,折一折、团一团、撕一撕后,落下来的速度就会不一样,并且落下来的线路也不同呢。”

三、尝试制作旋转三角,自主记录下落轨迹

1.介绍旋转三角,猜测下落轨迹。

“小朋友们,我这里还有一种纸条做的玩具呢。噔噔噔噔!咦,看看,什么形状呀?你们觉得这个三角形的纸片会怎么落下来呢?”

2.出示旋转三角制作图,幼儿尝试制作及观察记录。

“你们能看懂吗?不明白的地方可以提出来哦。”

3.“每个小朋友都尝试去做一做三角纸玩具。做好后,把它高高举起,轻轻放下。也可以站在台阶上玩一玩,看看它们的下落路线,把它记录在记录本上。”

“现在请你们找一个不同颜色的三角纸玩具一起玩,然后比一比,有什么发现?”

4.集中交流。

“除了三角纸玩具下落的路线,你们和好朋友一起比赛的时候还有什么新的发现?一样大小的纸条,都做成了三角形纸玩具,为什么下落的速度会不同呢?”

5.出示两张画过线的纸条,观察发现。

6. 小结。

“三角形纸条顶部越宽，空气就越能托住它，下落速度就越慢；纸条顶部越窄，空气越托不住，下落速度就越快。”

“这个会旋转的三角形，我们给它起个好听的名字，好吗？”

四、活动延伸，引发新的探索

“我们用一张简单的彩纸，剪一剪、折一折，就能变成这么多玩具，发现这么多的秘密哦。接下来我们再去试一试，还能变出什么玩具可以一起玩！”

案例 2　中班科学活动：好玩的泡泡器[①]

教学活动视频：好玩的泡泡器

活动目标：

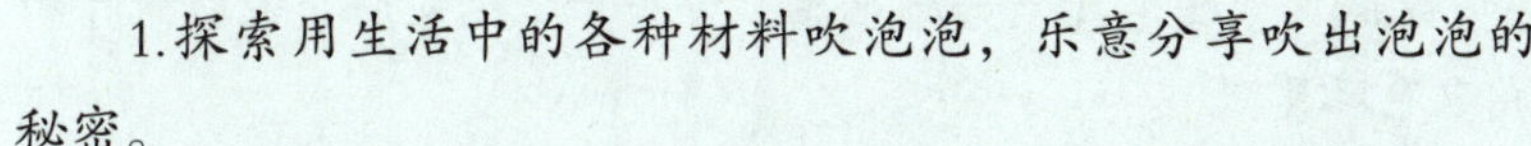

1. 探索用生活中的各种材料吹泡泡，乐意分享吹出泡泡的秘密。

2. 尝试用自然物制作泡泡器，体验小制作带来的快乐。

活动准备：

1. 生活中的材料（夹子、漏勺、剪刀）、树叶、树枝、打花器、橡皮筋、小夹子。

2. PPT、泡泡水、盆、小抹布等。

活动过程：

一、泡泡王国，引发兴趣

1. 出示泡泡王国的场景图片。

“哇，好多好多的泡泡！泡泡是长什么样子的？”

2. 回忆吹泡泡经验。

“我是泡泡王国的小公主，欢迎大家来到泡泡王国。泡泡王国的小公民都是吹泡泡高手。你们喜欢吹泡泡吗？你们是用什么玩具吹出泡泡的？”

二、工具吹泡，发现秘密

1. 引出特别的泡泡玩具（剪刀、夹子、勺子）。

“泡泡王国里有各种各样的泡泡玩具，我们进去看看吧！它们也是泡泡玩具吗？你们认识这些材料吗？它们也能吹出泡泡吗？”

2. 幼儿操作。

“四种材料都试一试。沾沾泡泡水，呼呼呼呼吹，看看它们能不能吹出泡泡。”

---

① 此活动由宁波市江北区甬港幼儿园乌晶晶老师设计。

3.集中交流，引导幼儿发现材料的不同位置，只要有围起来的洞就能吹出泡泡。

“你们用了哪种材料？泡泡是从哪里出来的？吹出来的泡泡长什么样？”

4.师幼小结，发现秘密。

“这四个材料朋友，虽然长得不一样，但是它们身上都有一个同样的秘密。身上都有洞洞，都是能变出泡泡的玩具。”

三、探索方法，发现秘密

1.教师用PPT出示飘落树叶，抛出问题。

“谁来了？树叶和小树枝也想变成泡泡玩具。你们愿意帮助它们吗？”

2.探索方法。

“怎样让树叶和小树枝也能吹出泡泡来呢？”

“我还为你们提供了一些工具——压花器、小夹子、橡皮筋，帮助树叶和小树枝朋友变成泡泡玩具。”

3.集中交流，请小朋友带上自己做的泡泡玩具进行分享。

“你的树叶、小树枝吹出泡泡了吗？你用了什么好办法？怎么做的？”

4.小结。

“小朋友真会动脑筋，用我们的小巧手变变变，能把这么普通的树叶、小树枝，变成一个好玩的泡泡玩具。”

四、延伸活动

带上自制的树叶、树枝泡泡玩具，一起去外面玩吹泡泡的游戏。

教学活动视频：小漏斗，大作用（说课）

案例3 大班科学活动：小漏斗，大作用[①]

活动目标：

1.在操作活动中初步感知漏斗的基本构造，了解漏斗的神奇作用。

2.大胆尝试自制漏斗，体验成功解决问题的乐趣，萌发乐于探索的意识。

活动准备：

1.实物漏斗、勺子、筷子、夹子、绿豆、小瓶口塑料瓶、脸盆若干、PPT课件。

2.场地布置：贴上用于摆放瓶子的线。

① 此活动由象山县海韵幼儿园罗亦瑜老师设计。

活动过程：

一、游戏导入，挑战快速装豆

1.提出问题，空瓶装绿豆。

“今天请你们挑战装绿豆。老师给你们提供了很多工具，请你们在规定的时间里，用工具快速地把绿豆装进瓶子里，看谁装得多。倒计时结束，发出‘叮’的一声响，表示挑战结束，请将瓶子放到横线上。”

2.幼儿2人一组开始操作，教师巡回观察。

3. 交流讨论操作结果

“你们是怎么装豆子的？”

“装的时候遇到了什么问题？”

“哪种工具最方便？”

4.小结。

“你们用了很多办法来装豆豆，漏斗是最方便的工具。”

二、实验操作，感知漏斗的基本构造

1.幼儿自主，正确使用漏斗装豆。

2.交流分享，了解漏斗的构造。

“用漏斗来装豆豆，好用吗？”

“为什么用漏斗装豆豆就会又快又多？”

3. 小结。

“你觉得是什么原因？”

“因为漏斗上面大，可以一次倒很多豆，下面小，可以很好地连接瓶口，所以在装绿豆的时候速度很快，但不会倒出来，非常方便。”

三、自制漏斗，运用漏斗解决问题

1.材料说明，引发思考。

出示材料：“老师给你们准备了很多材料，有纸、塑料瓶、吸管等。请你们动动脑筋，制作一个漏斗，帮我把剩下的绿豆都装进细瓶子里。”

2.幼儿自主创作，教师巡回指导。

3.分享交流，归纳自制漏斗的各种方法。

4.小结。

“我们用了许多方法，有用剪刀剪开塑料瓶的，还有把纸卷起来的，都制作出了上面大、下面小、中间通的漏斗，成功地把绿豆全装进瓶子里了。”

四、经验拓展，了解漏斗在生活中的运用

1.交流，讨论生活中的漏斗。

“我们平时可以用漏斗干什么？”

2.观看视频，拓展生活中的漏斗。

3.小结。

“漏斗的本领可真大，不光可以装运米、豆、水，还可以用来过滤一些东西，真是又方便又实用的工具。”

岗位技能实训

实训1 实验设计“纸花开放”

目标：

1. 体验实验中材料设计的重要性。
2. 体验实验操作规则与实验效果之间的关系。
3. 感受教学准备中教师进行预操作的意义。

准备：

1. 卡纸、包装纸、打印纸、水粉纸、铅画纸、报纸、餐巾纸等若干。
2. 每组1个塑料盆、1份作业单。

过程：

1. 布置任务。

（1）实验目标：提供若干种纸，让幼儿在操作中感受、了解实验中的纸具有吸水性，且不同的纸吸水的速度不一样。

（2）小组任务：以“纸花开放”为内容，为中班幼儿设计实验探究的材料，并思考在教学组织过程中如何引导幼儿进行实验探究。

2. 以小组为单位，尝试探索，完成任务。

3. 讨论与分享。

（1）中班教学活动适合选择几种纸？为什么要选用这些纸？

（2）影响“纸花开放”的因素有哪些？

（3）实验中需要注意什么？应该如何引导幼儿进行实验探究？

（4）成功完成一个科学实验可以体现出人的哪些品质？

建议：

此活动属于体验式活动，可用于翻转课堂在课前或课中进行。

实训 2　制作“不倒翁”

目标：

1. 体验科技小制作中材料设计的重要性。

2. 体验科技小制作与美工活动的区别。

准备：

1. 乒乓球、棋子、雪花片、小石头、圆形磁铁、弹珠、油泥、棉花等。

2. 剪刀、黏土、双面胶等。

过程：

1. 布置任务。

2. 3～4人一组，合作完成。

3. 讨论与分享。

（1）不倒翁制作成功了吗？怎样制作才能成功？

（2）让幼儿制作不倒翁，可以提供哪些适宜的材料？为什么？

（3）成功完成一个科技小制作可以体现出人的哪些品质？

建议：

此活动属于体验式活动，可用于翻转课堂在课前或课中进行。

实训 3　集体教学活动方案研习

目标：

1. 掌握教学活动方案设计的思路与要求。

2. 理解教学活动组织与指导的策略。

准备：

集体教学活动教案、实训任务单。

过程：

1. 提出研习任务。

第1组：对活动目标进行分析和评价；对实验材料的设计进行分析和评价；对活动流程进行归纳。

第2组：对活动过程中的“环节二”进行分析，此环节实现了哪些目标？教师采用了哪些策略以实现活动目标？

第3组：对活动过程中的“环节三”进行分析，此环节实现了哪些目标？教师采用了哪些策略以实现活动目标？

2. 小组讨论。

3. 小组代表进行汇报，教师进行点评总结提升。

建议：

1. 教师可以根据科学集体教学活动类型，选择优秀教案进行实训。

2. 研习的教案每组可以相同或不同。

实训 4　观摩与评价幼儿园科学集体教学活动

目标：

1. 了解幼儿园科学集体教学活动的组织与指导要点。

2. 能初步运用所学理论知识评价科学活动，并提出建议。

准备：

1. 教学活动视频 1 个。

2. 活动目标或教案 1 份。

过程：

1. 观摩教学活动视频，并做好听课记录。

2. 小组围绕问题，进行讨论分析，形成小组评价意见。

3. 小组代表进行汇报，教师进行点评总结提升。

建议：

1. 此活动可以用于翻转课堂在课前或课中进行，也可以在课后作为小组或个人作业。

2. 此活动还可以在幼儿园见习中进行。

实训 5　科学集体教学活动的设计与说课

目标：

1. 掌握不同类型科学集体教学活动的设计理念与要点。

2. 能根据不同年龄段幼儿发展水平设计科学活动。

准备：

科学活动内容素材。

过程：

1. 根据指定内容，每个学生独立设计一节科学集体教学活动。

2. 小组内交流活动方案，取长补短。

3. 在小组交流的基础上，重构一节科学集体教学活动。

4. 每组以说课形式，汇报本组教学活动方案。

5. 教师逐一进行分析点评。

6. 根据教师点评，每组完善活动方案。

建议：

1. 此活动某些环节可以在课前完成，课中进行分享交流、点评分析。

2. 每组提供的内容素材要相同，便于组内交流和重构方案。

实训 6 科学集体教学活动的模拟实施

目标：

1. 掌握科学集体教学活动的组织与指导要点。

2. 能根据自己设计的科学集体教学活动方案开展模拟教学。

准备：

模拟教学的教具材料；科学教育活动评价表。

过程：

1. 小组成员角色分工：1 人扮演教师，1 人为观察员，其余扮演幼儿。

2. 每组根据小组重构的方案组织模拟教学，其他组进行观摩记录。

3. 每组模拟结束后，小组观察员进行自我评价，其他组对该组活动进行书面评价。

4. 教师进行总结评价。

建议：

1. 此活动可以每组逐一模拟教学，也可以选择若干代表小组进行。有条件的学校可以邀请幼儿园教师进行同课异构活动。

2. 此活动还可以在幼儿园组织现场教学。

课赛证融通

一、选择题

1. 科学活动中，教师观察到某幼儿能用数字、图表来记录和整理观察到的现象，该幼儿最可能的年龄是(　　)。【2016 年下教师资格证考试真题】

A. 6 岁　　B. 5 岁　　C. 4 岁　　D. 3 岁

2. 小班幼儿观察植物时，下列目标中最符合他们发展水平的是(　　)。【2018 年下教师资格证考试真题】

A. 能感知到周围植物的多样性

B. 会观察记录植物的生长变化过程

C.能觉察到植物外形特征与生存环境的适应关系

D.能发现不同类植物之间的差异

3.以下不属于开放性问题的是(　　)。

A.“你有什么办法?”　　B.“它像什么?”

C.“你们发现了什么?”　　D.“这两种水果摸起来都是滑滑的吗?”

4.幼儿通过养蝌蚪了解蝌蚪的成长过程，这属于(　　)。

A.物体观察活动　　B.现象观察活动　　C.户外观察活动　　D.长期性观察活动

5.实验探究活动中，教师提供的材料要体现丰富性、结构性和(　　)。

A.多样性　　B.直观性　　C.开放性　　D.严谨性

二、保教视频分析

1.视频情境说明

保教视频：大班科学探究活动片段

这是大班幼儿科学探究活动的一段视频，反映了幼儿在分组探究时教师的操作要求与小结等环节的教学内容。

2.请根据这段视频回答

(1)对师幼互动中幼儿的心理发展，如认知、情感、意志等心理过程进行分析。对幼儿的个性、社会性发展及学习心理等特点进行分析。

(2)根据《纲要》与《指南》的精神，对教师的保教言行进行评价与分析。

(3)对教育活动中存在的问题提出建议。

【2020年全国职业院校技能大赛高职组学前教育专业教育技能竞赛真题】

三、活动设计题

请根据下列素材设计一个大班科学活动，要求写出活动名称、活动目标、活动准备、活动过程。

大班的胡老师为幼儿提供了各种吹泡泡的工具，有吸管、铁丝绕成的圈、塑料吹泡泡棒等，让幼儿在户外活动时自己吹泡泡玩。幼儿在吹泡泡的时候，有的能吹出很大的泡泡，有的只能吹出小泡泡，有的能一次吹出好多个泡泡，有的一次只能吹出一个泡泡……结果有的幼儿得意，有的幼儿沮丧。

针对上述现象，胡老师打算组织一次科学教育活动，以引发幼儿深入探究的兴趣，并使幼儿理解不同的吹泡泡工具与吹出的泡泡之间的关系。

【2016年上教师资格证考试真题】

参考答案

模块一　科学探究

PROJECT 3

项目三

幼儿园科学区域活动的设计与指导

项目导学

科学区域活动是幼儿园科学教育的另一种重要途径，由于其特有的价值，已成为幼儿园科学教育中不可或缺的一部分。科学区域活动为幼儿自发学习科学提供了主动探索的条件，幼儿在区域活动中探究，可以按照自己的兴趣和需要自由选择、主动学习。在科学区域活动中，幼儿是“显性”的探究者，环境、材料和教师则是“隐性”的指导者，支持幼儿在主动探究中获得有益的经验。在学习本项目时要树立正确的课程观、儿童观，重视现场学习，走进幼儿园，走近儿童，通过见习、实习、研习等方式，读懂儿童，支持儿童的学习与发展，领悟科学区域活动对儿童发展的价值。

学习目标

知识目标：

1. 了解幼儿园科学区域活动的主要类型及其价值。
2. 掌握幼儿园科学区域环境创设的基本要求。
3. 掌握幼儿园科学区域活动设计及指导要点。

能力目标：

1. 能关注幼儿学习的特点，创设支持儿童自由探究与发现的科学区域环境。
2. 能设计较为科学、丰富的区域活动内容和材料，并组织实施。

素养目标：

1. 在设计与指导科学区域活动中，感受幼儿为本的理念，体会幼儿园科学教育的重要性。
2. 树立正确的教师观，教师既是知识的传播者和能力的培养者，也是价值观的引导者。

内容导图

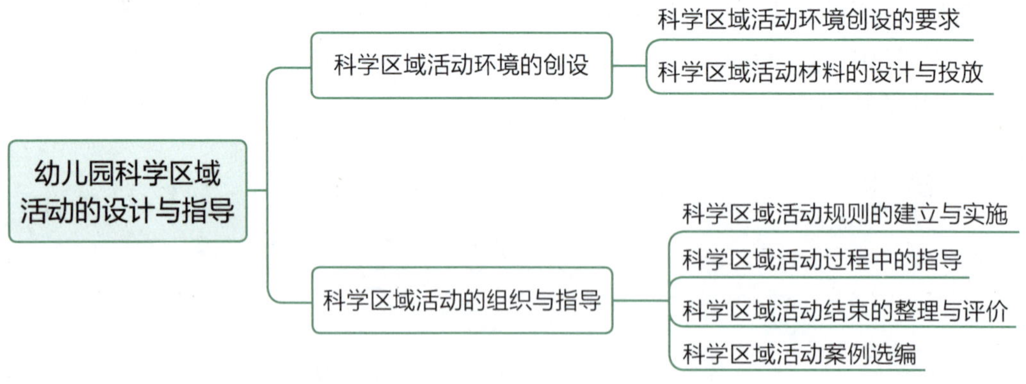

思政元素

1. 儿童观、教师观

在理解科学区域活动特征的过程中，感受幼儿为本的核心价值。通过幼儿园见习、实习活动，理解儿童的个体差异，体悟教师在支持每个幼儿富有个性的发展上的价值。

2. 创新意识

根据幼儿的年龄特点和个体差异，设计促进幼儿自主探索的科学活动材料和环境创设。在材料设计、探究性环境创设的过程中，引导不断学习的创新精神。

问题导入

区域活动开始了，东东和天天先后来到科学区，发现放在箩筐里的纸杯、薯片罐。天天拿了一个纸杯在地上推了一下，纸杯拐了个弯，在离他不远的地方停了下来。这时，不远处的东东欢呼雀跃起来："快来看！我的薯片罐跑得多快，就像一辆小赛车！"天天皱了皱眉头，不解地捡起纸杯仔细地看了看，然后又用力地推了一下纸杯，纸杯拐了一个更大的弯缓缓地停了下来。天天急匆匆地跑到东东跟前："你的怎么跑得这么快，我的怎么跑不远？"东东说："是不是你不够用劲呀！""我已经很用劲了！"天天大声地说。"让我试试？"东东也试了一次，"咦，怎么回事？""我们去问老师吧！"老师问他们："到底是什么原因，让我们一起来看看。"老师引导东东和天天仔细比较薯片罐和纸杯的不同，东东说："可能是因为薯片罐比纸杯高吧。"天天说："可能是纸杯太轻了。""是这样吗？"老师笑眯眯地从箩筐里挑了一个高度与纸杯接近的薯片罐："你们再试试。"东东和天天试了试，失望地摇了摇头："还是一样。""那到底是什么原因呢？请你们再仔细比较一下，这两样东西还有什么不同？"东东和天天不停地翻看薯片罐和纸杯，忽然东东叫了起来："我知道了，薯片罐两头一样大，纸杯两头不一样大。"天天也开心地说："对！对！我也发现了！"……

问题：以上案例中，幼儿是如何探究的？他们获得了什么科学经验？如何看待这个活动中教师的指导？

任务1　科学区域活动环境的创设

一、科学区域活动环境创设的要求

（一）科学区域活动环境创设的内涵

微课：幼儿园科学区域活动的特点与价值

从广义上来说，整个幼儿园都是科学探索的区域。狭义的科学区，主要是指幼儿园为开展科学教育活动专门划分出的以科学探究为主要活动的区域。本书所讨论的科学区主要是指幼儿园在小、中、大班班级活动室设置的科学区角。幼儿园教师根据幼儿需要和科学教育目标，在班级相对固定的区域设置区角，有目的、有计划地投放各种科学材料，让幼儿按照自己的意愿，自主选择材料，主动进行科学操作和探索，实现科学知识经验的自我建构。

幼儿园科学区域活动的环境创设是指教师在一定的科学教育目标的指导下，根据科学活动主题，有目的、有计划地布置物质环境、投放操作材料、营造人文环境来创设良好科学探索活动环境的过程。

（二）科学区域活动环境创设的原则

1. 参与性原则

儿童是环境的主人，有权利对自己的生活、游戏、学习的空间提出自己的设想，进行自主设计、实施。因此，在科学区域活动环境创设的过程中，教师要邀请幼儿共同参与：在哪里设置科学区，如何布局，区域的标识和活动规则，用什么样的颜色基调，需要准备哪些材料等。教师要善于倾听幼儿的想法，满足幼儿的参与愿望，创设充满“童味”“童趣”的，使幼儿在活动区里能够被“看见”“看懂”的环境。

幼儿园科学区环境照片集锦

2. 自主性原则

科学活动区的材料、设备及其操作方式，都必须符合幼儿的身心特点，能引发幼儿自愿、自主、自在、自然的活动，让幼儿成为科学活动区的主人。教师要给幼儿提供活动中的选择权、决定权，给予幼儿自主探究、自由交流、主动沟通、倾听理解、自主评价的机会，从而让幼儿喜欢在科学区活动、学习，积累关于科学的各项经验。

3. 开放性原则

科学区的环境创设应是开放的、互动的，要与活动室里的其他区域在“共存”

的基础上进行互通，允许幼儿在各区域之间进行有任务、有目的的互动，真正体现区域活动的核心，即开放与亲密。比如“沉与浮”的小实验，需要用到建构区的各种材质的积木时，幼儿可以自由地从科学区到建构区选取所需的材料。同样，当其他区需要科学区的材料时，教师也要鼓励幼儿自发地进行选择。另外，幼儿也可以在其他区域设计完成科学区所需部件（材料）后，再回到科学区继续探究。

4. 整合性原则

幼儿的学习是一个知识经验相互贯通、相互融合的过程。师幼在进行科学区域活动环境创设时，要依据幼儿已有的知识经验、学习兴趣、特点及能力水平等，灵活、综合地组织和安排各方面的有关科学的学习内容，使幼儿获得相对完整的科学经验及综合性经验。在环境创设时，还可以调研幼儿家庭的学习方式、生活习惯，对幼儿的学习、生活经验进行有机整合，让幼儿真正与科学区相融合、与科学区活动相融通，通过科学区的活动来提升幼儿的综合能力。

5. 安全性原则

科学区域活动环境创设要注重安全性。首先，操作材料的提供，应选用无毒、无味、无害、对幼儿无潜在危害的材料。各种新的材料或者收集来已经使用过的废旧材料在投放前，都应彻底清洗消毒，在保证安全的基础上才能投放。其次，要对幼儿进行安全操作的专题性活动或者随机性谈话教育，比如，涉及水和火的科学活动中，教师要简单讲解操作要求，让每个幼儿都清楚正确使用水和火的方法，以及与同伴合作的方式方法等，以保证幼儿在科学区活动中的安全及活动的正常开展。

二、科学区域活动材料的设计与投放

材料是科学区域活动环境中的重要内容，它可以让幼儿在操作材料的过程中积累经验，建构自己的科学认知。科学区域活动中的材料是不会说话的老师，它为幼儿和科学知识之间搭起了桥梁，是幼儿在科学区域中进行各类探究活动的有效载体。科学区域活动设计可以说是一种“以材料为中心”的设计，活动目标和内容都蕴含在材料设计之中。

在设计和投放科学区域活动材料时，应考虑以下几方面的要求。

（一）目标的教育性

科学区域活动材料的投放要有的放矢，蕴含一定的教育目标。这个目标指向为能激发幼儿学习兴趣和探究欲望，能激励幼儿不断地发现问题和解决问题。也就是说，目标不一定是即时的，但一定是可以促进幼儿科学思维和科学情感发展的。另外，教师投放材料的目的应是多元的，一种材料并不只是为一个目标服务，而应该是为达成多项目标服务。如教师投入科学区域中的玻璃瓶既可以做音乐瓶，又可以作为探究物体滚动原理的材料，还可以用来装不同的物体以感受空间与物体的关系（如乌鸦喝水实验）等。①

（二）内容的多样性

科学活动内容应丰富全面，它包含了幼儿生活中常见的声、光、电、磁、热、力等物质科学类，还包括动物、植物的生命科学类，沙、石头、土、空气、水、人与自然环境的地球和空间科学类，生活中的科技产品、科技产品的发展、小制作等科学与技术类。因此，科学区域活动中的材料也要丰富，让幼儿在科学区里有更多的选择机会，以便形成多样的科学经验。另外，还要体现同类别材料的多样性。材料本身有着不同的特性，并以不同的形态存在，这又为幼儿的探究打开了一条新思路。因此，在科学区域投放材料时，要尽可能地去搜集多样的材料，让幼儿在科学探究中能多维度感受某一物体的特征，萌发探索周围世界的情感。

对点案例

在大班科学区域活动“神奇的磁力”中，教师与幼儿一起收集了生活中各种各样的磁铁投放在科学区，如磁块、磁片、磁面、磁粉、磁流体等。这多种多样的形式存在，为幼儿的科学探究增加了神秘面纱。幼儿借助多样化的材料，可以开展多种科学游戏。比如，可以提供磁性橡皮泥，改变幼儿对磁铁硬邦邦的认知经验；通过对磁铁摆放位置和磁铁强弱等变化，磁泥就会呈现各种形态，这就巧妙地融入了艺术创作，孩子们也是百玩不厌；磁流体具有很强的可塑可变性，幼儿自制奇妙的磁流体瓶，在实验操作中感受到磁流体变化的视觉冲击，感叹于它的神奇；而磁墙面可以帮助幼儿进行墙面拼搭游戏，使他们在数学空间中体悟多样的变化。

分析：此案例中，教师在科学区投放了多种多样的材料，为开展适合学前儿童探究的科学游戏提供了充分的支持和帮助，促进了幼儿的主动学习。

（三）形式的趣味性

3～6 岁幼儿认识事物以直观具体形象为主要特点，他们对周围事物的了解多以直观的感知来获得经验，因此，科学区材料的准备需要凸显物质本身的特性，把抽象复杂的概念通过趣味性的材料来呈现，引发幼儿对科学现象的好奇心，使他们在动手动脑中获得丰富的概念和感性经验。例如，提供有着生动可爱形象的

① 徐群，巫莉. 幼儿园科学教育与活动指导 [M]. 南京：南京师范大学出版社，2019：133.

故事情景结合的材料，让幼儿在玩中探究，将抽象的概念转化为儿童能理解感知的新经验，如表 3-1-1 所示。此外，教师还应根据本班孩子的年龄特点和发展状况随时更新与替换材料，让幼儿不断迎接新的挑战。

表 3-1-1 科学区趣味性材料投放举例

主题	内容	故事情景	材料提供
能干的磁铁	猫捉老鼠	根据猫和老鼠的形象，自由创编故事情节，边讲边玩。	硬纸板做的立体小老鼠，身体里贴有磁铁。
	龟兔赛跑	兔子和乌龟开始了新一轮的跑步比赛，这次又是谁赢了呢？还会有什么有趣的故事？	半空中放置防雨布，在上面布置龟兔赛跑的跑道；带有铁片的乌龟和兔子，两根带有磁铁的长木棒。
好听的声音	电话亭	宝宝上幼儿园的时候想妈妈了，到电话亭里给妈妈打个电话吧。	大纸箱做的幼儿园电话亭、妈妈公司和一次性纸杯做的电话。
魔幻的光	镜中寻宝	在神秘的山洞里有一个大宝藏，由于通道高而窄，仅能靠镜子的反光来确定宝藏的位置，于是几个好友带上几面镜子出发了。	大型的纸箱，中间的隔层高，只留有高而窄的缝隙（幼儿需要与同伴合作，通过镜子的反光作用寻找到宝藏）。

（四）空间的拓展性

幼儿天生喜欢摆弄，用自己的肢体与材料互动去探索这个世界。教师应充分调动幼儿的情绪，引导幼儿通过运用各种感官，积极地观察，大胆提出问题；在操作和实验中解决问题，对探究的过程进行推理，得出结论，用适当的方式表达并与同伴进行交流。因此，在提供科学区域活动材料时的空间拓展性就尤为重要。

对点案例

龟兔赛跑“跑”到了天花板上

传统的桌面游戏材料，已经不能满足当下幼儿的探究兴趣。在一次中班磁铁游戏“龟兔赛跑”中，教师与孩子们商量后，设置了大型的龟兔赛跑的跑道：全透明的防雨布。把大型跑道悬挂于活动室顶。制作带有铁片的乌龟和兔子，提供两根有磁性的长木棒。利用磁铁吸铁的特性玩龟兔赛跑的游戏。通过这样立体空间的拓展，幼儿在活动中身临其境，在与游戏情景、游戏材料、游戏同伴的互动中主动建构科学经验。幼儿在玩游戏的过程中引发了更多的思考：为什么棒子的一头可以让兔子快快跑，另一头却不可以？半空中的兔子怎样才能跑得更快？……

分析：教师根据幼儿的探究兴趣，把科学区材料投放位置在空间中进行拓展。一方面，让有限的活动室空间得以充分利用；另一方面，丰富了游戏情节，给幼儿更大的探索空间。在游戏过程中，幼儿获得了不一样的体验，不断发现新问题，积累新经验，激发了科学探究的欲望。

（五）领域的融合性

在科学领域核心经验的引领下，科学区材料的设计与投放要从空间、形式、领域等方面搭建多维支架，让科学区域活动不仅仅是科学领域的游戏，而在一定程度上打破领域的界限，进行多领域融合，让幼儿在科学游戏中促进多元的发展，形成良好的学习品质，提升综合能力。

对点案例

在中班科学区域活动“奇妙的磁铁”中，投放探究磁铁特性的相关材料。在“弹珠滚画”游戏中，教师提供了玻璃球和小铁球两种弹珠。有的幼儿利用磁铁能吸住铁制品这个科学原理，把小铁球染色后，放在纸上，通过移动磁铁棒，吸引铁球进行作画。有的幼儿选用玻璃球染色，摇动盒子，滚动作画。孩子们在玩的过程中，很快就发现这两种滚画的不同。在相互交流中，他们惊喜地感受到“小铁球滚画”的艺术创作所带来的美的享受和体验。在“蝴蝶飞飞”磁铁游戏中，教师把一些经典的、幼儿耳熟能详的故事，如“小蝌蚪找妈妈”“龟兔赛跑”，融入磁铁游戏中，用变换不同的故事角色、情景来吸引孩子们对磁铁的兴趣，使他们在科学探究时保持专注。

分析：教师在材料投放时，借助科学与艺术、科学与语言等多领域的融合，充分调动了幼儿各种感官参与探究活动，给予幼儿不一样的体验，激发了幼儿探究的兴趣和积极性。

（六）结构的层次性

材料的设计与提供是幼儿科学游戏的基本保障。幼儿在科学区域活动中通过操作、摆弄、探索材料而形成经验。在提供科学区域材料时，需要考虑幼儿不同发展层次的兴趣和需求，让每一个幼儿都能体验和感受游戏带来的快乐。因此，材料提供要面向全体幼儿，凸显层次性。教师在投放材料时，既要考虑基础性材料，满足大多数幼儿的探索需要；也要考虑辅助性材料，形成对部分幼儿的挑战，从而引发其深度学习与探究。

比如，在中班科学区开展吹泡泡的活动。教师在为幼儿提供了常规的吹泡泡工具之外，还准备了生活中常见的材料，如长尾夹、洞洞勺子、剪刀、水果网袋、矿泉水瓶等通过尝试能直接吹出泡泡的工具；另外还投放了表面看起来不能吹泡泡，但是通过动手制作、组合加工就能制作变成泡泡器的材料，如小树叶、毛根条、橡皮筋、纱布、聪明棒等。这些多层次的材料，一方面能激发孩子们持续的探究兴趣，另一方面也给了不同发展水平的幼儿更多的挑战机会。幼儿在使用成品泡泡器的过程中，发现只要有围合的洞洞就能吹出泡泡的秘密，萌发动手制作的愿望。于是，他们通过对非成品材料的组合制作，成功吹出泡泡，体验到了探究的乐趣，丰富了科学经验。

拓展阅读：科学区的环境评估

任务2 科学区域活动的组织与指导

一、科学区域活动规则的建立与实施

微课：如何制定科学区的规则

科学区域活动是为幼儿提供一个自主、宽松的探究学习环境，让幼儿在科学学习中充分享受探究的自由和乐趣，而规则的建立则是保障科学区域活动有序进行的基础。因此，教师要和幼儿一起共同约定并实践科学区域活动规则，让幼儿在理解、内化规则的基础上开展科学活动。

（一）科学区域活动规则的建立

1. 活动前：进区规则

由于幼儿园班级活动空间的局限性，每一个科学区域的空间设置和材料投放都有一定的限制，因此，幼儿进科学区活动前最大的问题就是“人数问题”，特别是在新材料投放时，幼儿都会优先选择该区域，从而出现“人声鼎沸”的现象。为了避免人数的饱和，让幼儿有更多的探究空间和材料，区域规则建立的首要任务就是给予人数的提示。让幼儿根据规则的提示，有选择性地挑选自己所要参与的区域，逐步学习规划自我的区域游戏，从而保证各个区域活动的正常开展。在实践中，一般可以采用以下几种进区人数提示的方法。

（1）利用地面空间

可以有效利用科学区周边的地面位置，设置明显的人数提示。比如，地上贴或者画上几双脚印，就可以明确地告诉幼儿本区域一共可以入内几个人，人数满了后就不能进入了，需要等待或者下次再来选择。

（2）利用侧面空间

区域的侧面空间可以设置成插入式、悬挂式、粘贴式的区域卡，活动前幼儿把代表自己的照片、图示等放入区域卡中，区域卡放满则代表本区域人数已满，幼儿可以根据区域卡的空位来确认区域人数。

（3）利用幼儿自身

科学区提供相应数量的进区牌，在活动开始前幼儿自由选择科学区域的进区牌悬挂在自己的身上，有科学区进区牌的幼儿可以进入区域活动，没有进区牌的则不能进入科学区，这样可以有效避免科学区人员过于集中的问题。

2. 活动中：探究规则

在科学区域的活动过程中，经常会出现幼儿活动无序、无所适从、相互打闹等现象，究其原因，主要是科学区域的活动以自主探究为主，有时幼儿不明确探究任务或者科学活动缺乏挑战性，导致幼儿早早放弃材料、停止探究、结束活动。因此，在科学区域活动中，可以设置明确的操作规则，引导幼儿有序、有目的地探究。

（1）设置探究规则

师幼可以共同设置科学区域探究规则，比如安静游戏、自主活动、轻拿轻放、整理整齐等，并把这些规则以幼儿自己的表征方式进行呈现，张贴在区域内，让幼儿在活动中能随时看到，起到无声的提醒作用。

（2）设置探究任务

区域活动是主题活动的重要组成部分和延伸环节，科学区域每周都可以根据当下的主题教学内容，设计不同层次、不同难度的活动任务，并以材料及图示等方式呈现，让幼儿了解活动内容，选择合作的同伴、适宜的材料、适合的方式开展活动。这样，在明确的活动目标和充分的活动任务驱动下，可以有效避免科学区域活动的盲目性及随意性，也能不断增强幼儿的活动规则意识及对规则的理解。

（3）设置操作提示

幼儿在探究活动中出现随意走动、缺乏兴趣感、干扰别人的行为，还有很大的原因在于探究的“难”。因此，在科学区中可以设置一些探究内容的操作提示或者操作步骤，并给了一定的留白环节以便幼儿独立思考、实验和验证，这样既能给幼儿提供探究的步骤和方向，又能给幼儿充分的探究空间，让幼儿沉浸在活动之中，遵守活动的规则问题也就迎刃而解了。

3. 活动后：整理规则

科学探究是一个严谨的过程，每一项研究过程的记录、探究的顺序、器械的摆放，都需要一丝不苟的科学态度。因此，科学区域活动结束后的物品整理就显得尤为重要。每次科学区活动结束时，教师都要通过多种形式的规则，提醒或者暗示幼儿把操作材料、记录表格、各种工具等有序收拾和摆放，帮助幼儿养成秩序感，使科学区域活动有始有终。

（二）科学区域活动规则的实施

任何规则的建立和实施都不是一步到位、一蹴而就的，需要一段较长时间的实践、巩固，从而把规则内化成习惯性的操作流程。在幼儿规则意识建立的过程中，教师指导的关键在于执行与坚持，否则科学区建立的特有规则就失去了其存在的教育意义。

1. 榜样示范

教育最好的办法就是做出榜样，无论什么时候，教师进入科学区域都要以身作则，遵守本区域的各项规则，做到言传身教。同时，给幼儿寻找适宜的同伴榜样，用“身边的榜样”对幼儿进行无声的提醒。

2. 环境熏陶

环境中材料的整齐摆放、有序的操作及自由民主的氛围都能起到良好的暗示作用。教师要引导幼儿共同创设适宜探究的科学区域活动环境，共同确定探究主题、收集活动材料、讨论探究过程，通过物质环境和人文环境的创设，逐步增强幼儿对科学区域活动的兴趣，从而养成自觉遵守规则的良好习惯。

3. 及时指导

幼儿受年龄特点的制约，在活动中常常会因为忘记规则而影响同伴的操作活动，教师要有意识地关注每一个参与科学区活动的幼儿的游戏进程、操作方法、活动难度等，及时或者提早发现问题，并鼓励幼儿自我解决问题或者帮助幼儿共同解决问题，以保证科学探究活动的行进。

4. 强化评价

科学区域活动结束后，教师要组织幼儿针对活动中规则执行的情况进行点评。中、大班的评价，可以围绕科学区的某一规则或若干条规则，让幼儿进行自评和互评；也可以开展主题式的讨论或辩论，针对出现的规则问题经过讨论后可以重新调整。小班幼儿则以鼓励、表扬等正面引导为主，让幼儿逐步理解规则、遵守规则。

二、科学区域活动过程中的指导

微课：科学区域活动中的观察与指导

（一）观察为先，读懂幼儿的科学探究行为

在科学探究活动中，任何指导与评价都离不开对幼儿行为的观察。观察是研究了解幼儿在科学区中的真实状态的重要方法。教师只有通过观察，了解幼儿在活动中的言谈举止，分析幼儿的探究行为，研究幼儿的经验水平、兴趣爱好和发展需要，才能为幼儿提供适宜的指导。

在科学区域活动中，教师观察什么，如何观察？一般来说，观察可以从两方面入手。一是观察科学区域环境能否激发幼儿的学习兴趣。比如，科学区材料能否吸引孩子的探究兴趣，引发孩子的思考；每一种材料是否都能引发儿童的探究行为；材料能否满足不同发展水平幼儿的需求；等等。二是观察幼儿在科学区的学习、探究情况。比如，幼儿当前的兴趣和需要是什么，选择哪些材料，每种材料持续操作时间是多久；幼儿能否与同伴进行合作探究；等等。教师根据观察结

果调整科学区域活动目标、内容和材料，使其更适合幼儿水平、兴趣和需要，如表 3-2-1 所示。

表 3-2-1　大班科学区域活动观察记录表示例

观察项目	观察要点	活动情况
区域设置	空间结构合理，动静分离；区域之间具有适当的“封闭性”；无教师观察死角。	
材料提供	材料投放具有层次性；材料安全；具有一定数量半成品。	
幼儿表现	1. 探究兴趣：幼儿游戏的持续时间，25 分钟以上的为☆；20 分钟以上的为○；15 分钟以上的为△。	
	2. 探究能力：幼儿能借助一定的支架完成实验操作，并能运用适宜的方法验证的为☆；能在教师或同伴的指导下进行实验操作的为○；漫无目的，无法完成实验探究的为△。	
	3. 实验记录：幼儿能用数字、图画、图标或其他符号等多种方式记录的为☆；能用一种方法进行记录的为○；无法记录的为△。	
	4. 探究表达：幼儿能清楚地表达和分享探究过程和结果的为☆；能大致分享表达实验过程和结果的为○；无法表达的为△。	

（二）找准时机，适时适宜地介入指导

在观察的基础上，教师根据实际情况选择介入时机。一般来说，出现以下情况，教师可以介入指导：一是幼儿遇到困难，主动寻求教师帮助时；二是幼儿遇到困难，准备放弃探究时；三是幼儿的活动行为和材料存在安全隐患时；四是幼儿之间出现纠纷而无法自行解决时。另外，教师发现科学活动中可以提升幼儿经验但又不影响其探索意愿的时候，便可以介入指导。

教师对幼儿的介入指导要适宜，采用直接指导与间接指导相结合的方式。

直接指导是教师通过语言、动作等直接给幼儿提出操作意见、建议和要求。比如，在科学区域活动开始前，教师直接提出活动的要求；幼儿在科学区域活动中遇到困难退缩时，或是有一定的安全隐患时，教师不得不采用直截了当的方式介入指导，从而维持幼儿的活动状态，使其继续主动探究。

间接指导是指教师利用非口头语言、肢体动作等形式，通过举例暗示、环境创设、材料提供等方式，将科学活动的目标内容、问题解决的方法等有机地渗透在其中，达到有效指导的目的。这种间接指导对幼儿的教育影响是潜移默化的，幼儿在自主探究中不知不觉地接受了教师的指导。

对点案例

大班科学区域活动：变大门

在科学区域的探索活动中，教师设置了“变大门”游戏情境。活动开始，教师提出要求：“用一张A4纸，剪出一个你认为最大的洞洞，看看谁的方法最棒！”于是，孩子们开始了各种各样的花样剪，并用身边的材料试着证明自己剪出的纸洞是最大的。当孩子们都认为自己剪的纸洞是最大的时候，老师把放在一边的标志图示移了过来，并用眼神示意孩子们进行观察，孩子们根据图示的符号，折折剪剪进行比对、实验、观察。最后，一张A4纸剪后变出了一个能让成年人通过的大门洞……孩子们惊叹于纸门洞的奇妙，体验着科学的神奇奥秘。

分析：此活动中，教师先以直接指导的方式，提出活动的任务。当幼儿采用自己的方法剪出自认为最大的洞时，教师及时通过各种符号、标号、图示、照片、自制说明书等直观形象的间接指导，激发、引导幼儿深入探究。幼儿通过自主探索，了解方法，体验成功的乐趣，进而提升了经验。

（三）把握核心，支持幼儿个性化的学习

1. 重视幼儿的自主探究与发现

科学区域活动是幼儿自由发现和自主支配活动的场所。在科学区域活动中，幼儿根据自己的兴趣选择内容，可以按照自己的方式、自己的进程进行探究。教师要尊重每个幼儿的学习方式和学习节奏，重视个别化的启发引导，让幼儿在自主探索中解决问题，拓展经验，而不是集体讲解、讨论。

对点案例

大班科学区域活动：小水轮

阿诺和小宇在科学区玩小水轮游戏，他们用雪花片自制小水轮。没过多久，各自的水轮完成了，于是就拿起一边的漏斗对准叶片开始灌水，探究水轮转动的秘密。这时，阿诺发现自己的水轮不如旁边的小宇的水轮转得快。他们俩开始嘀咕：“是我的水轮太大了吗？”“是我的水太少了吗？还是因为叶片太重了呀？”他们俩又开始试验，这时，小宇提出了想法：“我们换一个漏斗试试！”就这样，他们交换了漏斗，又开始尝试……过了一会儿，两个人似乎一下子明白了，原来影响水流的是漏斗下面的接口吸管。吸管一根粗，一根细，导致水流量不同，水轮的转速也会不一样。通过观察、比较、实验、猜想，两

个孩子收获了自主发现的惊喜。在接下来的水轮探究中，教师对材料做了继续优化与调整，提供了不同大小的水轮叶片、不同长度的水流管子，让他俩在新的实验中收获新的发现，迎接新的挑战。

分析：案例中两个幼儿在各自探索小水轮转动的秘密时，发现两个水轮转动速度不一样，于是展开了合作探究，最后解决了问题。在此过程中，教师充分尊重幼儿的自主探究，未加以干预，而是在活动结束后，及时补充投放材料，以再次激发幼儿深入探究的行为。

2. 重视幼儿的自主表达与交流

在科学区域活动中，幼儿可以独自或小组合作进行探究，幼儿与幼儿之间互动交流的机会会更多。同伴间的交流，不仅有利于他们分享经验、交流各自的结论，还有助于他们重新思考自己的探究过程和发现，澄清自己的观点；有助于同伴间相互修正、补充和强化各自的观点，丰富所发现的事物间的关系；有助于发现新问题，从而激发进一步的探究。因此，在科学区域活动中，教师要重视幼儿的自主表达与交流，善于倾听幼儿的想法，并为幼儿的科学探究提供支持。

对点案例

在玩科学小游戏“滚动的轨迹”时，红红说：“薯片罐滚过去留下的印记是长方形的。”方方说：“纸杯也一样。”小兰马上反驳：“不对不对，昨天我在小区里玩，看见薯片罐从水洼里滚过去后留下了长长的印子，是长方形的，和红红说的一样。可是纸杯滚过去后，留下的是弯弯的印子，不是长方形。”“这是为什么呢？”从孩子们的交流中可以看出，他们对薯片罐和纸杯的滚动轨迹产生了兴趣，并且不同的孩子对两个物体滚动的轨迹意见不一致。这就与原有的认知产生了冲突，激发了孩子们“带着问题”继续探究的欲望。

分析：这是一次幼儿在自由交流中引发的新探索。幼儿一边玩滚动的游戏，一边自由地交流，结果对物体滚动的轨迹是否一样产生了疑问。为帮助幼儿解决问题，这时就需要教师给予支持，比如提供锥形的积木，让幼儿在辨识材料的过程中不断地修正自己的观点。这样，在“发现困惑—探究解惑”活动链中，幼儿成了主动的探究者，科学经验不断得以建构。

3. 重视幼儿的学习体验

科学区域活动相较于科学集体教学活动的区别之一，就是区域活动中幼儿动手操作和探究的机会大大增加了，幼儿能够获得更多的直观体验，他们在与环境、材料的互动中积累起丰富的经验。因此，教师必须转变观念，重视幼儿科学区域活动的过程，重视幼儿在区域活动中的学习体验，不要强求幼儿在短时间内达成某一知识技能的目标。

在科学区域活动中，教师指导时应充分重视幼儿参与科学活动的情感、态度，关注幼儿在活动中的情绪体验。及时发现幼儿在探究中的“哇时刻”，有意识地引导孩子记录自己的发现，体验探究的乐趣。

三、科学区域活动结束的整理与评价

（一）科学区域活动结束的整理

科学区域活动结束后的整理环节不仅可以使活动区恢复干净整洁，而且能够培养幼儿对环境的责任感，同时也是引导幼儿加深对材料认识的重要途径。因此，在组织幼儿科学区域活动整理时，应充分发挥幼儿的主动性，指导他们在整理活动中积极探索、主动思考，从中体验到整理的快乐，增强独立性和自信心。

1. 创设游戏情境，激发整理兴趣

科学区域活动材料相对比较丰富，如果能把整理活动转换成一种游戏活动，则可提升整理活动的趣味性。比如，教师可以创设游戏化情境，吸引孩子主动参与到整理活动中。

对点案例

在中班科学区域活动“磁铁找朋友”中，孩子们拿起磁铁和回形针、纸片、雪花片、小木片、硬币、小石头……分别抱一抱，判断能否被磁铁吸住成为好朋友，并在记录本上打钩或者连线做记录。但是，活动结束后桌子上堆满了游戏材料。此时，教师拿起箩筐和小方盒，拉长了声音说：“孩子们，磁铁的朋友要回家了，谁来帮忙送好朋友回家呢？”幼儿一听，纷纷把各种材料捡起来，分类送到了小方盒里，一起放进“磁铁找朋友”箩筐里。教师及时进行评价：“今天磁铁好开心啊，不仅找到了好朋友，还把朋友送回家，我们下次玩也要这样做哦！”

分析：此案例中，教师利用“磁铁的朋友”这一角色，创设了送朋友回家的游戏情境，让幼儿在整理材料中，进一步认识了材料的特性，也达成了整理的目的。

在整理科学区域材料时，还要根据幼儿的年龄特点，创设不同的游戏情境。比如，对于掉到桌子下面的材料（如珠子、瓶子等），可玩“海底寻宝”的游戏，

让幼儿扮演小鱼，游到“海里”寻找宝藏(掉落的材料和玩具)。这个方法比较适合小班幼儿在科学区整理时使用。

2. 利用环境暗示，强化整理意识

幼儿是在与环境的相互作用中得到发展的，有序整洁的环境能让幼儿获得整理材料的直观感受。因此，教师对科学区域材料的摆放要进行整体规划，比如，可以根据科学区域内容进行分类摆放(空气系列、磁铁系列、声音系列、力系列、色彩系列、光影系列、水系列等)，也可以根据科学区材料的特点进行分类摆放(成品材料、半成品材料、废旧材料等)，还可以根据材料是否对应当下主题活动内容进行分层摆放等。

为了帮助幼儿准确取放、有条理地整理好各种材料，教师还可以利用各种图示和图标来暗示整理方法。比如，将同样形状和色彩的图形、图标分别贴在材料盒和玩具柜上相应的位置，暗示幼儿物归原位时要找准位置。

此外，教师还可以选择欢快的音乐，提示幼儿区域活动结束时，开始收拾整理材料，当音乐结束时，材料整理完毕。通过这种音乐暗示法，既可以给予幼儿充分的心理准备，还可以发展幼儿的持续性概念。

3. 开展收纳游戏，培养整理能力

学会整理是幼儿自主管理生活的一项必备技能。从被动地按照教师提供的标识完成整理任务到自主地体验整理材料的乐趣，幼儿能感受到收纳游戏是一项很有意义的活动。幼儿都很喜欢摆弄一些小盒子、小瓶子之类的器皿玩具，生活中也有许多类似于喜糖盒、月饼盒等外观精美的包装盒，教师可以有意识地收集这些材料，自制一些标记图卡，用于收纳游戏。

教师可以和幼儿一起商量游戏的玩法，比如，哪些东西可以收纳在这些盒子里，怎样让这些东西在盒子里摆放得又整齐又好看，盒子怎样摆放便于小朋友取放东西……幼儿的收纳兴趣被调动起来，把不同的“宝贝”装进不同的盒子，既使班级里的区域材料分类更细致，也让区域材料的呈现更美观，更是培养了幼儿的整理能力。

4. 及时鼓励表扬，强化整理行为

科学区域活动材料整理的习惯培养是一个从被动到主动、从不自觉到自觉的过程。教师细心地观察幼儿的整理行为，及时地给予表扬鼓励，激励幼儿继续保持良好的行为。

对点案例

中班科学区域活动结束后，大多数幼儿能根据要求收拾材料，分类整理摆放，并把实验试管、瓶子、调色盒子都清洗干净。此时，带班教师把幼儿积极整理的过程拍成视频，并在讲评时间进行表扬：“洋洋把变色鸟瓶子放得真好，每一颗果子都清洗干净放在了小白盒里。乐乐把滚动的材料分类放好，大的和大的在一起，而且都朝着一个方向排队……”

分析：教师运用视频的方式展示班级孩子整理材料的行为，并结合具体的描述肯定幼儿的整理行为。这种方式既是对视频中幼儿的积极肯定与鼓励，增强了他们的自信心和自豪感，也对其他幼儿起到了良好的示范作用，引导幼儿养成会整理、爱整理的行为习惯。

（二）科学区域活动结束的评价

在科学区域活动结束后，教师要及时组织讨论与交流、总结评价，让幼儿展示交流科学探究中的发现、分享经验，教师对幼儿零散的经验进行梳理提升，根据幼儿的活动情况及时调整科学区活动的内容与材料。交流与评价环节有别于集体教学活动，时间不宜过长，一般在 10 ～ 15 分钟。

1. 讨论遇到的困惑

评价中很重要的一点就是教师要帮助幼儿去解决其在科学区活动中遇到的问题与困惑。讨论的问题与困惑，可以是幼儿提出来的，也可以是教师在活动中观察发现的。除了个别幼儿的困难和问题在教师指导过程中解决外，共性的问题需要教师在评价活动中帮助幼儿一起解决。

比如，大班科学区域活动“有趣的过滤”结束后，幼儿提出“只有一套过滤器的材料，大家都要抢着玩”的问题。于是，教师就和幼儿一起讨论，有的幼儿说：“可以再多购买一样的过滤器材料，这样就不会争抢了。”有的幼儿提出可以通过“自制过滤器”来解决不能满足多人操作的问题。师幼共同讨论，最后选出了最佳解决办法。显然，这样的科学区评价方式有助于幼儿学会发现问题、解决问题的方法。

2. 讨论新投放的材料

科学区域活动的教育功能主要是通过科学活动材料来实现的，活动材料是区域活动实施与开展的核心。因此，对活动材料投放的评价可以进一步加强材料与教育目标之间的关系，使材料对幼儿的科学探究起到支持和引领的作用。在区域活动中，当教师新投放了科学操作材料时，幼儿们会特别感兴趣，那么教师把它作为讲评内容就是趁热打铁，根据幼儿操作后的反馈信息，判断材料投放是否适宜，以便及时做出调整。

3. 分享探究成果

教师可以引导幼儿交流、分享自己在本次科学区域活动的作品、活动的成果，以及在活动中的新发现。交流与分享的成果可以是教师在活动中发现的好的、有创意的作品，也可以是幼儿主动提出要分享的成果。成果的分享，一方面可以让幼儿彼此交流经验，增长智慧，促进思考，发展思维能力和表达能力；另一方面也可以让幼儿彼此影响，让更多的幼儿感受到科学的魅力，喜欢科学探究。

对点案例

在大班科学区域活动“有趣的纸陀螺”中，教师既提供了“纸陀螺”的成品材料，供幼儿安装完成；还提供了半成品材料及“纸陀螺”的制作流程图，让幼儿根据自己的兴趣和能力设计“纸陀螺”。很多孩子在活动中选择了成品材料来制作，并在同伴间开展了“谁的纸陀螺下落得快或慢”的游戏。这时，老师发现汶汶不仅完成了老师预设的纸陀螺的制作，而且还创作了一种不一样的纸陀螺，同样能在半空中边下落边旋转，而且操作更加简单便捷。在区域活动结束后，老师请汶汶介绍并展示自己的作品，而且把这个纸陀螺取名为“汶汶号”纸陀螺。随后的几天，老师发现科学区里又多了几种不一样的“纸陀螺”。

分析：区域活动结束时的评价，在于搭建交流与分享的平台，促进幼儿发展。案例中教师发现汶汶的创意，并让其在全班幼儿前进行展示，使其他幼儿受到启发，并制做出了更多的有新意的作品。通过这个活动，幼儿体验到了一种自主创新和大胆创造的成就感、自豪感。

四、科学区域活动案例选编

（一）科学区域活动方案

案例 1　大班科学区域活动：气球小车（力与运动）

内容：

了解空气有力量，反作用力能助推小车前进。

材料：

气球 5 个、粗细不同的吸管插着气球若干、打气筒 5 个、塑料小车 5 只。

玩法：

1. 准备好气球、打气筒、塑料小车。

2. 幼儿尝试用气球里喷射出来的空气，推动小车前进。

指导要点：

1. 尝试用空气的力量推动气球小车前进。

2. 根据实验，推测气球小车前进的方向与气球喷射器安装的方向有关；小车跑动的距离与气球吹的大小有关。

案例 2　大班科学区域活动：运乒乓球（力与运动）

内容：

知道粗的吸管接触乒乓球的面积大，所以容易把乒乓球吸住。

材料：

乒乓球 15 个、粗细不同的吸管若干、箩筐 5 个。

玩法：

1. 准备好乒乓球、粗细不同的两种吸管。

2. 幼儿分别用粗、细两种吸管，将一个筐中的乒乓球吸住，放入另一个筐中，探索哪种吸管更容易吸住乒乓球。

指导要点：

1. 引导幼儿先用细的吸管吸乒乓球，再用粗的吸管吸，看哪一根更容易吸住乒乓球。

2. 根据实验，让幼儿了解因为粗的吸管与乒乓球的接触面积大，所以更容易吸住乒乓球。反之，细的吸管不容易吸住乒乓球。

案例 3　小班科学区域活动：瓶子里有什么（光与影子）

内容：

通过手电筒的照射，发现瓶子里藏着什么东西。

材料：

手电筒 1 个、不透明的瓶子 10 个、实物卡片若干（与瓶子里的内容对应）、任务卡。

玩法：

1. 幼儿先拿起一个瓶子，然后把手电筒打开，对着不透明的瓶子照射，看一看瓶子里出现的影子是哪种物品的。

2. 幼儿根据物品的影子，将实物卡片贴在任务卡对应的位置上。

指导要点：

1. 对光影现象有好奇心，并愿意用语言大胆表达自己的发现。

2. 通过手电筒的照射，观察瓶子里物体的特点，体验科学探索活动带来的乐趣。

（二）科学区域活动观察记录

科学区域观察记录：纸桥承重①

观察对象：宇宇（5周岁）

游戏地点：科学区

观察目的：有目的地操作材料，注意实验细节

观察日期：××××年××月××日

观察教师：张露依

观察记录：

区域游戏开始了，宇宇（化名）来到科学区，他选择了纸桥承重这份材料。他拿起步骤说明图看了一眼，然后把步骤图翻到实验2（同一长度，不同软硬的纸桥承重比较）开始操作。宇宇先拿了2块木块，把它们分别放在柜面蓝色线条两端。然后他拿起红色软纸，把它弯曲起来放到木块中间，调整好位置，确定与蓝色线条长度一样后开始实验。他拿起一块乐高积木把它稳稳地放在纸桥中央，纸桥没有倒塌，于是他又拿了2块乐高，把它们拼在一起替换掉第一块的乐高。当宇宇把2块乐高放到纸桥上时，纸桥瞬间坍塌下去。他拿起记号笔，在记录表中写下1，记下红色软纸可以承受的重量后，接着开始换蓝色硬纸操作。

宇宇把红纸放回操作盘，重新调整了一下木块的位置，然后把蓝色硬纸弯曲放到2个木块中间。他拿了一块乐高放在蓝色纸桥上，纸桥没有倒，于是他又拿了2块乐高，把它们拼接到第一块乐高上，再小心翼翼地把它们放到纸桥上，纸桥也没有倒。他看了一眼纸桥，发现木块的位置有所移动，马上对着蓝线重新调整了纸桥的位置。第三次，他直接拿了6块乐高，把它们拼成长长的长条，慢慢地放在纸桥上，纸桥有点滑，乐高没有摆好位置就滑下去了。于是宇宇拿起乐高又试了三次，每次都失败了，只不过纸桥的桥面没有坍塌，是

① 此案例由宁波市北仑区实验幼儿园张露依老师提供。

乐高过长顺着桥面滑下去了。当他尝试第四次时，6块乐高稳稳地放在了纸桥上，纸桥没有塌，实验成功了。

分析解读：

纸桥承重是孩子们比较喜欢进行的一个操作材料，实验有两种不同的玩法，幼儿在操作中可以感受到当距离不同、纸张材质不同时，纸桥的承重大小也是不同的。在活动中，宇宇有意识地选择自己感兴趣的实验进行操作，同一长度的纸桥是科学操作环节中的定量，虽然柜面上有蓝色线条作为辅助，但在游戏时，小朋友们也很容易因为触碰改变纸桥的距离，从而使实验结果不准确。宇宇在操作中能及时观察自己纸桥的长短，适时调节木块之间的距离，减少实验误差，说明他很注意操作细节。

在第二次实验中，宇宇一开始操作是一块一块增加乐高，当他发现纸桥没有倒塌时，他一下子增加到了6块。虽然6块长长的乐高很容易滑下来，但他发现这不是纸桥倒塌，在尝试几次后，果然6块乐高都放上了纸桥，由此可见他对重量和实验现象的感知都是比较强的。

支持调整：

1.实验操作台面不够大。由于纸桥承重是幼儿自主化游戏，因此教师将材料放置到了柜面上，但摆放的盘子较大，占了幼儿操作台面的一半位置，不是很合理，需要调整一下幼儿操作的位置，为他们留出足够的空间自由探索。

2.调整实验的重量物体。在实验过程中，教师提供了大乐高作为纸桥承重的重量物体，但是乐高体积大、重量轻，与纸张大小并不匹配，因此出现了乐高过长经常从纸桥上滑下来的现象，因此可以用硬币等体积小、质量大的物体替代乐高，方便幼儿进行试验操作。

3.引导幼儿关注实验过程准确性。幼儿在操作过程中经常会由于某些因素意外改变实验条件，造成变量太多，实验结果正确性偏失。因此教师不仅要创设条件为幼儿减少变量，也要引导幼儿关注实验过程，不随意操作。

4.增强材料趣味性。纸桥承重对幼儿的吸引力还是比较大的，但是单一的玩法会让幼儿慢慢失去探索的兴趣，可以增加情境性，继续吸引幼儿注意。

岗位技能实训

实训 1 观摩幼儿园科学区域活动

目标：

1. 了解幼儿园科学区域活动环境创设的特点。
2. 了解幼儿园科学区域活动材料投放的内容与特点。
3. 观察幼儿园科学区域活动中的师幼互动，并根据所学理论进行评价。

准备：

1. 联系见习幼儿园及指导教师，明确科学区域观摩的重点及要求。
2. 4～6 人一组，对应观摩大、中、小班。
3. 观察记录表每人 1 份。

过程：

1. 4～6 人一组进入班级观摩科学区域活动，并做好观察记录。
2. 小组围绕观察内容，进行讨论分析，形成小组观察报告。
3. 返校后，小组代表进行汇报交流，教师进行点评总结提升。

建议：

1. 不同小组观察的重点可以不一样，比如可以分别观察材料投放、规则、师幼互动等。
2. 结合见习活动，可以多次观摩。

实训 2 设计科学区域材料

目标：

1. 掌握科学区域材料设计的要点。
2. 能初步根据要求设计科学区域材料。

准备：

1. 材料设计作业单。
2. 4 人一组。

过程：

1. 教师布置任务，指定内容，每组选择一个年龄段来设计科学区域材料。
2. 各小组讨论材料设计投放方案。
3. 各小组展示汇报本组方案，小组互评，教师指导评价。
4. 各小组完善方案。

建议：

1. 教师可以指定同一个主题，各小组分别设计不同年龄段的材料投放方案。
2. 学生根据设计方案，准备材料，感受材料选择的重要性。

实训 3　综合设计班级科学区域活动

目标：

1. 掌握科学区域设计的理念与流程。
2. 能根据幼儿年龄特点进行科学区域环境的创设。

准备：

1. 4～6人一组，作业单。
2. 选择某一主题，如大班“有趣的旋转”活动。

过程：

1. 教师布置任务：根据主题，设计班级科学区域，包括区域规则、区域内容、区域环境创设、材料投放等。
2. 小组讨论设计方案、制作汇报 PPT。
3. 小组代表汇报设计方案。
4. 小组互评、教师点评。
5. 小组修改、完善方案，并提交。

建议：

1. 此活动可以让学生进行实际操作，比如在学校实训室创设一个科学区域。
2. 可以结合实习，根据实习班级的主题活动，在实习指导教师的指导下，进行科学区域活动方案的设计与实施。

课赛证融通

一、选择题

1. 幼儿在科学区活动时，教师不允许其到其他活动区材料取材料，这违背了（　　）。

A. 参与性原则　　B. 开放性原则　　C. 安全性原则　　D. 自主性原则

2. 幼儿在进行科学区活动时，下列哪种情况下教师不应介入？（　　）

A. 幼儿遇到困难时正与同伴一起想办法解决

B. 幼儿与同伴之间出现矛盾无法解决

C. 幼儿主动寻求教师帮助

D. 教师发现科学活动中可以提升幼儿经验但又不影响其探索意愿

3. 在科学区域材料提供时，需要考虑不同发展层次幼儿的兴趣和需求，这符合材料投放哪方面的要求？（　　）

A. 目标的教育性　　B. 形式的趣味性　　C. 结构的层次性　　D. 空间的拓展性

4. 科学区中材料的整齐摆放、有序的操作及自由民主的氛围对幼儿遵守科学区活动规则起到了什么作用？（　　）

A. 榜样示范　　B. 环境熏陶　　C. 直接指导　　D. 自主探究

二、材料分析题

材料：在科学区域活动中，幼儿在进行光影实验。彤彤拿着手电筒对着手偶观察手偶的影子。当她改变手电筒与手偶的距离，观察手偶影子的变化时，王老师走过去，对彤彤说："呀，彤彤，你真棒，你看看，你的手偶影子变长了是吗，手偶的影子还可以再长吗？"

问题：请根据所学理论分析这个案例中王老师介入的时机与介入的方法是否恰当，并说说如果你是该活动中的教师，你会怎么做。

参考答案

模块一 科学探究

PROJECT 4 项目四

幼儿园日常生活中的科学教育活动指导

项目导学

科学就在幼儿身边，科学无处不在。幼儿园是幼儿生活、游戏、学习的重要场所，蕴含着极其丰富的科学教育契机。本项目所讲的日常生活中的科学教育，特指教师在专门组织的集体教学活动、区域活动以外，引导幼儿开展的科学活动。它发生在幼儿园日常生活的所有事件之中，吸引幼儿自发地投入科学探索活动。教师要注意保持对周围生活中科学现象和问题的敏感性，关注幼儿日常生活中的偶发性科学活动，在一日生活中利用和创设科学情境进行科学教育。在学习本项目时要秉持“生活即教育”的理念，感受幼儿园科学教育的多种途径，在幼儿园教育实践中，领悟科学教育生活化对于幼儿学习与发展的意义。

学习目标

知识目标：

1. 理解幼儿园日常生活中科学活动的价值、意义。
2. 掌握自然角、种植园地及偶发性科学活动的指导策略。

能力目标：

1. 能根据幼儿园环境特点，设计自然角和种植园地活动。
2. 能根据生活中的不同内容，指导幼儿日常生活中的科学活动。

素养目标：

1. 乐于探索生活中的科学，并能将幼儿生活与科学教育有机结合。
2. 乐于学习，增强自身科学素养，积极践行“幼儿为本”“生活即教育”的教育理念。

内容导图

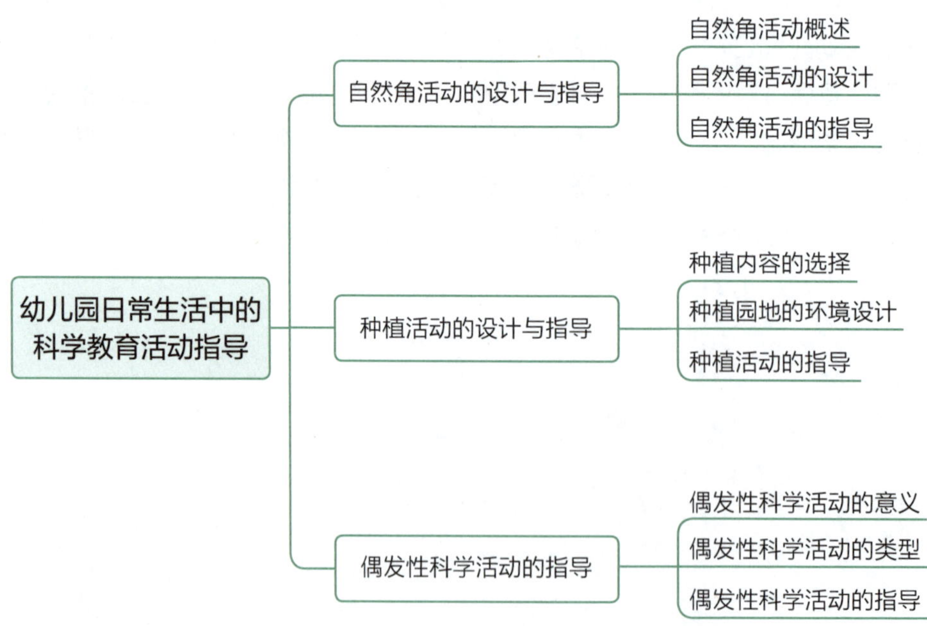

思政元素

1. 专业理念和职业道德

通过思考和讨论日常生活中蕴含的科学教育的契机，领悟“生活即教育”的理念，增强在日常生活中对幼儿进行科学教育的责任意识。

2. 科学精神

科学无处不在，通过引导学生保持对周围生活中科学现象和问题的敏感性，挖掘生活中的科学教育元素，培养学生科学探究精神，提升科学素养。

问题导入

学期初，某幼儿园中班新开辟了“亲亲菜园”，在这里，可以根据季节来种植一些农作物。当时正是土豆播种的季节，于是，师幼决定在“亲亲菜园”里种植他们的第一种作物——土豆。在家长的配合支持下，在小朋友们的热切期待中，土豆种植活动开始了。

3 月，在认识了土豆的种子以后，小朋友们各自选取了一个种子，小心翼翼地将发芽的那一头朝上，放进了小坑里，然后用土将种子盖起来。一开始，小朋友们觉得，土豆和人一样，每天都要喝水的，这样才能健健康康地长大。于是，在户外活动结束以后，小朋友们总会热心地跑到菜园里，拿起小水壶给土豆浇水，把泥土都浇得湿湿的才放心。可是，事与愿违，小土豆并没有健康长大，那些发了芽的土豆苗都死了。小朋友们很伤心，问：“老师，土豆苗苗怎么都不长了？它们怎么都倒下来，烂掉了？”老师说：“你们觉得呢？”小朋友说：“是不是土豆苗苗喝了太多的水，撑死了？”老师说：“我们喝了太多的水也会不舒服，小土豆也一样。”找到原因以后，师幼赶紧把烂掉的土豆苗挖出来，开始了第二次种植。

问题：幼儿园的园地为幼儿日常生活的科学活动提供了最真实的自然环境和物质条件，教师应该如何创造条件，满足和激发幼儿对周围自然现象和事物的探究兴趣？应该如何利用生活中的各种资源和教育契机，对幼儿进行科学教育活动？

任务1 自然角活动的设计与指导

一、自然角活动概述

（一）什么是自然角

在科学教育中，环境发挥着重要的作用，幼儿园的自然角是一种重要的环境教育资源，它是为在园幼儿提供的认识自然界的窗口。之所以称其为“角”，是因为自然角一般是在幼儿园班级的阳台、走廊或者活动室等找到一块向阳的“角落”，利用若干分层木架、桌子和其他环保材料布置出一个比较适合幼儿观察的场地。自然角是用于饲养水生小动物、种植植物或者陈列幼儿收集来的植物的种子、果实、花朵的场所。我们可以在自然角中放置各种植物、动物和其他物品。其中，植物包括各种各样的种子、水果、树叶、花草，幼儿自己用废弃的盒子种植的萝卜、青菜、葱、蒜等；动物包括漂亮的金鱼，生命力强的乌龟，游动的小蝌蚪，鸣叫的小鸟，甚至泥鳅、螺蛳、昆虫盒里的蚂蚁等；其他还包括各种卵石、贝壳等收集来的有趣物品等。

自然角俨然一个微型的自然界，虽然只是方寸之地，却不乏自然界的生机和活力，让幼儿在幼儿园内就可以认识、了解、亲近、感受自然。教师应该根据季节、地域的不同，为幼儿提供符合其年龄层次的丰富的生物，让幼儿足不出户便感受到自然界生动、鲜活的美。

（二）自然角活动的教育意义

自然角活动对于幼儿园科学教育有着重大的教育意义，它能够集中、真实地再现或反映自然环境中的事物，能够方便幼儿在日常生活中进行随机的和长期的观察活动，能够激发幼儿主动探索的兴趣和对周围事物的敏感性与责任感。

1. 有利于培养幼儿的观察和探究能力，丰富其直接经验

自然角就在幼儿身边，幼儿可以随时随地进行观察、探究。教师根据自然界中春、夏、秋、冬四季的轮回变迁，结合幼儿不同的认知水平，由浅入深、从简到繁地选择符合时令的、具有鲜明季节特征的花卉、种子、蔬菜、水果等植物供幼儿认识，并且为幼儿提供饲养小动物、种植小型植物的条件。幼儿可以根据需要进行种植、饲养活动，发现大自然的奥秘，满足探索自然的愿望。

观察是幼儿学习科学的基本方法。在教师的指导下，幼儿能够在自然角开展细致的持续性观察，发现许多在集体教学活动中发现不了的现象，积累更多的直接经验，满足自己在集体教学活动后的探索需求。

对点案例

中班的幼儿已经具有一定的观察能力，能够发现动植物明显的变化。在一次自然角活动中，王老师为幼儿提供了黄豆，让孩子们自己动手做种子发芽的实验。王老师把孩子们分成三组，每组一盒豆子。其中，第一组的豆子不放水，第二组用水把豆子完全浸没，第三组的豆子只放少量的水。然后，让幼儿任意摆放在自然角里。一周后，孩子们惊奇地发现一盒豆子跟以前一样，没有任何变化；一盒豆子全部发霉烂掉了；而还有一盒豆子都发芽了。豆子的变化差异引起了他们极大的兴趣，他们非常好奇：为什么三盒豆子会有不一样的表现呢？

分析：在上述案例中，教师有意识地创设实验情境，引导幼儿通过动手实验，探究水对植物生长发芽的影响。为什么同样的豆子，一盒没变化，一盒发霉了，而另一盒却发了芽？经过第一次的实验观察，幼儿对此产生了浓厚的兴趣。王老师又为孩子们准备了红豆、绿豆等，让他们继续观察、探究不同的水量对豆子发芽的影响。

2. 有利于培养幼儿的劳动观念和责任意识，促进其社会性发展

现代幼儿教育家陈鹤琴先生曾经指出：“幼稚园需要布置一个科学的环境，尽可能地领导儿童栽培植物（花卉、菜蔬），布置园庭，从事浇水、除草、收获种子等工作……”[①] 自然角的物品来自师生的共同搜集，自然角的管理也需要师生共同参与。幼儿成为自然角的小主人，可以自然地接触和观察自然角中的物体。在每天照料、养护、记录的过程中，幼儿的动手能力、劳动观念得到了培养，责任意识和责任感也得到了提升。

在自然角活动中，幼儿每组轮流照料，可逐步树立主人翁意识和责任感。通过给植物浇水、给小动物换水、清理杂物死角等，参与其中的孩子能直观地感受到自己的劳动过程和成果，体验劳动的光荣与乐趣。分享照料经验、小组间共同解决照料中遇到的难题，可促进幼儿的分享、互助和合作精神，增强幼儿的自主性。

---

① 陈鹤琴. 陈鹤琴教育思想读本·幼稚教育[M]. 南京：南京师范大学出版社，2012：113.

对点案例

彤彤很喜欢小金鱼，她带来了6条金鱼，饲养在一个圆形的玻璃缸里。小朋友们对于小金鱼很感兴趣，他们发现金鱼的身体很漂亮，有黄黄的，有红红的，大眼睛圆鼓鼓的，非常可爱，尾巴大大的，很漂亮。大家隔三岔五地给金鱼换水、喂食，并且认真地在“观察记录本”上做好记录。有一次过完周末，本应该给小金鱼喂食、换水。但是，由于孩子们那天户外活动玩得太累了，忘记了给小金鱼喂食和换水。星期二，彤彤发现，玻璃缸里的水有点脏脏的，有一条小金鱼已经死了，而其他几条也不太灵活、快要死了的样子。看着这些小金鱼，孩子们都很难受、很自责。于是，老师组织孩子们赶紧给小金鱼换水、喂食，剩下的几条小金鱼终于慢慢地恢复了往日的灵活可爱。之后，孩子们就约定，一定要照顾好小金鱼，每天按时喂食，每周定期换水，大家轮流照顾。

分析：本案例中，饲养小金鱼的活动，让幼儿了解了动物生存需要食物和水，还有适宜的温度和一定的生存空间等。小金鱼失去了食物和良好的生存环境，就无法正常地生存下去。更为重要的是，幼儿在照料小金鱼的过程中亲历金鱼死亡事件，内心被深深触动，增强了责任感和合作精神。

3. 有利于培养幼儿对美的感受，促进其美感的发展

对于幼儿来说，自然角在一定程度上就是大自然的缩影，它能够再现自然环境中的情境，为幼儿园增添许多自然之美。因此，自然角能够有效增强幼儿对自然美的欣赏和感受能力，促进其美的情感的发展。

自然角拥有别致的整体环境创设，符合不同年龄段幼儿的审美情趣。自然角中摆放的物品，包括一盆盆郁郁葱葱的植物、一条条灵活游动的小鱼，还有各种各样的种子、树叶、果实等，甚至包括幼儿、教师和家长收集来的贝壳、鹅卵石等小玩意儿，都能够为幼儿的生活增添不同的色彩，为活动室的环境带来大自然的气息，为幼儿园的整体环境增添勃勃生机。幼儿置身于自然角的活动中，感受着大自然的生机和活力之美，激发了审美情趣，从而获得美感的发展。

对点案例

春天到了，中班的自然角里面增加了各种各样的花卉，有风信子、蝴蝶兰、三色堇、绣球花、五色梅、牵牛花，还有茜茜从奶奶家里带来的油菜花。自然角里一下子有了各种各样漂亮的色彩，小朋友们非常愿意在户外活动后或者生活活动的间隙，来到自然角欣赏这些美丽的小花。晨间谈话时，轩轩说：

“老师，我们班自然角里的花儿好漂亮呀！我真想画下来，这样就能永远保留啦！”轩轩的建议得到了大家的赞同，于是，教师在自然角里投放了一批绘画工具。每天的自然角观察活动中，出现了许多拿着画板、水彩笔的小朋友，他们像一个个小画家一样，有的在仔细观察，有的站在旁边认真绘画，有的互相交流自己的作品……相比于平常集体教学活动中的美术活动，小朋友们似乎更热衷于这样直观的写生活动，画得特别认真！

分析：本案例中，自然角中美丽的鲜花引发了幼儿画画的需求，教师及时提供材料，让幼儿在观察自然角中，用画画的方式记录对花的观察。这不仅提高了幼儿的观察能力，还能让幼儿获得有关春天的花卉的直接经验。更重要的是，幼儿在画画的过程中，对不同花卉的颜色、外形特点都有了更加直观的认识，在感受美、欣赏美的基础上，提高了对美的表现能力。

二、自然角活动的设计

幼儿园自然角环境照片集锦

（一）自然角的环境设计

1. 合理规划自然角的布局

大自然是活教材，而班级自然角是浓缩的大自然。在规划和布局的时候，可以充分利用班级的角落、阳台等位置，选择有光照、有新鲜空气、利于孩子们观察的地方，因地制宜地创设班级自然角。在自然角中，可以分设植物欣赏区、种植区、动物饲养区、实验对比区等，置物架应低矮、开放，方便幼儿在自然角里进行欣赏、观察、比较、测量、记录等，不断提高幼儿的探究能力，培养幼儿的审美情趣。

自然角的环境创设要结合活动室内外空间特点，将各项内容错落有致地进行布置。既要符合动植物生长的需求，又要满足幼儿自由观察的需求，避免幼儿观察时的拥挤与相互干扰。枝叶茂盛的盆栽可以安放于阳台的地上，既有利于阳光照射，又有助于浇水打理；水养类植物则可以悬挂在窗台、走廊上，充分运用空中的优势。总之，自然角的整体布局和规划，一定要充分利用三维空间，让小小的自然角环境看起来合理、有序。

对点案例

班里的自然角是孩子们最喜欢去的地方，他们总能在这里发现许多新鲜有趣的事情。但是，今天一早贝贝发现角落里的一盆向日葵垂着脑袋，快要死了的样子。贝贝着急地喊来老师，向老师求助。经过教师指导，孩子们才知道向日葵是要向着太阳的，需要充足的光照，待在小小的角落里，晒不到太阳，向日葵很容易枯萎。于是，贝贝和小朋友们给向日葵搬了家，把它放在了阳台上光线最足的地方。没几天，奄奄一息的向日葵又抬起了头，变得特别精神。

分析：每一种植物都有自己的生长习性，有的喜阴，有的喜阳，如果不按照它们的特点去种植，它们就不容易生存。因此，在创设自然角环境时，要考虑整体规划，注重美观性的同时，也要根据植物的生长特点去摆放，这样我们的自然角才会生机勃勃、趣味盎然。

2. 物品摆放要安全、美观

自然角作为幼儿园教育环境的组成部分，营造了生机盎然、美观大方的环境氛围。它不仅能愉悦孩子的身心，而且能增强孩子对美的欣赏能力。自然角环境创设，首先要考虑安全性。置物柜应保持干净、整洁，不要有尖锐的棱角，物品摆放要整齐有序。另外，植物和动物的选择，也要注意安全，勿选仙人掌等有刺的植物或有毒的植物。其次要体现自然角度的“自然韵味”。教师可选择生活中的废旧物品作为自然角的材料，如饮料瓶、泡沫盒、油罐、竹筒、轮胎、蛋壳、旧鞋等，经过加工和美化可作为种植器皿，使自然角具有不同的情趣。

对点案例

为了丰富班级的自然角，大班的冯老师和小朋友们一起商量着能在自然角里添加些什么……

岑岑：“我爸爸昨天抓了好多小龙虾，我可以带两只放到我们班的自然角来。”

月月：“哇！我们可以养小龙虾吗？好期待啊！”

诺诺：“可是小龙虾的大钳子会夹到我们的……”

岑岑：“不用担心，我们把它们养在大罐子里就好了！”

……

第二天，岑岑就带来了两只大大的小龙虾，岑岑爸爸还贴心地给小龙虾做了一个透气的密闭塑料筐子。孩子们一见到小龙虾就产生了极大的探索欲望，自然角里经常会看到大家围在一起讨论的场景。

起先，有几个孩子对于小龙虾还是有点畏惧的。但是，经过几天与小龙虾的“朝夕相处”，大家的胆子渐渐大了起来。

“老师！老师！小龙虾咬人啦！”

突然，心悦的声音从自然角传来，只见塑料筐子的盖子掉落在地，两只大大的小龙虾在底部“嚣张”地挥舞着大钳子……心悦举着自己的小手，心有余悸地躲在一边。

分析：小龙虾的外形很特别，幼儿生活中不常见，这吸引着幼儿的探究兴趣。但是，小龙虾的两只“大钳子”存在着非常大的安全隐患。案例中，教师尊重幼儿的选择，在自然角中投放小龙虾，尽管做好了一定的保护措施，但在幼儿自主观察的时候，小龙虾却引发了安全事件。因此，我们需要在不影响幼儿兴趣的同时，调整小龙虾的饲养装备，提醒幼儿观察的注意事项，在保证幼儿安全的前提下，组织有序的观察和探究。

3. 制定规则，提供观察记录工具

自然角活动一般是幼儿在一日生活中自主进行的观察和探究，因此，需要设置相应的规则，引导幼儿如何进行观察，提醒幼儿照料动植物的要求等。教师可以提供洒水壶、小铲等工具，便于幼儿给植物浇水、松土；提供放大镜、温度计、量尺等，让幼儿观察动植物。在自然角中，教师还应提供观察记录表，让幼儿用自己的方式记录观察中的发现，保留和积累自己的探索过程和结果。

（二）自然角的内容设计

1. 符合幼儿年龄特点

自然角的设立是为了让幼儿认识自然、了解自然，培养幼儿对自然的科学探究能力，激发幼儿对大自然的热爱和兴趣。但是，不同年龄阶段的幼儿对大自然的已有经验和好奇程度也是不同的。因此，我们要根据幼儿的年龄特点和认知水平设计自然角的内容。

小班幼儿的观察能力较弱，但是他们对动植物的明显特征比较感兴趣，可以为他们提供具有明显特征的物体，如个头较大的植物果实、色泽鲜艳的水生动物或标本，特征明显的花卉等。这些物体能引发幼儿的观察探索兴趣，以便于他们利用触摸、抓握感知其特征。

中班幼儿的观察力和思维能力都有所提高，可以为他们提供在外观上具有相似之处的植物或果实，如黄瓜与丝瓜、葱与蒜、橘子与橙子等，帮助幼儿全面了解动植物的主要特征，进行比较性观察，发展辨认实物的能力。

大班幼儿好奇心强，求知欲旺盛，会独立观察和探究，可以提供能够引起他们兴趣和深入系统观察、探究的动植物。例如，饲养小蝌蚪，观察记录小蝌蚪的成长过程；种植喜阴或喜阳植物，探究其生长条件和特点等。

对点案例

在大班主题活动“多彩的秋天”中，为了让小朋友们能够认识到更多秋天里的果实，张老师请小朋友们从家里带来了一些当季的蔬菜瓜果，摆放在自然角里，供孩子们观察、认识。可是，这堆蔬菜瓜果投放后，孩子们只观察了几天就完全失去了兴趣，直到它们腐烂，最后被丢进了垃圾桶。

分析：对于大班幼儿来说，仅提供一些秋天的果实给幼儿观察，是远远不够的，这更适宜小班幼儿进行学习。大班幼儿对自然的好奇心和探究能力比小、中班的幼儿要强，在这个主题活动背景下，张老师可以根据大班幼儿的兴趣点，选择 1 ～ 2 种植物进行深入观察、探究，让幼儿了解该植物的种子、生长过程、生存习性、果实、食用方法等，将自己的观察结果记录下来，与同伴进行交流分享，进一步提高幼儿对植物的探究能力。

2. 根据季节变化及时更新

自然角的内容要不断地随着季节的变化和幼儿的学习进程进行更换，并及时清理已经不再适合的一些内容。自然角中的物品，是自然界的缩影，教师需要根据不同植物的生长规律，自然界季节、节气的转换，有目的、有计划地选择适宜的内容，也可以与正在开展的主题活动内容相结合，使其更具系统性和整合性。春天，可以让幼儿饲养几条蚕宝宝，种植一丛大蒜；秋天，则可以用幼儿自己采集的树叶、果实、农作物种子等做一个秋之展览。在日常管理中，对于那些已经腐败的黄叶、动物的粪便等要常常清理，保持整洁的环境，使动植物常葆生机。

对点案例

天气渐凉，王老师在整理柜子时发现了一小袋绿豆，就想着可以在自然角里种植绿豆，等绿豆发芽了，郁郁葱葱的，能给冬日的自然角增添一抹生机。于是，王老师就把所有的绿豆用水一泡，还在下面放置了海绵，把盒子放在了自然角里。没想到等啊等啊，绿豆一直都没有发芽，过了几天，整个浸泡的盒子都发臭了，孩子们也从一开始的积极性很高变得越来越失望。

分析：植物的生长是有季节性的，绿豆发芽的温度在 20℃左右，秋冬季温度不达标，绿豆很难发芽。王老师缺乏一定的科学知识，因此，不仅无法让幼儿适时地观察到植物的生长变化过程，还会打击他们观察的积极性。

3. 适当体现园所特色

在幼儿园课程改革的背景下，园内的许多活动都会和幼儿园的课程特色形成一定联系。自然角是幼儿每天都会接触的，教师在自然角的设计中也可以适当体现幼儿园的课程特色。比如，以足球为特色课程的幼儿园，可以在投放植物时，采用废旧足球作为种植盆；以食育为特色课程的幼儿园，可以投放一些可以被制作成为美食的植物。总之，内容设计要与幼儿园的课程特色充分关联，这既能够做到活动的统一性，又能够体现自然角的个性化特点。

综上所述，自然角的内容设计在一定程度上影响着自然角活动的展开，其中的重要性和教育意义不言而喻。因此，自然角的内容设计既要考虑年龄特点、季节变化，还可以渗透园所特色，使自然角的活动更加立体化、多元化，从而更好地发挥自然角的价值。

三、自然角活动的指导

自然角的创设不应该只是一种美化环境的手段，而应该是引发幼儿自由观察、自主探索的重要途径。教师对于幼儿自然角活动的有效指导，能够充分发挥自然角在学前儿童科学教育活动中的作用。

微课：教师如何指导自然角活动

（一）引导幼儿主动观察自然角

首先，自然角活动属于自发的、松散型的科学活动，因此，教师不能像集体教学活动那样统一组织，而是要灵活利用一日生活中的来园、饭后、自由活动、离园等环节进行指导。其次，幼儿在自然角中的观察带有很大的自发性、偶发性和个别化的特点，因此，教师要随时关注幼儿的观察情况，引导幼儿主动关心自然角。

在自然角活动中，教师要有意识地引导幼儿做观察记录，中、大班的幼儿可以利用多种方式将自己的观察结果记录下来。教师可以设计富有童趣的观察记录本供幼儿记录，也可以用画展、海报、自制植物书等方式，引导幼儿记录他们的发现，让探究看得见。

对点案例

中班的自然角内容特别丰富，小朋友们都非常喜欢去自然角看一看、闻一闻，给植物浇浇水。一段时间后，老师想看看班级里的孩子们对于自然角的认识有没有变化，于是，晨间谈话中就出现了这样的对话。

师：我们班级的自然角有什么？

幼：有各种各样的花，还有金鱼和乌龟。

师：那么，大家每天都在观察，有没有发现杜鹃花的变化呢？小乌龟一次能吃多少东西呢？

接下来，幼儿的回答比较混乱，远不是教师预想的那样。教师发现，班上孩子们对自然角的观察是无目的的，他们不知道进入自然角应该做什么、怎么做。于是，教师设计了一个自然角活动计划表，请幼儿在每次进入自然角活动之前，先计划好今天要观察什么、打算怎么做。又过了一段时间，教师欣喜地发现，孩子们对于自然角的动植物都有了自己新的发现，交流的话题越来越丰富。

分析：中班幼儿的观察仍带有一定的无目的性，自然角的观察是自发的，因此，会出现幼儿在自然角里无所事事的现象。本案例中，教师采用让幼儿做计划的方式，提高幼儿行动的目的性和计划性，对自然角的活动形成了有效的促进。当然，在自然角活动中，教师应把握指导的度，避免过度引导而适得其反。

（二）组织幼儿参与自然角的日常管理

《纲要》指出："教师应成为幼儿学习活动的支持者、合作者、引导者。"自然角的管理，也不应该由教师包办代替，而应在尊重幼儿的想法的前提下，引导幼儿一起参与。让每个幼儿为动植物服务，培养幼儿的爱心和责任心。

教师可以组织幼儿一起为自然角收集物品，鼓励他们把自己家里的好东西"贡献"到幼儿园的自然角。此外，教师组织幼儿轮流照料动植物，看管自然角的物品，安排幼儿参与清理自然角，有助于增强幼儿的劳动观念，提高他们的劳动技能。小班的幼儿可在老师帮助下做一些简单的清理工作，如抹抹灰、给花草浇浇水等。中、大班的幼儿可排值日生，轮流负责对动植物的照料、记录，协助教师更新摆放动植物、清理枯枝败叶等。

对点案例

小班的植物角里养了一些不同的螺，有田螺、螺蛳等，小朋友们可感兴趣了。可是，老师觉得小朋友们太小了，让他们只用眼睛观察，不能用手碰。每次换水也都是王老师和李老师负责，小朋友们渐渐就失去了对观察螺蛳的兴趣，对它们不闻不问的，连大螺蛳生小宝宝了也不知道。王老师以为是螺蛳不适合小班幼儿观察，于是换了养别的小动物。可是过了一段时间后还是如此，她不知道问题出在了什么地方。

分析：小班的幼儿虽然劳动能力弱，但是也能做一些力所能及的事。本案例中，王老师不让幼儿参与给螺换水，幼儿就失去了对螺的近距离观察探索的先机，久而久之自然会丧失兴趣。因为观赏是只停留在表面的，只有探索才能深入。如果幼儿在教师指导下，能亲身体验喂食、换水等活动，他们就能很容易发现螺蛳喜欢吃什么，也会第一时间发现螺蛳生出了小螺蛳，这将激发幼儿更多的探究兴趣，帮助幼儿积累丰富的科学经验，使自然角发挥出真正的价值。

（三）支持和鼓励幼儿进行探究

自然角是幼儿科学学习的重要途径，教师要创设条件，支持幼儿进行科学探究。在自然角观察中，幼儿往往会有很多意想不到的发现，教师要及时捕捉幼儿的兴趣点，善于利用随机产生的学习机会，对幼儿加以引导，提高幼儿的观察和探究能力。比如，一次长假过后，幼儿发现自然角中的橘子皮上有“毛”（发霉），这个“毛”会是什么呢？为什么橘子皮会长毛呢？幼儿产生了疑问。教师就可以引导他们继续观察“毛”有什么样的变化，颜色是什么样的等，并适时渗透科学小知识。自然角也可以开展有关动植物的小实验，让幼儿在对比观察中了解动植物的生长特点和生活习性。

对点案例

春天到了，中班的小朋友们惊奇地发现，班级的自然角里多了一个鱼缸，里面是黑乎乎、一粒粒的东西，原来这是李老师给小朋友们带来的“新朋友”。有的小朋友说这是青蛙的宝宝，有的说是小鱼的宝宝。于是，李老师就请小朋友们观察，看看它们到底是谁的宝宝。过了一段时间，这些“新朋友”长出了小尾巴和两条后腿。李老师问：“小朋友们，它们是什么时候长出来的呀？是先长出了尾巴还是腿呢？”小朋友们一下子炸开了锅，有的说先长出了尾巴，有的说先长出了腿。李老师说：“这些新朋友还会慢慢长大的，我们都不知道它们是怎么长大的，以后有客人来我们班，我们都不会介绍了，那怎么办呢？”依依说：“我们要记牢。”豆豆说：“我们可以画下来。”……一番讨论之后，在老师的帮助下，大家一起设计了“新朋友成长记录表”，放在了自然角里。之后的每一天，小朋友们轮流到自然角里去观察、记录，把“新朋友”的成长过程画下来。最后，大家发现，原来这些“新朋友”是青蛙的宝宝——小蝌蚪。

分析：本案例中，李老师没有直接告诉幼儿黑乎乎的小东西是什么，而是引导幼儿进行自主观察、发现。随着时间的推移，李老师又引导幼儿设计“新朋友成长记录表”，让幼儿有目的地去观察并记录小蝌蚪的成长过程，帮助幼儿形成完整的认知，对蝌蚪变青蛙有更全面的了解。

任务 2　种植活动的设计与指导

种植活动一般指幼儿在幼儿园室外的种植园地中展开的播种、管理、收获等一系列活动，这是幼儿认识植物生长，以及植物与泥土、阳光、空气和水等要素之间相互关系的过程，是幼儿亲近大自然、探索生命奥秘的重要途径。

种植活动能够让幼儿通过亲身经历和直接体验，了解常见农作物的生长过程，获得有关植物的知识经验，掌握基本的种植技能。种植活动通常需要持续一段时间，把一粒种子放到土里到发芽、开花、结果，在此过程中需要翻土、浇水、施肥等，幼儿经历植物的生长过程，不仅能够体会劳动的艰辛和收获的快乐，而且能够懂得生命成长的不易，这对培养幼儿珍惜劳动果实、尊重劳动人民的情感，以及形成关爱自然、关爱生命的情感，具有重要的意义。

一、种植内容的选择

一般来说，幼儿园种植园地种植的内容以常见的易种植的蔬菜、瓜果和粮食作物为主。种植内容的选择应考虑幼儿的年龄特点。

小班幼儿年龄小，各方面的能力较弱，需要在教师的帮助下才能进行种植活动，因此，小班的种植活动一般选择种子大、生长快的植物。

中班幼儿活动范围增大，认知能力、动手能力都有所发展，但他们还不能独立管理植物，因此，中班的种植活动仍然选择容易栽培的植物，但品种可以比小班的丰富些。

大班幼儿自主性、独立性增强，种植品种可以更加丰富。

幼儿园各年龄段适宜种植的植物参考表 4–2–1。

表 4-2-1　幼儿园各年龄段适宜种植的植物列举

年龄段	季节	
	春夏	秋冬
小班	萝卜、黄瓜、西红柿	大蒜、青菜
中班	辣椒、茄子、玉米、向日葵	土豆、洋葱、胡萝卜
大班	丝瓜、芹菜、韭菜、葫芦、豌豆、棉花、大豆	香菜、慈姑、花生、生姜

二、种植园地的环境设计

种植园地作为幼儿园内十分重要的一个场地，对于幼儿的认知和发展有着十分重要的作用。规划种植园地时，应该有效利用立体空间和平面空间，形成适宜的场地，环境设计中更应该从幼儿的视角出发，让幼儿成为种植、管理和欣赏的主人。

幼儿园种植园地照片集锦

（一）立体空间，巧妙规划

种植园地是幼儿喜爱观察、乐于亲近的小园地，种植园地空间越大，越有利于开展种植活动。而如何利用户外空间，创设丰富的绿色园地，让幼儿在园中感受大自然呢？这就需要对幼儿园的种植园地进行合理有效的规划，按照区域化进行布置，改变平面化，突出立体化。

假如幼儿园的场地足够，可以用栅栏将准备做种植园地的场地围起来，形成以“快乐种植，你我分享”为主题的环境创设形象墙；里面有种植园简介、种植方法宣传牌；还有贴有标签的工具箱，分类摆放劳动工具，如铁锹、水桶等。把绿化的苗木作为“小围墙”。可以把种植园地分为三大块，每个年段有一块，每块又形成一畦一畦的，分到每班，再给每班制作种植园地标志牌。

如果幼儿园的场地较小，则应充分利用现有的地形来营造多维种植空间。例如，一所老城区的幼儿园在建园的时候并没有规划种植园地，教师便往教学楼的顶楼运了很多的泥土，开辟出一块空地来进行种植；还有有的幼儿园实在是没有多余的空地，教师就收集了一些园林悬挂式花盆，在栏杆上巧妙地开辟出了一个“空中种植园”。

各班要根据本班的特色来种植相应的作物。在这里，幼儿可以尝试自主照顾植物，同时也能随时观察植物。

（二）平面空间，因地制宜

种植园场地开辟出来后，首先，要对平面空间进行划分，将场地分配到各个班级，根据班级和幼儿的活动能力，中、大班的面积可相对小班而言稍微大一些。其次，要在每块菜畦之间铺设一条小路，可用砖块、石头或竹排等硬质材料铺设，路宽至少要能够容纳两名幼儿同时站立。小路既可以作为两块园地间的界限之分，又能为幼儿的观察、劳作提供一个站立的场所。最后，各班可设计制作一块个性化的园地标识来表示自己班的种植园地，并且在种植牌上画上自己班种植的作物，使人一目了然。

幼儿园的种植园地在一定程度上，应该有更加广泛的界定，一切需要种植植物的地方，哪怕是一个花坛、一个角落都应属于种植园地的范围。有效设计种植园地的环境，能够让植物进入幼儿园每一个可能的角落，让自然的生机充盈幼儿园的每一个空间，让幼儿园的环境真正活起来，让幼儿园真正成为花园和乐园，让幼儿获得更多关于生命科学的直接认知。

三、种植活动的指导

拓展阅读：与孩子一起享受种植的乐趣

对于幼儿来说，种植活动是一种综合性的学习活动，幼儿可以通过种植活动获得多方面的经验。因此，教师要有效地对种植活动进行指导。

（一）种植技术的指导

种植可以说是一个充满惊喜与发现的过程，当小芽破土而出、当小花谢了结出果实，那是幼儿最欣喜的时刻。“种子需要几天才能发芽？”“小芽到底有几片叶子？”“哪颗土豆长得高？”这些充满好奇与想法的问题使幼儿的种植过程更有趣。种植对于教师和幼儿来说是有一定技术含量的活动，比如什么作物适合在哪个季节播种，应采用什么方式播种，如何根据作物的特点进行照料，如何提高种植的效益等，都需要师幼共同去探究和发现，才能够使幼儿逐步掌握种植的经验与方法。那么除此之外，对于幼儿来说还需要学习哪些具体的内容、怎么来学习呢？对于种植的基本技术，如松土、播种等动作技能性的内容，可以通过教师亲身示范的方法让幼儿习得；对于小班的幼儿，要手把手地教他们怎样使用小铲等工具，中班幼儿可以学习使用更大一点的小锄头等工具进行翻土，大班幼儿使用大的浇水壶给植株浇水等，这些都需要教师进行专门的指导，帮助幼儿去逐步习得正确的方法。

对点案例

大班的小朋友在种植活动的讨论中，确定要种植萝卜。但是，过了一个暑假，种植园地已经非常坚硬。该怎么开垦土地呢？小朋友们拿着小锄头，尝试了几下，实在挖不动。于是，陈老师邀请来了双双的外公，教小朋友们用小锄头对坚硬的土地进行开垦。在双双爷爷的指导下，小朋友们知道使用锄头时两只手要伸直，一上一下地握在锄头柄上，看中位置后用力向下挥。在土地比较坚硬的情况下，可以先浇一点水，从角落入手，一点一点地向中间开垦。经过小朋友们的辛苦劳动，开学初又干又硬的种植园地已经“焕然一新”，看着翻出来的新鲜、肥沃的土壤，小朋友们非常有成就感。

分析：种植活动中会使用一些孩子们日常生活中不太接触到的工具，教师需要对此进行有效的指导。本案例中的陈老师，有效利用了家长资源，即邀请小朋友的爷爷来指导孩子们使用小锄头，从技能和技巧的方面进行尝试。幼儿对此的掌握非常迅速，能够很好地完成种植活动。

（二）种植园地日常管理的指导

种植园地的日常管理也是非常重要的，如浇水、施肥、拔草、搭架子等，这些力所能及的事情都应该让小朋友去尝试，并根据幼儿的意愿让他们轮流管理种植园地。幼儿也非常乐意去参与种植活动的相关管理。同时，在种植活动中，幼儿喜欢和同伴交流自己的发现，比如，幼儿发现拔出的草根上有泥土时，会和同伴交流；幼儿在发现种植园地植物的变化时，也会和同伴交流。在这些交流的过程中，幼儿表达自己的观点，与同伴进行经验的分享，从中探讨出种植园地日常管理的策略和方法。在这个过程中，教师要对种植园地日常管理提供适宜的指导，在倾听幼儿交流的基础上，了解幼儿关注的问题，确定介入的时机，促使幼儿形成更好的种植园地日常管理方式，从而使幼儿参与种植活动的性质产生更好的变化。

对点案例

萱萱在户外活动时发现种植园地的玉米苗叶子折倒在一边，便急忙叫来朋友一起商量。萱萱说："哎呀！玉米苗快要死了。"贤贤说："是呀，我们想想办法帮帮它吧。"说着，几个孩子蹲在种植区忙起来。洋洋就试着用手把叶子扶直，可试了几次，手一松，叶子就倒了，这个办法不行呀。

过了一会儿，萱萱叫起来："我有办法了，看我的。"说完，她拿了一根小木棒，一头插在泥土里，一头顶在玉米苗的身上，可是过了一会儿玉米苗叶子还是倒在了地上，他们又难过起来。贤贤说："我们把玉米苗绑在小棒子上，它就能站起来了。"于是就跑去找王老师求助，王老师拿了绳子，和小朋友一起行动起来，大家找来一根小棒子，往泥土里一插，然后用绳子绑在了一起。孩子们高兴地大叫起来："我们成功了！玉米苗得救了！"

分析：萱萱发现小朋友照料的玉米苗折倒后，非常伤心、害怕，于是便发出了求救。随着一声呼喊，孩子们立即采取了"抢救"行动，这也为幼儿感受生命的伟大与脆弱提供了契机。在解决问题的过程中，孩子们不断地进行思考、尝试、探索。最后在大家的共同努力下，终于找到了可行的方法，"拯救"了玉米苗的生命。在这次"抢救"活动中，孩子们经历了从伤心到失败再到成功的情感体验，收获了拯救生命的喜悦，也形成了关爱生命的态度。

（三）种植活动中观察探索的指导

在开展种植园地活动时，教师要对当天的探索活动提出要求，让幼儿带着目的和思考去观察种植园地，鼓励幼儿使用一些工具、观察记录表等进行探索、记录，提醒幼儿注意探索安全。在活动中，教师要耐心观察幼儿的活动，给幼儿自主观察、探索的机会，让幼儿有独立思考的空间与时间。教师的指导应该出现在幼儿真正需要时，不要主动打扰幼儿的观察，也不要在幼儿遇到困难或没有遇到困难的情况下盲目指导，剥夺幼儿自主学习的权利。教师要相信幼儿能够通过自己的思考，用自己的方式来解决问题。

对点案例

4月初，春意盎然的季节，中班的小朋友们一起商量，在班级的种植园地里种了番茄，因为番茄炒蛋是孩子们最喜欢吃的一道菜。经过大家的精心照顾，一个一个的番茄果实都长出来啦！这天，张老师带着小朋友们去看番茄。小朋友们叽里呱啦地讨论着。“为什么这个番茄不是我们吃的那种红色的呀？怎么是绿色的呀？”“不对呀，我看到的就是红色的。”“那我们这些番茄还能吃吗？”这时候张老师听到了小朋友们的讨论，说了一句：“绿色的是还没成熟呢，成熟了就是红色的，就能吃了。”小朋友们听到老师这么说，也就放心了。

分析：在这个案例中，张老师急于介入幼儿的发现，并没有给幼儿充分的自主探索的时间，直接将“番茄为什么有红的和绿的”这个问题的答案告诉了小朋友们，剥夺了幼儿自主学习的机会。当小朋友们发现番茄有不同颜色时，张老师应该问一问孩子们“是否在其他地方看见过绿色的番茄？”“除了红色、绿色，还有什么颜色？”“这些绿色的番茄以后会变成什么样？”等等。顺着幼儿的发现和思考，教师应该提出进一步探索的要求，让幼儿继续观察番茄果实的变化，自己去了解番茄会有从绿色变成红色这样一个过程，进一步提高观察能力和对植物的探索能力。

任务 3　偶发性科学活动的指导

偶发性科学活动是指在幼儿的周围世界中，突然发生的某一自然科学现象或情景，激起幼儿的好奇心，导致幼儿自发投入的一种科学探索活动。偶发性科学活动有观察、摆弄、操作等形式，可以是一个人独自探索，也可以是三三两两的共同探究。偶发性科学活动是幼儿自发的活动，来源于幼儿的好奇心，以及富有创造性和探索性的环境。

微课：什么是偶发性科学活动

一、偶发性科学活动的意义

（一）满足幼儿的好奇心和随机探索欲望

偶发性科学活动往往是幼儿强烈的好奇心和探索欲所激发的一种活动，幼儿好学、好问、好探索，面对自己关注的兴趣点，他们更愿意投入活动中来，探究的积极性高涨，学习效果更佳。在偶发性科学活动中，常常是就地取材，根据当时的情景和能够取得的材料进行探索，并且活动时间长短、参与人数多少，都由幼儿自己决定。幼儿可以根据自己的兴趣，自由调整自己的活动方式和内容，用自己熟悉的操作来满足自身的好奇心和探索欲望。

对点案例

星期一的早点是豆浆，中班的小朋友们正自主地享用着点心。最先喝完的毛毛对蔡老师说：“老师，我昨天早上也喝豆浆了，妈妈给我买的，是甜甜的。”“那你今天喝的是什么味道的呀？”毛毛想了想说：“我觉得今天的没味道。”这时候，其他小朋友也吃完了，听到了毛毛和蔡老师的对话，叽叽喳喳地说了起来。“我们在幼儿园里喝的豆浆是淡淡的，不甜的。”“我在家喝过咸咸的豆浆。”……听了小朋友们的议论，蔡老师问道：“咦？豆浆怎么有这么多味道呢？这是为什么呢？”小朋友们一下子议论开了，有的说甜的是放了糖、放了蜂蜜，有的说咸的是放了酱油、放了盐，大家还突发奇想，豆浆加了醋是不是就有酸酸的味道了……

针对孩子的讨论，蔡老师设计了一张表格，请小朋友把对于豆浆味道的猜想画下来。另外，蔡老师还准备了一些小朋友提到的糖、蜂蜜、盐、醋等各种调味品。过了几天，又到了喝豆浆的时候，蔡老师特意请食堂师傅多留了一些豆浆，小朋友们开始了“豆浆寻味记”，探寻起关于豆浆味道的秘密。

分析：本案例中，毛毛小朋友发现在家喝的豆浆和在幼儿园喝的豆浆味道不一样，从而引发了大家对于豆浆味道的讨论和探索。这件偶然发生的小事，完全在蔡老师的计划之外，却是小朋友们非常感兴趣的。她没有直接告诉孩子们豆浆为什么有这么多味道，也没有告诉孩子们豆浆里面能不能加醋、会不会变酸等，而是根据小朋友们的猜想提供了相应的操作材料让孩子们进行探索。这一做法，保护了小朋友们自主探究的意识和权利，也能够较好地培养小朋友们探索的积极性，体验科学探究的乐趣。

（二）有效拓展科学教育的内容

偶发性科学活动不是由教师提前设计、提供材料的活动，而是幼儿出于对外界事物的好奇心而自发产生的一种活动，存在着偶然性、丰富性和生动性。它与幼儿的日常生活、周围物质世界紧密相联，可能发生在集体活动、户外活动、区域活动中，也有可能发生在幼儿的饭后散步活动中。因此，可以拓展科学教育内容，使幼儿的科学活动渗透到一日生活中。

对点案例

大班正在开展关于磁铁的科学活动，教师先在教室里组织了基本的教学环节，引导幼儿了解磁铁能够吸引铁制品这一特点。在接下来的活动中，教师就请小朋友们每人带一块磁铁，到幼儿园的操场上去寻找能够被磁铁吸引的物品，增加活动的趣味性和操作性。

没想到，小朋友们一开始还饶有兴趣地拿着磁铁这里碰碰、那里碰碰地寻找能够被磁铁吸引的物品，突然，有几个小朋友发现了一群正在搬家的小蚂蚁，注意力一下子就被吸引过去了，再也没有兴趣去玩磁铁了。看着小朋友们认真地围成一圈蹲在小蚂蚁旁边，教师随机改变了原本的教学计划，和小朋友们一起蹲下来，引导他们有目的地去观察小蚂蚁，一边看一边把小蚂蚁的基本特点、生活习性等告诉小朋友们，在这个过程中再渗透小蚂蚁搬家的原因。由于小朋友们对小蚂蚁搬家这个现象本身就很有兴趣，因此听得特别认真。回到教室后，他们还意犹未尽地讨论着，于是教师又在区域活动中请小朋友们根据对小蚂蚁的观察和了解，选择相关的区域继续探索。有的小朋友在美工区画小蚂蚁搬家的情景，有的小朋友在建构区搭建小蚂蚁的家，还有的小朋友在表演区进行蚂蚁搬家的情景表演……

分析：一次教学延伸活动中突发的、随机的内容，因为幼儿产生的兴趣和教师的及时引导，满足了孩子们的好奇心和探究欲望，也让教育活动在计划之外生发出新的内容。所以，活动前的教育计划是教师预设的，而教育过程中的变化则是偶发性科学活动最好的基础，教师能够从中把握教育契机，幼儿也能获得自己感兴趣的科学经验。

二、偶发性科学活动的类型

（一）一日生活中的科学

幼儿一日生活中处处隐藏着偶发性科学活动的可能，如盥洗、如厕、进餐、睡眠、区域活动、户外活动等，每个环节都有可能引发幼儿的探究兴趣。这就需要教师仔细观察幼儿，善于分析一日生活各环节可能产生幼儿探究行为的诱因。一般来说，区域活动和户外活动最有可能引发幼儿的偶发性探究行为。在区域活动中，教师要特别关注与科学区域相关的活动，给予幼儿必要的支持；在户外活动中，教师要鼓励幼儿自主观察和发现周围环境中有趣的事物和现象。

（二）游戏

许多偶发性科学活动的机会都存在于幼儿的游戏中，尤其是在幼儿的自主游戏中，如玩沙、玩水、搭积木等。例如，小班的孩子在操场上玩“吹泡泡”游戏，泡泡在太阳光的反射下，发出五颜六色的光泽。看到这个光泽，孩子们很好奇地问：“泡泡为什么会有颜色呢？是谁给它染色了吗？”于是，顺着孩子们的兴趣，教师设计了科学活动“七色光”，在活动中引导幼儿解决游戏中的困惑，丰富幼儿的知识经验。

（三）郊游和采摘

大自然是科学教育的重要内容，但是教师不可能预先设计所有亲近大自然的活动，也不可能关注到所有幼儿对自然感兴趣的地方。不过，教师可以带领幼儿经常走进大自然，让幼儿在与自然的接触中产生新的探究问题。

郊游和采摘是幼儿远足的主要方式，一般发生在春秋季。在郊游和采摘活动中，幼儿得以与大自然亲密接触，通过体验大自然的美，产生热爱自然的情感。通过郊游和采摘活动，幼儿可习得运用感官和工具探索自然界各种物质的方法，可采用观察、比较、分类对大自然各种物质的特征与多样性产生更深入的了解，还可以通过自然界的春秋变化了解季节和时间的概念。

除此之外，教师和家长还可以带领幼儿参观动物园、植物园、科技馆等，在参观的过程中，幼儿可能受到某一动植物或展览品的启发而引发新的问题探究。

三、偶发性科学活动的指导

（一）细致观察，及时发现幼儿的偶发性探究动向

偶发性科学活动和其他的科学活动有所不同，往往发生在不起眼的时间和地点，而且一般是以一种不易察觉的状态进行的。这就需要教师具备这样的心理准备——随时随地关注幼儿平时的一切活动，观察、了解他们在干什么、说什么。特别是当某一个幼儿单独待在某个地方一动不动有点“不同寻常”时，或者几个幼儿聚在一起，而对外界其他的事物“漠不关心”时，也许这正可能是偶发性科学活动出现之时，教师要有一定的敏感性去捕捉这些瞬间，并予以特别的关注。

当然，当教师发现了幼儿的偶发性科学活动时，不必急于参与其中，因为这样会惊扰到正在观察发现的幼儿，打断他们的思路，反而会引起不好的影响。教师正确的做法应该是先不露痕迹地了解他们当时的具体情况，在仔细观察幼儿行为的基础上，表现出一定程度的惊奇，让幼儿知道老师也对此现象也非常感兴趣，这样他们的兴趣就会更加浓厚。紧接着，教师要对观察到的幼儿的探索行为提出一些启发性的问题，做出针对性的引导，推动他们进行下一步探索。

对点案例[①]

一个秋天的早晨，晨间活动时小朋友们来到操场，看到操场的草坪上白茫茫的一片，大家惊呼了起来。有几个跑得快的小朋友率先来到了草地上，他们激动地喊着：“你们快来看呀，小草头发都白啦！下雪啦！”小朋友们看到这番景象高兴坏了，纷纷玩了起来，有的把“雪花”捧在手心，有的用脚踩来踩去……这时有一个小朋友说道：“这不是雪花，这是霜。”这是霜？什么是霜？霜是从哪里来的？……大家对这些问题展开了热烈的讨论。旁边的教师看到了这一幕，于是在晨间活动结束回到教室之后组织了“霜是怎么形成的”这一科学活动。

分析：本案例中，幼儿在户外活动中发现草坪上的霜，产生了浓厚的兴趣。教师及时关注到了幼儿的探究动向，并做出了正确的判断，在回到教室后组织了集体探究活动。

（二）积极回应，平行介入幼儿的偶发性科学活动

偶发性科学活动容易受外界诱因的影响而变得不稳定、不持久，这时就需要教师做出积极的回应。教师的赞许和参与，会使幼儿更仔细地观察和延续偶发性

① 赵红霞.学前儿童科学教育[M].南京：南京大学出版社，2020：146-147.

科学活动。对于幼儿提出的问题，教师要积极地鼓励他们继续探索，自己寻求答案；如果幼儿提出了一些合理的要求，教师要尽量地予以满足；当活动难以深入发展时，教师可以适当地平行介入，使其继续开展下去；当幼儿发生争吵时，教师可以帮助幼儿通过协商来解决；当幼儿有了成功的发现时，教师要和他们分享喜悦；当幼儿表现出一些“出格”的行为时，教师要给予谅解。

总之，要让幼儿感到他们的探索行为是教师所赞许、鼓励和支持的，从而提升继续探究的自信心并获得更好的发展。

对点案例

连续几天都是阴雨天气。大班把晨间活动安排在了三楼大厅，今天提供的活动材料是各种各样的球。突然，皓皓像发现了新大陆一样地向教师跑来，手里拿着一个瘪了的乒乓球激动地向教师诉说他的发现。旁边的孩子闻声顿时都围了过来，叽叽喳喳说个不停：“乒乓球破了吗？”“它漏气了。”“它还会跳得高吗？”……

见到大家个个都对乒乓球有如此大的兴趣，教师就和孩子们商量着晨间活动后，把它带回教室去研究。但光看是看不出什么门道的，还需要动手来验证。教师请孩子们挨个上来摸一摸，说一说感觉。近距离观察乒乓球时，孩子们的感受大不同，并且大家对乒乓球为什么会瘪、怎样能使乒乓球变圆等产生了强烈的好奇心。于是，教师组织孩子们讨论解决问题的办法，提供必需的材料，组织开展一系列的探索活动……

分析：本案例中，幼儿对一个瘪了的乒乓球产生了浓厚兴趣，教师没有因为幼儿的咋咋呼呼而批评他们，也没有打击他们的积极性，而是给予了积极回应。教师以启发式的问题引导幼儿进行思考，筛选共性问题组织集体探究，提供材料，支持幼儿探究活动进一步深入下去。显然，教师的积极回应能够让幼儿的偶发性科学活动持续发展，让幼儿可以安心并有充分的时间、材料进行探索。

（三）适当引导，积极拓展幼儿的偶发性科学活动

尽管偶发性科学活动是幼儿发起的，但仍然需要教师加以适当引导，以便帮助幼儿深入思考和探究，发现其中蕴含的科学道理。

拓展阅读：充分运用偶发事件，引发幼儿探究活动

教师的引导应适度，不能把幼儿的偶发性科学活动变成教师向幼儿灌输科学知识，而应以幼儿自己的探索为主。如果教师觉得幼儿探索的内容确实很有价值，可以做进一步的探索，则可以建议幼儿把探索活动继续下去，或者就此内容组织一次专门的教学活动。

这样的引导，不仅能使幼儿获得丰富的科学经验，更重要的是让幼儿的好奇心得到满足，并且体验到探究的乐趣。

岗位技能实训

实训 1　自然角创设实训

目标：

1. 能够根据要求创设自然角。

2. 在体验中感受自然角环境和内容设计的基本要点。

准备：

1. 5～6人一组。

2. 教室内外一块适合成为自然角的场地；置物架、绿植、记录表等。

3. “自然角创设实训”作业单。

过程：

1. 领取“自然角创设实训”作业单，了解本次实训的任务。

2. 各组确定自然角创设的位置和适用的年龄段。

3. 选择置物架，采购相关绿植等实物，在教室内或教室外，创设一个自然角，并形成种植区、观赏区、实验区等，设计制作自然角观察记录表。

4. 分组展示各自创设的自然角，进行详细的介绍，包括创设的整体思路和幼儿年龄特点的体现等。

5. 与其他组的成员进行有效点评。

建议：

1. 此活动可以持续一段时间，让学生亲历方案设计、环境布置、日常管理等过程。

2. 此活动也可以模拟方式进行，重点是让学生设计后，阐述设计思路与具体内容及怎样进行指导。

实训 2　体验种植活动

目标：体验并掌握幼儿园种植活动的基本要求。

准备：

1. 5～10人一组。

2.“萝卜播种”中需要的萝卜种子、锄头、铲子和一小块空旷田地。

3.“种植活动实训”作业单。

过程：

1. 领取“种植活动实训”作业单，了解本次实训的任务。

2. 选择种子、工具，到指定地点进行种植。

3. 每天进行照料、管理、观察、记录。

4. 小组汇报交流，教师总结。

建议：

1. 有条件的学校可以在户外开辟种植园地，让学生开展种植活动，并结合所学理论分析交流种植活动体验。

2. 如无种植场地，可以让学生自选适合花盆种植的植物，播种、照料、观察植物生长状况，期末上交报告和作品。

3. 此活动还可以结合见习、实习等下园实践机会，观察、体验、分析幼儿园种植活动要点。

课赛证融通

一、选择题

1. 下列哪些植物不适宜在自然角中种植？（　　）

A. 绿萝　　B. 含羞草　　C. 仙人掌　　D. 大蒜

2. 下列适宜小班种植的内容是（　　）。

A. 种子大、生长快的植物　　B. 常见的花花草草

C. 品种要丰富　　D. 生长周期较长的植物

3. 下列关于偶发性科学活动的论述，错误的是（　　）。

A. 偶发性科学活动可以满足幼儿的好奇心和随机探索的欲望

B. 偶发性科学活动能有效拓展科学教育的内容

C. 偶发性科学活动不能转化为集体性探究活动

D. 幼儿一日生活中处处隐藏着偶发性科学活动的可能

二、简答题

1. 试举例说明自然角活动的指导策略。

2. 简述种植活动对幼儿发展的价值。

【2021 年下教师资格证考试真题】

三、材料分析题

材料：幼儿园大班开展了记录天气的活动。A 班的老师给小朋友们发了天气记录表，让他们记录天气的阴晴雨雪。B 班的老师直接给小朋友们发了一张白纸，让他们自主地记录天气。两班记录情况如下图所示。

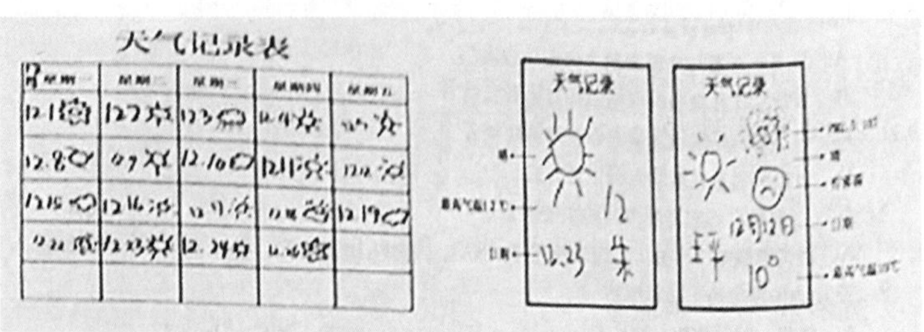

A 班　　　　B 班

问题：

（1）请分析天气记录活动的教育价值。

（2）请分别分析上述两种记录方式对幼儿的发展意义。

【2022 年上教师资格证考试真题】

参考答案

模块二　数学认知

PROJECT 5 项目五

学前儿童数学教育的基本问题

项目导学

数学认知是幼儿园科学领域的一个子领域，是学前儿童在对自然环境中事物和现象的认识基础上所形成的对其逻辑关系的理解。学前儿童数学学习和发展是在与周围环境的互动中自发地或在成年人的引导下习得数的知识、技能，发展数学认知能力的过程。它强调儿童对自己周围环境中的数学问题的关注和兴趣，强调在日常生活中通过感知、体验和操作活动理解数的抽象关系，并在解决问题的过程中运用所学的数学知识，逐步发展逻辑思维能力。[①]在学习本项目时要注意理论与实践相结合，通过日常活动中的观察，领悟学前儿童数学学习的方式与特点。

① 李季湄，冯晓霞.《3—6 岁儿童学习与发展指南》解读[M]. 北京：人民教育出版社，2013：109.

学习目标

知识目标：

1. 理解学前儿童数学学习的特点。
2. 掌握学前儿童数学教育的目标、内容和原则。

能力目标：

1. 能够科学制定学前儿童数学教育活动的目标。
2. 能够合理选择适宜的学前儿童数学教育活动内容。

素养目标：

树立科学的学前儿童数学学习观和教育观。

内容导图

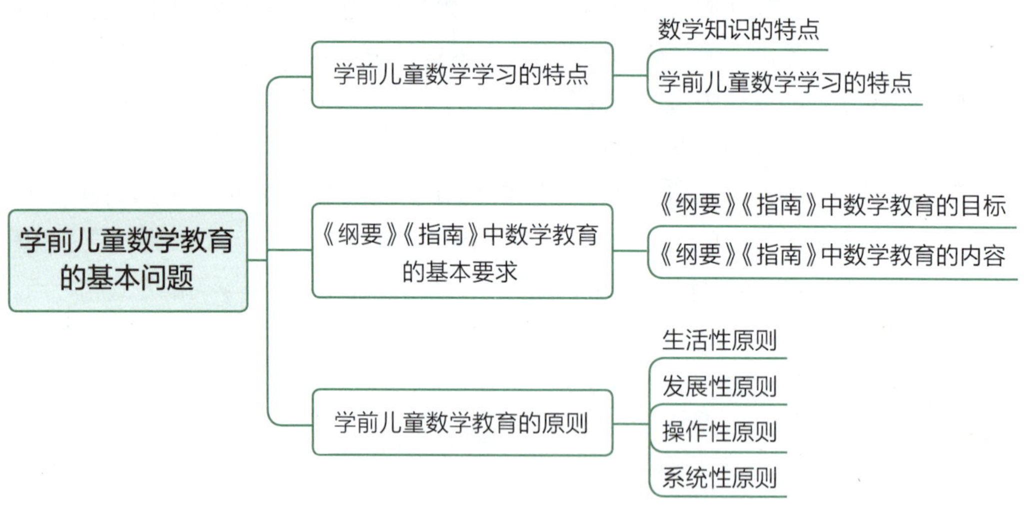

思政元素

1.数学教育观

通过对数学知识特点的理解，感受学前儿童认知发展特点和数学学习的特点，树立正确的幼儿数学学习观；通过对《纲要》《指南》数学领域精神的把握，了解幼儿园数学教育的价值在于情感态度的培养，即让幼儿体验到数学的重要和有趣。

2.职业担当

通过有关幼儿数学教育基本知识的学习，深刻理解并自觉践行幼儿园教师的职业精神，培养良好的职业担当，增强职业责任感。

问题导入

一位妈妈教孩子学习乘法口诀，孩子乖乖地背诵“一五得五、二五一十、三五十五、四五二十、五五二十五、六五三十……”可是，每次背诵，背到“三五”时就出错了，一会儿“三五四十五”，一会儿“三五三十五”。妈妈纠正孩子，让她连续背诵，记住“三五十五”，孩子记住了。当再次从头背，背到“三五”时，又出错了，妈妈就责备孩子怎么总是记不住。孩子委屈地大哭说：“一上午就背这一句话，三五太难了，永远也记不住这三五……”

问题：本案例中的家长只关注学习结果，不了解幼儿数学学习的特点，让孩子死记硬背，导致孩子对数学学习充满畏惧心理。那么，学前儿童数学学习的价值是什么？学前儿童数学学习有哪些特征？学前儿童数学学习的内容和要求又是什么？

任务1 学前儿童数学学习的特点

一、数学知识的特点

数学是研究客观世界中事物之间的数量关系和空间关系的科学。从本质上来讲，数学知识所反映的不是客观事物本身所具有的特征或属性，而是事物之间的关系。与其他知识相比，它具有抽象性、逻辑性和应用性等特点。

（一）抽象性

数学知识是高度概括和抽象的数量关系及空间形式。这种数量关系和空间形式既是从具体现实世界中抽取出来的，又区别于具体事物的“模式”，所以，数学是模式的科学。[①]比如，数字“3”，虽然源自现实世界中的3个苹果、3块糖、3棵树等，但“3”这个数量属性并不属于任何一个苹果或任何一块糖、一棵树，而是存在于苹果与苹果之间、糖与糖之间、树与树之间的相互关系中。它是对3个苹果、3块糖、3棵树的关系进行抽象以后所获得的属性，它反映的是数量为“3”的一个整体所具有的属性。也就是说，数字“3”是抽象的，可以表示3个苹果、3块糖，也可以是3棵树等数量是“3”的任何事物。此外，数学还有一个“形”，比如，“三角形”这样一个简单的图形，可以代表三角形的红领巾、三角形的画纸、三角形的桌子等，它舍弃了种种具体的内容，抽象出“三角形”这样一个空间形式，所以我们说它也是一个抽象的概念。

总之，数学知识是一种抽象的知识，对于学前儿童来说，学习数学知识的过程，就是一个不断地摆脱具体的事物而找到它们共同的本质属性的过程，或者说就是一个不断地去抽象的过程。因此，数学教育就需要帮助儿童从具体经验出发，最终摆脱具体经验的束缚，达到对抽象知识的理解。

（二）逻辑性

数学知识反映的是客观世界的逻辑关系，同时，数学知识本身的体系也具有严密的逻辑性。以数概念为例，数关系就是各种逻辑关系的集中体现。比如，幼儿对一堆苹果的数量是“5个”的认识，并不能从其中任何一个苹果中看到数量“5”这一属性，因为“5”这一数量属性并不存在于任何一个苹果中，而是存在于它们的相互关系中——所有的苹果构成了一个数量为“5”的整体。它和这些苹果的大小、颜色、味道无关，也和它们的排列方式无关：无论是横着排、竖着

① 张俊.幼儿园数学领域教育精要：关键经验与活动指导[M].北京：教育科学出版社，2015：2.

排，或是排成圈，它们都是“5个”。幼儿要通过点数得出苹果的总数，就需要通过“点”的动作和“数”的动作之间的协调，进而掌握5个苹果所构成的逻辑关系。这里至少会涉及三种逻辑关系：首先是对应关系，幼儿必须使手点的动作和口数的动作相对应；其次是序列关系，幼儿口中数的数应该是有序的，而点物的动作也应该是连续而有序的，既不能遗漏，也不能重复，即数物一致；最后是整体与部分的包含关系，幼儿还要将所有的动作合在一起，才能得到物体的总数。

数学知识是一种逻辑性的知识，数学知识所反映的是事物之间的关系。对学前儿童来说，它不是通过直接的观察而得到的，而是通过对事物之间的关系的一种反省和抽象得到的。正因为如此，学前儿童学习数学知识不是一个简单的记忆过程，而是一个逻辑思考的过程。

（三）应用性

数学知识尽管是抽象的，却是从现实中抽取出来的。现实生活中的任何事物都具有数、量、形的特性，都可以用数学的工具来描述它们的特性及其相互关系。数学提供了一种量化的方法，它可以帮助我们认识现实世界，解决社会生产和日常生活中遇到的各种问题，因此，数学知识表现出很强的应用性的特点。例如，我们计算日子或开支时就应用了算术，而计算住宅的面积时就运用了几何学的结论。同样，幼儿的生活中到处都有数学，比如，家里住几楼、家里有几口人等都可以用数量来表示。而且，数学同样可以成为解决问题的有效工具，他们可以应用计数、运算、比较、等分等数学方法解决游戏和日常生活中的简单问题。比如，午餐时班上有几名幼儿，需要用多少双筷子；户外游戏中根据高矮排队；等等。

数学知识的应用性特点要求学前儿童数学教育应该和儿童的生活紧密联系，要让儿童在解决问题的过程当中感受到数学的有用，从而激发他们对数学学习的兴趣和认同感。

二、学前儿童数学学习的特点

数学知识具有抽象性和逻辑性的特点，决定了数学学习与抽象逻辑思维的发展密切相关。但在学前阶段，幼儿的思维以具体形象性思维为主，并逐步向抽象逻辑思维过渡。因此，幼儿的数学学习必须借助于具体的事物和动作，在头脑中逐步建构一个抽象的逻辑体系。具体来说，学前儿童数学学习具有以下特点。

（一）学前儿童的数学学习起始于动作

皮亚杰指出，“抽象的思维起源于动作”，儿童思维发展的过程就是从外部动作逐渐到内部动作的过程。因而，幼儿的数学学习也正是这样一个动作转化的过程。我们经常会观察到，幼儿在计数时，会自发地表现出动作行为，而不会在心里默数。这反映了幼儿数学学习的特点：要借助于实际的动作才能理解事物之间的逻辑关系。比如，小班的幼儿在点数时，一开始常常要用手一一对应地摸着物体点数，而后慢慢转变为手指凌空点数，直到他们的点数动作比较熟练时，才可以做到在心中默数。幼儿在数学学习过程中表现出的外部动作能够帮助他们在具体的事物和抽象的数学概念之间建立联系，这对于他们理解数学中的关系是不可或缺的。在幼儿学习某一数学知识的初期，特别需要这种外部动作。尤其是抽象思维有困难的幼儿，更需要给予他们充分的动手摆弄的机会。

对点案例

在幼儿园大班数学活动中，教师拿着一沓算式卡，一道道翻出来让幼儿按小组或个别方式回答算式题，先慢后快，如果一道题目答对了，全体幼儿就拍着手有节奏地说："嘿！嘿！你真棒！"如果回答错了，教师就换一道容易些的再让幼儿回答。每位幼儿轮过一圈后，教师请幼儿在算术本上做算术题。这时，许多幼儿不时地掰着手指计算，教师看到后不时地点那些掰手指计算的幼儿的名字，要求幼儿心算，但幼儿还是无法摆脱掰手指的动作。

分析：幼儿需要借助手的点数动作才能正确地计数，当这些动作内化于头脑中时，他们便能逐渐获得抽象的逻辑思考能力。

（二）学前儿童的数学学习依赖于具体事物

数学知识是一种抽象的知识，它的获得需要摆脱具体事物的其他无关特征。而幼儿理解数学知识的抽象意义却是从具体事物开始的。比如，幼儿在认识数的实际意义时，需要借助于具体的事物。小班幼儿感知各种数量为"3"的物体：3只小鸟、3个苹果、3块积木……这时，教师告诉幼儿，它们都可以用数字"3"表示。而且通过多种感知活动，让他们知道，凡是数量是3的物体，无论大小、粗细、怎样排列，都可以用"3"表示。这样幼儿就可以对数字"3"的抽象意义有所了解。

大班幼儿在数学学习中，同样需要具体事物支撑。例如，大班幼儿在理解数的分合时，教师首先会出示各种东西让幼儿分成两份，如7颗纽扣、7块饼干、7支水彩笔等，要求幼儿一边分一边用分合式记录下来。这时，幼儿对分合式意义的理解仅仅停留在它们所代表的那一件具体的事情上，所以，当老师问这些式子是否一样时，大多数幼儿都会回答不一样，因为它们表示的是不同的事情。在教师的引导下，幼儿逐渐认识到只要是分7个物体，都会得到同样的结果。这时，幼儿就会知道所有分7个物体的事情都可以用同一个分合式来表示。这样，幼儿就理解了"数的分合"这一抽象的知识，而不再停留在具体的分东西上。

总之，幼儿对数学概念的理解，离不开具体事物。他们既需要依赖于具体事物来理解抽象的数学概念，又需要不断地努力摆脱具体事物无关特征的干扰，真正理解数学概念的抽象意义。

（三）学前儿童的数学学习需要与日常生活情境相联系

学前儿童的数学学习主要是一种非正式的数学学习，它常常发生在非正式的学习情境和日常生活问题背景之中。例如，家里来客人了，妈妈让幼儿数一数一共有几个人，尝试给大家摆放碗筷，让幼儿体验一一对应；去超市购物，查看商品的价格，使幼儿学习数词的用法；坐电梯时，观察楼层数字的变化，让幼儿体验倒着数和顺着数；等等。有研究证明，幼儿数概念的发展依赖于他们的生活经验。幼儿在日常生活情境中学习与运用数学知识，才能真正理解数学的实际意义。情境提供了具体的人、事、物，这些都是幼儿数学学习的资源，可使他们在反复感知具体事物的过程中逐渐理解抽象的数学知识。

微课：数学学习情境的创设

（四）学前儿童的数学学习需要符号和语言的中介

数学是具有高度抽象性和逻辑性的知识体系，学前儿童如果仅仅依赖于自然经验的学习，是很难掌握数学概念的。有研究发现，如果不是身边的成年人鼓励幼儿去注意，幼儿根本不会自发地去注意周围的数字。因此，学前儿童数学学习需要成年人的引导。换句话说，成年人根据幼儿的发展水平提供相应的指导，能够有效地帮助幼儿在自身原有水平上获得提升。在这个过程中，符号和语言则起到重要的中介作用。

数学符号是人类的发明，学前儿童对符号系统的掌握离不开成年人的“教”。他们在成年人的指导下一旦掌握了符号系统，就能更有效地运用逻辑思维。有时，符号系统还能帮助儿童在已掌握的逻辑关系和不懂的逻辑关系之间架起桥梁。以加减运算的学习为例，幼儿积累了大量有关加减的具体经验，甚至也能够用自己的语言讲述这些经验，但要形成加减的概念并能够加以应用，就需要成年人教给他们抽象的加减运算的符号来表示具体的事情。符号的作用就在于给幼儿一种抽象化的思维方式。

语言是思维的外衣，它在学前儿童数学学习中也起着重要的作用。幼儿在数学操作中，用语言表达其操作过程和结果，不仅能对操作经验进行梳理和归纳，还能提高对自己动作的自觉意识，有助于动作内化。比如，在数学活动中教师引导幼儿用简洁明了的语言表达数量关系，能帮助幼儿排除具体因素的干扰，从而使幼儿从本质上把握事物之间的数量关系。

（五）学前儿童的数学学习有赖于练习与应用活动

学前儿童数学知识的掌握是一个持续不断的过程。他们用自己已有的认知结构同化外部世界，同时也建构着新的知识。以数数的策略为例，幼儿起初是通过直觉的判断比较数量多少，实际上是根据物体所占空间的多少来判断。这一策略有时是有效的，但有的时候就会发生错误。有些小班幼儿不能正确比较数量多少，就是因为他们用了一个不适合的认知策略来同化外部的问题情境。在这个时候，尽管幼儿知道一一对应和点数也是比较数量多少的方法，却不会自觉地运用一一对应或点数去比较多少。有的中班幼儿还不能做到不受物体排列形式的影响，通过对应或点数比较数量多少，而是通过直觉判断，直到幼儿自己感到现有的认知策略已不能适应问题情境时，才会去寻求新的解决办法。①

学前儿童只有通过大量的练习和应用活动，才能够不断地尝试新策略、理解新策略，从而巩固所学的数学知识。

对点案例

教师给中班幼儿出示了一张图片，图片上有两排小动物，第一排是6只小猫，第二排是7条小鱼。教师问幼儿："小猫和小鱼一样多吗？是小猫多还是小鱼多呢？"这时，有的幼儿说："小猫多，因为小猫的队伍比小鱼的队伍要长。"有的幼儿说："小鱼多，因为我数过了，小鱼有7条，而小猫只有6只。"

分析：教师在图片上故意设置了一个障碍，即小猫虽然数量少，但是它们的体积特别大，占的空间也比较大；小鱼虽然数量多，但是它们的体积比较小，占的空间也比较小。于是，中班幼儿围绕是小猫多还是小鱼多这个问题产生了争论。幼儿如果不逐一点数，而是仅凭直觉的感知，就无法统一形状和数量之间的关系，得不到正确的答案。

① 张俊.幼儿园数学领域教育精要：关键经验与活动指导[M].北京：教育科学出版社，2015：12.

任务2 《纲要》《指南》中数学教育的基本要求

一、《纲要》《指南》中数学教育的目标

学前儿童数学教育的目标，体现了学前儿童数学教育的价值取向，规定了对幼儿进行数学教育的目的和要求。《纲要》没有将数学单列，而是纳入"科学"领域中，体现了当代数学的发展、人们对儿童数学学习的新认识和当前基础教育改革的新理念和新原则。

微课：幼儿园数学教育活动目标的制定

《纲要》规定的科学领域的总目标第四条指出，"能从生活和游戏中感受事物的数量关系并体验到数学的重要和有趣"，体现了数学教育的新目标和教育价值：在生活和游戏的真实情境和解决问题的过程中，逐渐形成幼儿的数学感和数学意识；体验到数学的重要性和意义；在不断遇到各种新挑战和不断成功地解决问题的过程中获得自信心，感受和体验到其中的乐趣。

《指南》将"数学认知"作为科学领域的一个子领域，明确提出了三个方面的目标：

第一，初步感知生活中数学的有用和有趣；

第二，感知和理解数、量及数量关系；

第三，感知形状与空间关系。

这三条目标与《纲要》的精神一脉相承。《指南》将培养儿童数学学习兴趣放在首位，此外，也强调数学与生活的联系，以及对数量关系、空间关系的感知和理解。

综合《纲要》和《指南》中有关数学教育目标的思想，我们可以清楚地分析学前儿童数学教育目标内容及其相互之间的内在关系。

1. 学前儿童数学教育目标的核心是培养幼儿的情感和态度

兴趣、好奇心和求知欲是幼儿数学学习的内部动力。由于数学知识是高度抽象的，幼儿往往不会自发地对事物背后隐含的数学特征产生兴趣，因此，任何一个数学活动，都需要培养和保护幼儿对数学的好奇心与求知欲，让幼儿体验到数学的重要和有趣，这样才有可能吸引他们积极参与和投入活动中，增进对数学的理解和应用数学的信心。

2. 学前儿童数学教育应帮助幼儿获得生活中所需要的基本数学知识

学前儿童思维发展的特点是在直觉行动思维的基础上发展到以具体形象思维

为主，再到幼儿末期抽象逻辑思维开始萌芽。这就决定了幼儿获得的数学知识是经验性的、具体的知识，建构的是初级的数学概念，即幼儿的数学知识是在游戏和生活中获得的有关数、量、形、时间、空间等的感性经验，并对这些具体的感性经验进行归纳和抽象，逐步形成的初级的数学概念。比如，幼儿对大小的认识，就是通过生活中接触的事物的不断对比获得的，吃苹果要吃大的、吹泡泡吹出最大的、搭积木时选大的……生活和游戏中积累的大量有关大小的经验使幼儿逐渐掌握了对大小的认识。幼儿的感性经验是其数学学习的基础，因此，数学知识的学习应注重幼儿的实际感知和理解，要创设条件让幼儿在与周围环境的相互作用中学习和掌握。

3. 学前儿童数学教育应注重培养幼儿的认知能力和问题解决能力

《纲要》和《指南》都非常强调数学对发展幼儿思维能力的价值。《纲要》指出应引导幼儿从生活和游戏中“感受事物的数量关系”，《指南》也提出让幼儿“感知和理解数、量及数量关系”，这是因为数量关系是幼儿数学教育内容中起着发展思维作用的核心问题。数学还是幼儿解决问题的重要工具，《指南》中指出的 5 ～ 6 岁儿童“能发现生活中许多问题都可以用数学的方法来解决，体验解决问题的乐趣”等目标，都体现了问题解决、交流等能力导向。因此，学前儿童数学教育应注重幼儿数学能力培养：运用数学的方法描述生活和游戏中的现象，解决简单的问题，并用适当的方式表达、交流操作和探索的过程与结果。①

对点案例②

阿姨给了 4 岁的越越 9 颗果冻，她当时吃了 3 颗。晚饭时，越越小心翼翼地把它们放到饭桌的边上。妈妈问她：“你有几颗果冻呀？”她抬头望着妈妈，像是有点不知所措。妈妈提示她：“你数数看。”她听了后开始点数起来，“1，2，3……6。”妈妈问她：“总共几颗呀？”“6 颗。”越越回答。接着她开始吃饭。饭后，妈妈故意问越越：“你看你的果冻少了没？”一听这话，越越以为妈妈偷拿了她的果冻，便冲到妈妈身边到处找。爸爸看到越越很着急，便提醒她：“你先数数现在还有几颗？是不是真的少了？”越越半信半疑地回去点数：“1，2，3……6。”妈妈问：“总共几颗？”“6 颗。”越越回答。“那少了没有啊？”越越只是迷茫地看着妈妈。妈妈又说：“你之前数的是几颗呀？”越越想了想说：“6 颗。”“之前数的是 6 颗，现在数的还是 6 颗，那有没有少呢？”妈

① 张俊. 幼儿园数学领域教育精要：关键经验与活动指导 [M]. 北京：教育科学出版社，2015：22.
② 徐莹莹. 幼儿园数学教育与活动指导 [M]. 南京：南京师范大学出版社，2018：19.（引用时有修改）

妈问。越越这才释怀地笑了，说：“没少。”

分析：上述案例中，越越的妈妈为越越的思维活动设置了一定的干扰。妈妈一开始问越越果冻有几颗，越越可以通过计数来回答。后来妈妈又问果冻有没有少，这个问题则涉及两组物体数量的比较，是个更为复杂的问题。越越虽然会点数并能够说出总数，却不知道总数的用处何在，不会利用它来解决遇到的问题。在妈妈和爸爸的逐步引导下，越越才慢慢意识到原来只要对比前后总数是不是一样，就能判断东西有没有少了。

二、《纲要》《指南》中数学教育的内容

《纲要》虽然没有明确规定学前儿童数学教育的内容范围，但在科学领域“内容与要求”中，第五条指出“引导幼儿对周围环境中的数、量、形、时间和空间等现象产生兴趣，建构初步的数概念，并学习用简单的数学方法解决生活和游戏中某些简单的问题”。可见，此条规定直接指向数学教育内容：数、量、形、时间和空间。

《指南》“数学认知”子领域中的目标及各年龄段幼儿典型表现反映了学前儿童数学学习的内容侧重于数和形，这两个方面是儿童早期数学学习的核心内容。对数和数量关系的初步理解是儿童早期数学学习的第一步，也是最重要的一步。理解和运用数是儿童日常生活必备的重要技能，也是儿童学习几何、测量等其他数学知识的前提。对数和数量关系的理解也能促进儿童逻辑思维能力的发展。同样，形状和空间知识是儿童认识和了解周围世界的一项重要技能，也是几何学习的重要基础。

分类、排序和模式一直是我国学前儿童数学教育的组成部分，也是欧美国家学前数学教育的主要内容之一。《指南》尽管在数学认知领域中没有提出明确的分类、排序和模式的内容，但科学领域还是涉及有关分类、排序和模式的初步技能，比如，要求 4 ～ 5 岁幼儿“能对事物或现象进行观察比较，发现其相同与不同”，要求 5 ～ 6 岁幼儿“能发现事物简单的排列规律，并尝试创造新的排列规律”。因此，数学教育内容仍要关注分类、排序和模式的认知活动。

拓展阅读：《指南》数学认知目标

综合现有政策文件中的有关规定及相关研究成果，学前儿童数学教育内容主要包括数与量、图形与空间以及时间等三个方面。数与量包括感知集合和分类、10 以内的数概念、10 以内数的加减运算、量的比较及自然测量。图形与空间包括几何形体（平面图形、立体图形）、空间方位和运动方向。时间包括时间名称及顺序。

小、中、大班数学教育的内容常常是不一样的，教师应根据幼儿的年龄特点选择适宜的教育内容，表 5-2-1 列举了各年龄段相对较为适宜的教育内容。

表 5-2-1　各年龄段学前儿童数学教育的内容与要求[①]

内容	小班	中班	大班
感知集合和分类	1. 根据范例和口头指示从一堆物体中分出一组物体； 2. 按物体的某一特征（颜色、大小、形状等）进行分类； 3. 区分“1”和“许多”，并理解它们的关系； 4. 学会以一一对应的方法来比较两组物体的多少（物体个数在 5 以内）。	1. 能从一堆物体中把不属于这一集合的元素找出来； 2. 按物体量的某一特征（高矮、粗细、厚薄等）进行分类； 3. 按物体的数量分类； 4. 进一步以对应方法比较不同类物体的多少（物体个数在 10 以内）。	1. 初步理解集合的包含关系，能根据指示找出集合中的子集； 2. 初步感知集合中的交集、并集、补集； 3. 按物体两种（或更多种）特征进行分类； 4. 学习自由分类； 5. 学习按标记进行逐级分类； 6. 比较两个集合的对应关系，能说出其对应法则。
10 以内的数概念	1. 手口一致地点数 5 以内的物体，理解数的实际意义； 2. 能按数取物（5 以内）。	1. 正确点数 10 以内的物体，理解数的实际意义； 2. 能按数取物或按物取数（10 以内）； 3. 理解 10 以内相邻两数间的多“1”和少“1”的关系； 4. 初步认识 10 以内数的守恒； 5. 认识 10 以内的序数； 6. 学习 10 以内的数顺着数和倒着数； 7. 认读 10 以内的阿拉伯数字。	1. 认识 0； 2. 学习单数、双数和相邻数，了解 10 以内相邻数间的等差关系； 3. 学习目测数群及按群计数； 4. 学习 10 以内的数的组成，理解总数和部分数间的等量、互补、互换关系； 5. 正确书写 10 以内阿拉伯数字。
10 以内数的加减运算			1. 学习简单的口述应用题； 2. 学习用数的组成进行 10 以内的加减运算及列式。

① 刘敏钰. 学前儿童科学教育 [M]. 北京：科学出版社，2018：100.（引用时有修改）

续表

内容	小班	中班	大班
量的比较及自然测量	1. 比较物体的大小和长短； 2. 从5个以内物体中找出并说出最大的和最小的物体； 3. 按物体的外部特征（颜色、形状等）或量的差异特征（大小、长短等）进行3个以上物体的正排序； 4. 能按一定规则指示排序（序列数量在3以内）。	1. 比较粗细、厚薄、高矮、轻重不同的两个物体； 2. 从几个物体中找出等量的物体； 3. 按物体量的差异（粗细、厚薄、高矮等）和数量不同进行6以内的正、逆排序； 4. 能按一定规则指示排序（序列数量在6以内）。	1. 比较远近、宽窄、体积不同的两个物体； 2. 初步学习量的守恒； 3. 按物体量的差异和数量不同进行10以内的正、逆排序，并初步理解序列之间的传递性和双重性关系； 4. 按一定规则自由排序； 5. 学习自然测量。
认识几何形体	1. 认识、区分圆形、三角形和正方形； 2. 能用圆形、正方形和三角形进行组合拼搭。	1. 认识长方形、椭圆形和梯形； 2. 能按平面图形角和边的数量正确区分、辨认不同的图形（形的守恒）； 3. 初步理解平面图形间的简单关系； 4. 用6种平面图形进行组合拼搭。	1. 认识、区分球体、正方体和长方体、圆柱体； 2. 寻找、区分、理解平面图形和立体图形间的关系； 3. 学习几何图形的二等分、四等分，知道整体和部分间的分合关系。
空间和时间概念	1. 以自身为中心区分上、下的空间方位； 2. 认识早、晚（白天、黑夜）的时间概念及代表性的日常变化。	1. 以自身为中心区分前后、里外的空间方位，逐步学习以客体为中心区分前后方位； 2. 会按指定的方向（向上、向下、向前、向后）运动； 3. 认识昨天、今天、明天的时间概念。	1. 以自身为中心区分左右方位，逐步学习以客体为中心区分左右； 2. 会向左、向右运动； 3. 认识时钟，学会看整点和半点； 4. 学会看日历，知道年、月、星期、日的名称及顺序。
模式认知	1. 能识别所提供物体的排列模式，如ABABAB模式、AABBAABBAABB模式； 2. 能对所提供的简单模式进行复制，如ABABAB模式。	1. 能识别相对复杂的排列模式，如ABCABCABC模式、AABAABAAB模式、ABBABBABB模式等； 2. 能对所提供的相对复杂的模式进行复制和扩展； 3. 能发现并说出环境中事物排列的简短规律。	1. 能认识构成模式的单元，如出示一排ABBABBABB模式的物品，能指出该模式的核心单元是ABB； 2. 能运用不同的方式和材料（如图画、实物或动作等）表征有规律的模式； 3. 能运用所提供的材料自己创造一定的模式规律。

任务 3　学前儿童数学教育的原则

微课：学前儿童数学教育的原则

根据《纲要》和《指南》精神，结合数学知识本身所具有的特点，学前儿童数学教育应遵循一些基本原则。

一、生活性原则

生活性原则是指数学教育的目标、内容和方法必须与幼儿的生活建立有机的联系。现实生活是幼儿理解数学概念的源泉，可以说，幼儿生活中到处都有数学，他们每天接触的各种事物都与数、量、形有关。比如，说家里住几楼，就要涉及数；和别人比身高，实际上就是量的比较；搭积木时，就会发现不同的形状。幼儿在生活中还会遇到各种各样的问题需要运用数学来解决。如整理图书时，按照书的大小摆放可以更整洁，这就需要进行分类；跳绳比赛时，可以通过数数的方法确定名次；等等。总之，现实生活中的许多现象和问题，都可以变成幼儿学习数学的机会。

数学教育要遵循生活性原则，应做到以下几个方面。

1. 数学教育的内容选择要来源于幼儿的生活

教师为幼儿提供的学习内容，不应是抽象的数学知识，而应紧密联系他们的生活实际。比如，在理解数字的含义时，教师可以和幼儿一起寻找发现生活中用数字表示的事物，如电话号码、时钟、日历、价格等；引导幼儿了解和感受数用在不同的地方，表示的意义是不一样的，如天气预报中表示气温的数字代表冷热状况，钟表上的数字表示时间的早晚等。这样幼儿就会感到比较熟悉，从而引发对数学学习的兴趣。

2. 要引导幼儿在生活中解决数学问题

教师要鼓励和支持幼儿发现、尝试解决日常生活中需要用到数学的问题，体会数学的有用。比如，大班组织幼儿讨论春游去哪里玩时，可以让每个幼儿说一说想去哪里玩，每个想去玩的地方各有多少人，等等。根据统计结果做出决定。生活中遇到将 5 块饼干分给两个小朋友的问题时，让幼儿尝试不同的分法。

3. 要重视感性经验在幼儿数学学习中的重要性

在户外活动时，教师可以引导幼儿去测量幼儿园中树的粗细；在游戏中可以创设情境，让幼儿学习买东西，计算商品的价格等，这些实际上是一种隐形的数学学习活动。幼儿常常在不自觉中就积累了丰富的数学经验，而这些经验又为他们学习数学提供了广泛的基础。

二、发展性原则

发展性原则是指数学教育不应只是着眼于具体的数学知识和技能的教学，而应指向促进幼儿思维的发展。数学是思维的工具，也是“思维的体操”，它能促进思维的发展。幼儿期思维的主要特点是具体形象性思维，但 5 ～ 6 岁也是幼儿从具体形象思维向抽象逻辑思维发展的重要时期。数学学习与儿童的抽象逻辑思维的萌芽和发展密切相关，它对儿童思维的敏捷性、灵活性、深刻性和独创性都有着积极的影响。

数学教育遵循发展性原则的要求包括以下几个方面。

1. 要注重幼儿数学知识的获得和思维结构的建构同步

在数学教育中，幼儿掌握某些具体的数学知识只是一种表面现象，发展的实质在于幼儿的思维结构发生的改变。因此，数学知识的获得和思维结构的建构应该是同步的。教师在教给幼儿数学知识的同时，还要考虑其思维结构的发展。只有当幼儿的思维同时得到发展，他们得到的数学知识才是牢固的、不会遗忘的知识。比如,《指南》“数学认知”中非常强调“数的表征”“解决问题”等过程性能力目标。儿童运用图画、符号、地图等方式来说明或解释数学概念、问题解决和数学推理过程，这可以有效地促进其思维结构的发展。

2. 要重视幼儿发展的个别差异性

幼儿在数学学习中的个别差异表现得尤其明显。这不仅因为数学学习是一种“高强度”的智力活动，能够充分反映出幼儿思维发展水平的差异，也和数学本身的特点有关——数学是一个严格限定的领域，有一套特定的符号系统和规则，它不像文学等领域那样需要复杂的生活经历，因而这方面的天赋也易于表现出来。教师要通过多种途径了解儿童数学学习中的个别差异，采取不同的策略让每位幼儿在自己的水平上得到发展。如在操作活动中，为幼儿提供不同层次、不同难度的操作材料，使幼儿可以自由选择适合自己能力水平的材料进行操作。

三、操作性原则

操作性原则是指数学教育应让幼儿通过自己的活动建构数学知识。皮亚杰认为，幼儿的智慧起源于对客体的动手操作。学前儿童数学概念的形成，存在着一个从理解个别具体事物到理解其一般和普遍意义的过程。操作活动解决了数学知识的抽象性和幼儿思维的具体形象性之间的矛盾，它能够给予幼儿在具体动作水平上协调和理解事物之间关系的机会，是适合幼儿特点的学习方法。幼儿只有在“做”的过程中，通过亲自动手操作和摆弄材料，才能对某一数学概念或规律有所体验，获得一定的数学经验。

数学教育要遵循操作性原则，应做到以下几个方面。

1. 以操作法为数学教育的主要方法

所谓操作法，是指幼儿在亲自动手操作材料、摆弄物体的过程中进行探索学习，从而获得数学经验、逻辑知识和技能的学习方法。在数学教育中，要以幼儿操作活动为主，而不是让幼儿观看教师演示或者听教师的讲解。以小班幼儿认识数量为例，教师引导幼儿口头数数能够让他们了解数的顺序，却不能让他们理解数量关系。很多小班幼儿数数能数到很多，但是这并不代表他们对数的顺序、数序中的数量关系已经真正理解了。通过操作活动，幼儿不仅能数数，还能协调口头数数和点数的动作，从而理解数的实际意义。

运用操作法进行数学教育时，教师应提供充足的操作材料，给予幼儿充分的操作时间和空间；在幼儿操作活动结束后，通过提问等方式让幼儿展示交流自己的操作结果，并将这些结果进行归纳、整理，将其转化为系统化的数学知识和经验。

2. 把数学学习变成幼儿主动探索的过程

数学知识是幼儿自己建构起来的，如果教师只关注学习的结果，让幼儿仅仅通过记忆或机械训练达到熟练，并不能使幼儿真正理解数学概念。因此，在数学学习中，教师应该让幼儿自己探索、发现数学关系，获取数学经验。教师的主要作用在于为幼儿提供支持性的学习环境，有效地与幼儿进行互动，使幼儿在操作、探究问题的过程中，学习和运用数学，体验数学的实际意义，感受数学的价值。

四、系统性原则

系统性原则是指数学教育应注重教学内容的系统性和前后联系，遵循幼儿数学学习的逻辑顺序，做到先易后难、循序渐进。与其他学科相比，数学本身具有高度的抽象性和严密的逻辑性，体现了较强的系统性和连贯性，各个内容之间形成了紧密相联、层层递进的知识网络。幼儿的数学学习遵循着从具体到抽象的规律，这也决定了数学教育必须体现这样的逻辑顺序。

数学教育遵循系统性原则的具体要求如下。

1. 数学教育内容的编排必须体现数学概念的逻辑顺序

学前儿童数学教育具有启蒙性特点，数学知识看似简单，其实是一个严密的知识体系，前后内容之间具有很强的联系。因此，在教学内容的选择和安排上应遵循数学知识的逻辑性。比如，学前阶段对数概念的学习，开始是让幼儿感知物体的数量，理解数的实际意义；然后学习数的顺序和数与数之间的关系；最后学习数的组成和加减运算，这样幼儿对整体和部分的关系就有了进一步的感知与体验。有了这样的学习内容和顺序，幼儿便能形成初步的数概念。

在学前儿童数学教育中，教育内容的选择和编排要注意数学知识的系统性，但绝不应将这一教育成人化、书本化、小学化。在学前教育阶段，幼儿学习的数学知识应是感性的、经验性的知识。

2. 数学教育要遵循幼儿学习数学的思维发展路径

由于数学知识是一种抽象的知识，它的获得需要摆脱具体事物的其他无关特征，因此幼儿抽象逻辑思维的发展，对于他们真正理解数学知识至关重要。在数学教育中，要遵循幼儿数学学习的思维发展路径。一方面，幼儿对数学知识的理解和掌握需要积累多样化的经验，在此基础上才能逐渐扩大范围，增加难度。例如，对于分类活动，幼儿从小班开始时按物体的大小、长短、颜色、形状等某一特征分类，到了中班、大班则按照物体的两个特征或功能分类，虽然活动方式仍然是分类，内容和难度却增加了。另一方面，在具体的数学活动中前后环节的安排、问题的引出与深入、思维的拓展等也都应遵循幼儿数学学习的路径特点，循序渐进、逐步深入。

岗位技能实训

实训 1　数学教育案例收集与分析

目标：

1. 分析案例中学前儿童数学学习的特点，初步理解其内涵。
2. 初步感知学前儿童数学教育的价值。

准备：

1. 4～6人一组。
2. “案例分析报告”作业单。

过程：

1. 收集案例资料。每组收集2～3个幼儿日常生活中与数学学习相关的视频、文字等案例资料。
2. 讨论与分析。围绕幼儿数学学习的特点进行讨论，以小组为单位形成案例分析报告。

建议：

此活动可以用于翻转课堂在课前完成。课中，结合教学过程，选择小组作业进行分享交流点评。

实训 2　教学活动观察与分析

目标：

1. 进一步理解学前儿童数学教育的目标、内涵。
2. 进一步理解学前儿童数学教育的原则。

准备：

1. 幼儿园数学集体教学活动视频 1 份。
2. 该视频的教学活动目标。

过程：

1. 独立或小组观察教学活动（视频），记录活动过程。
2. 小组讨论：教师的教学方式是否符合幼儿学习特点？该活动体现了学前儿童数学教育的哪些原则？
3. 全班汇报、交流，教师总结。

建议：

此活动可以在课中进行，也可以在课后作为小组或个人作业。

课赛证融通

一、选择题

1. 某教师针对不同发展水平的幼儿提供了不同难度的操作材料，这遵循了（　　）。【2013 年上教师资格证考试真题】

A. 活动性原则　　B. 直观性原则　　C. 整体性原则　　D. 发展性原则

2. 关于学前儿童数学学习的内容，最恰当的一项是（　　）。

A. 数、量、形

B. 数、形、时间和空间

C. 集合、数、形、量

D. 数与量、图形与空间、时间

3. 关于学前儿童数学教育的目标，下列说法不正确的是（　　）。

A. 培养学前儿童的数学能力

B. 培养学前儿童对数学学习的兴趣比积累数学知识更重要

C. 让学前儿童熟悉生活中常见的数量关系

D. 帮助学前儿童掌握数学知识，最好能够学习小学一年级的数学内容，以适应小学学习

4. 以下属于小班儿童学习内容的是(　　)。

A. 运用数数比较两组物体的多少　　B. 认识 5 的含义

C. 认识相邻数　　D. 2+3=？

5. 小红知道 9 颗花生吃掉 5 颗，还剩 4 颗，却算不出“9–5”等于多少，说明小红的思维具有(　　)。【2019 年上教师资格证考试真题】

A. 具体形象性　　B. 抽象逻辑性　　C. 直观动作性　　D. 不可逆性

二、简答题

茵茵已经上中班了，她知道把 2 个苹果和 3 个苹果加起来，就有 5 个苹果。但是问她 2 加 3 等于几，她直摇头。请结合案例，简述中班幼儿数学学习的思维特点及教育的启示。

【2014 年上教师资格证考试真题】

三、材料分析题

材料：教师为小班幼儿制作了一列“小火车”，在每节车厢上分别贴了不同品种与数量的“水果”标签，要求幼儿能按标签投放“水果”。

雪儿看看标签，然后往不同的车厢装进与标签品种一样的“水果”，每节车厢都装满了“水果”。

莉莉看着标签，并用手点数标签上的“水果”，嘴里还念着数字，然后拿出相应品种和数量的“水果”放进车厢。

民民看看标签，就取出相应品种和数量的“水果”放进车厢，然后看着车厢里的“水果”，自言自语道：“嗯，都放对了。”

问题：

(1)根据上述三位幼儿各自的表现，分析其数学能力发展的水平。

(2)该材料对教育的启示是什么？

【2020 年下教师资格证考试真题】

参考答案

模块二 数学认知

PROJECT

6

项目六

幼儿园数学教育活动的设计与指导

项目导学

幼儿园数学教育活动的设计与指导是将数学教育目标转化为教育行为、促进学前儿童发展的关键环节。为此，一方面要研究学前儿童如何“学”数学，把握学前儿童在数与量、图形与空间以及时间等方面的学习与发展特点，让学前儿童在数学教育活动中，主动获得数学认知发展；另一方面还要研究教师如何“教”数学，把握不同年龄段学前儿童数学教育的目标、内容、策略等要求，积极引导幼儿操作学习、体验学习、发现学习。在学习本项目时要重视案例学习，结合现场观察、实践模拟、实战演练等形式，领悟学前儿童数学教育的实践理念与策略。

学习目标

知识目标：

1. 理解学前儿童数学概念发展的特点。
2. 掌握学前儿童数学教育活动的设计方法与指导要点。

能力目标：

1. 能够根据学前儿童的发展特点设计数学教育活动。
2. 能够科学地组织与实施数学教育活动。

素养目标：

1. 乐于探索生活中的数学，并能将幼儿生活与数学教育有机结合。
2. 在教育实践活动中，能严谨、细致地思考问题，树立团队合作意识，感受精益求精的精神。

内容导图

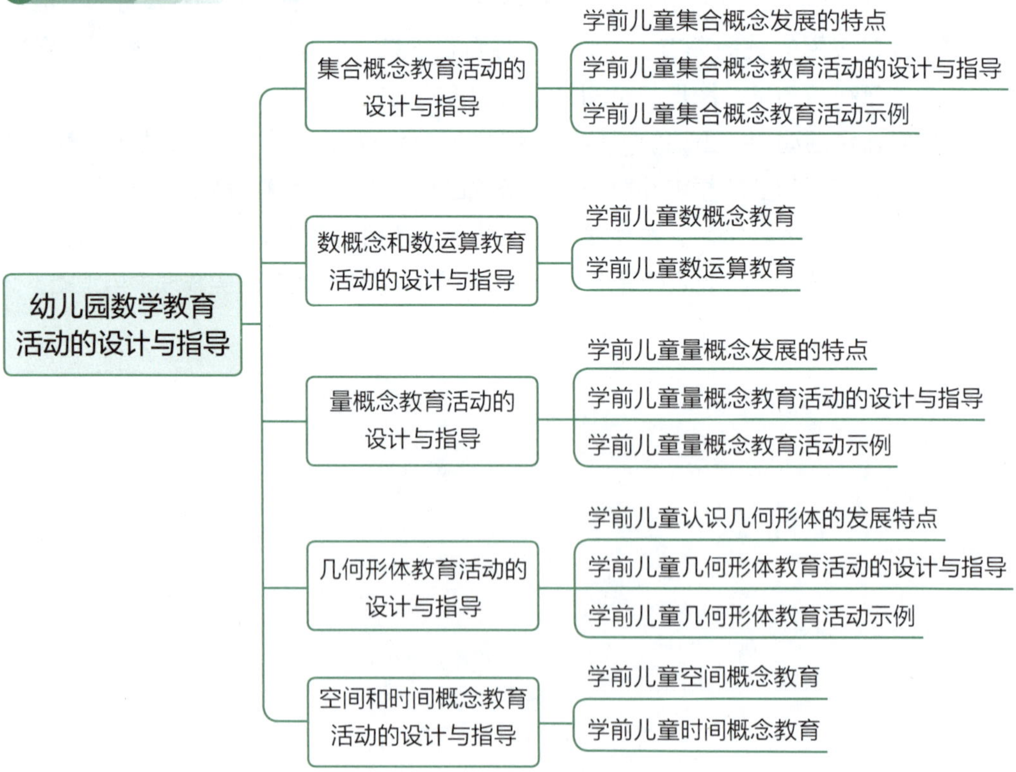

- 幼儿园数学教育活动的设计与指导
  - 集合概念教育活动的设计与指导
    - 学前儿童集合概念发展的特点
    - 学前儿童集合概念教育活动的设计与指导
    - 学前儿童集合概念教育活动示例
  - 数概念和数运算教育活动的设计与指导
    - 学前儿童数概念教育
    - 学前儿童数运算教育
  - 量概念教育活动的设计与指导
    - 学前儿童量概念发展的特点
    - 学前儿童量概念教育活动的设计与指导
    - 学前儿童量概念教育活动示例
  - 几何形体教育活动的设计与指导
    - 学前儿童认识几何形体的发展特点
    - 学前儿童几何形体教育活动的设计与指导
    - 学前儿童几何形体教育活动示例
  - 空间和时间概念教育活动的设计与指导
    - 学前儿童空间概念教育
    - 学前儿童时间概念教育

思政元素

1. 专业精神与态度

通过幼儿园数学教学活动的设计、实施、反思过程，感受精益求精的专业态度，提升专业理念。在教育实践中，感受幼儿园教师工作的复杂性，体悟教师职业精神，学会尊重儿童。

2. 逻辑思维和辩证思维

在数学活动组织实施中，引导学生关注数学知识的逻辑性特点，培养逻辑思维，提升数学素养。在小组合作活动中，引导学生客观、辩证地思考自己与他人方案的优缺点，培养思辨能力。

问题导入

小班陈老师组织了一次数学活动——“寻找三角形”。此前，小朋友们已经初步认识了三角形，用的直观材料是等腰三角形。陈老师组织本次活动的目的是让小朋友认识更多的三角形，从而巩固对三角形基本特征的认识。她精心准备了颜色、大小、形态不同的等腰三角形、等边三角形、直角三角形、钝角三角形和锐角三角形，然后发出指令：“请小朋友找出你认为是三角形的图形来。”陈老师话音刚落，小朋友们就开始摆弄桌上的图形了。不同颜色、大小的等腰三角形、等边三角形被孩子们很轻松地找了出来。只见天天手里拿着一个红色的钝角三角形，他犹疑地问道：“陈老师，这个是三角形吗？怎么跟之前的三角形不一样呢？”陈老师没有马上回答天天的问题，而是鼓励他自己动脑筋想一想，看看他手里拿的到底是不是三角形。①

问题：此案例与学前儿童数学教育的哪个内容有关？小班幼儿在该方面的发展有哪些特征？教师采用了哪些指导策略？

① 周端云，刘春蓉，彭妹．学前儿童科学教育与活动指导·数学[M]．北京：北京师范大学出版社，2021：81.

任务1　集合概念教育活动的设计与指导

一、学前儿童集合概念发展的特点

拓展阅读：集合及其元素

在数学中，把具有某种相同属性的事物的全体称为集合。如把苹果、香蕉、梨等放在一起，组成一个集合，称为“水果”。组成集合的每个对象叫作这个集合的元素。比如，苹果、香蕉、梨就是“水果”这个集合的元素。学前儿童集合概念的发展要经历四个阶段：对集合的笼统知觉阶段、感知有限集合的界限阶段、感知集合元素阶段、感知集合的包含关系阶段。

（一）对集合的笼统知觉阶段（2～3岁）

2～3岁儿童对集合产生了笼统知觉，但这种知觉是泛化的。他们对集合的感知没有明显的集合界限，只是一种相当笼统的知觉。这一阶段的幼儿不能精确地意识到集合中元素的数量，只能大致地辨别“多”“少”。例如，2～3岁儿童在玩一堆积木时，成年人在其不注意的时候拿走1～2块，他们绝大多数是不会知觉到的。

（二）感知有限集合的界限阶段（3～4岁）

3～4岁儿童已经能够逐步感知集合的界限，对集合中的元素的知觉也从泛化向精确过渡。这一阶段的幼儿能在集合界限以内感知集合，重叠集合中的元素能不超出集合的界限，而且所摆的元素逐步达到一一对应。但是，3～4岁的儿童还缺乏对集合元素的明确知觉，在感知集合的界限时，其注意力常常集中在集合的两端，即排在集合第一个和最后一个的物体，对于排列在中间的物体则缺少注意。例如，让幼儿叠放物品，如在画有四朵花的图片上放雪花片，可以发现幼儿往往不会超出集合的界限，但他们只在第1朵和第4朵花上放上雪花片就认为完成了任务。可见，幼儿把注意力全部放在感知集合界限上，从而削弱了对所有组成元素的注意。同时，幼儿在分放物体时常常左边用左手，右边用右手。这表明了幼儿在感知作为结构完整的统一体的集合时，存在两个起算点，体现出感知集合从两边向中间过渡的特点。

此外，3～4岁儿童开始具有简单的分类能力，他们能够根据物体的名称，以及明显的外部特征如颜色、形状、大小等进行分类。

（三）感知集合元素阶段（4～5岁）

4～5岁儿童已能准确地感知集合及元素，他们能够通过点数等方式较为确切地感知集合中元素的数量。同时，这个阶段的幼儿较前一阶段更能准确地一一对应。此外，4～5岁儿童分类能力也逐渐提高，他们可以根据物体的简单用途、数量等内部特征进行分类，比如将飞机和轮船归为一类，显然是根据物体的用途进行分类的。但是，这个阶段的儿童在直观条件下，通过对集合（类）和子集（子类）做比较，只能初步理解它们之间的包含关系。

（四）感知集合的包含关系阶段（5～6岁）

5～6岁儿童对集合的理解能力进一步提高和扩展，他们能较好地理解集合与子集的包含关系。我国学者对3～7岁儿童理解包含关系的能力做过实验研究。比如，并排放着3只小猪，都背着救生圈，其中2只小猪穿着红裤衩，研究者问："背救生圈的小猪多，还是穿红裤衩的小猪多？为什么？"结果4岁幼儿能正确回答的只占总人数的5%，而5岁幼儿可达45%，6岁幼儿正确率达到65%。这说明，学前儿童对集合与子集包含关系的理解在5岁以后会逐步发展和提高。

在分类能力上，这个阶段的儿童能够发现同一物体具有多重属性，他们不仅能按照物体的外部特征和内部属性进行正确分类，还能对物体进行不同的分组，即多角度分类。

二、学前儿童集合概念教育活动的设计与指导

对学前儿童进行感知集合的教育，强调在数学教育中渗透集合的思想，为幼儿正式学习计数和掌握初步数概念等做好准备，不是要求幼儿掌握关于集合的名词和术语。幼儿园有关集合的教育大致分为三个部分：认识"1"和"许多"的教育、一一对应比较的教育、物体分类的教育。

（一）认识"1"和"许多"的教育

"1"是自然数的基本单位，任何一个自然数都是由若干个"1"组成的；它也表示集合中元素数量的基本单位，任何一个集合也都是由若干个"1"构成的。"许多"是一个笼统的词汇，它表示含有两个以上元素的集合。

认识"1"和"许多"是小班初期的教育内容。小班幼儿对物体的数量有了一定的认识，他们往往用"还要""要很多很多"来表示对量的要求。但此时幼儿并未意识到构成"许多"的元素，不知道"1"和"许多"之间的关系。因此，教幼儿认识"1"和"许多"，主要涉及两个方面的内容，即区分"1"和"许多"、理解"1"和"许多"的关系。教师通过教学，使幼儿初步认识一组物体（集合）是由单个物体（元素）组成的，形成初步的集合概念，为后面学习点数、了解计数做准备。

1. 教育要求

①能区别1个物体和许多个物体；②感知与体验"1"和"许多"之间的关系，

即“1个1个”合起来就是“许多”，“许多”可分成“1个1个”；③在日常生活中会运用“1”和“许多”这两个词。

2. 活动设计与指导策略

（1）引导幼儿运用多种感官感知“1”和“许多”

在认识“1”和“许多”的教学中，教师应设计多种活动形式，有意识地调动幼儿的听觉、视觉、触觉、运动觉等，让他们充分体验与感知“1”和“许多”。比如，教师敲小鼓，让幼儿听听小鼓响了1次还是许多次；让幼儿摸一摸袋子里有1个球还是许多个球；让幼儿看一看盘子里有1颗花生还是许多颗花生；让幼儿听口令拍1次手，再拍许多次手。

（2）通过观察比较引导幼儿区别“1”和“许多”

教师引导幼儿观察、比较、寻找周围环境中数量为“1”和“许多”的物体，准确区分“1”和“许多”。比如，教师可以在活动室的桌面、地面、玩具柜等不同地方摆放数量为“1”和“许多”的物品，让幼儿去观察寻找什么物体是“1”，什么物体是“许多”；让幼儿想想说说家里什么东西只有1个，什么东西有许多个。

（3）通过分与合的操作活动引导幼儿理解“1”和“许多”的关系

在幼儿能够区分“1”和“许多”之后，教师可以组织幼儿开展分与合的操作活动。教师为幼儿提供操作材料，让幼儿自己动手把“许多”物体分成“1个1个”，再把“1个1个”物体放在一起组成“许多”，在分与合的操作中感受、理解“1”和“许多”的关系。

此外，在“1”和“许多”的教学活动中，教师创设一定的游戏情境能更好地激发幼儿学习的兴趣。

对点案例

小猴摘桃子①

1. 角色扮演：教师扮演猴妈妈，小朋友扮演小猴子。让幼儿理解猴妈妈只有1只，小猴子有许多只。（认识“1”和“许多”）

2. 分发头饰，引导幼儿说出老师这里有“许多”头饰后，再把许多头饰分发给小朋友戴好（每个小朋友1个头饰）。在给每个小朋友分发头饰时，教师说：“我给×××1个头饰。”该名幼儿则回答：“我是1只小猴子。”（认识“许多”分成“1个1个”）

---

① 李兴娜，殷继英，陆伟峰. 学前儿童科学教育与活动指导[M]. 2版. 沈阳：东北大学出版社，2020：168.（引用时有修改）

3. 猴妈妈带着小猴子高高兴兴地来到了果园。（教具布置：1棵桃树上结满了桃子）猴妈妈说："宝贝们，桃树上的桃子熟了，你们看看树上有多少个桃子啊？"（幼儿回答："有许多个桃子。"）然后请小猴子帮助妈妈摘桃子，每人摘1个桃子，要求每个小朋友摘完桃子都说："我摘了1个大桃子。"（此过程复习了"许多"可以分成"1个1个"）

4. 要求小猴子们把摘的桃子1个1个地放到篮子里去。（认识"1个1个"合起来是"许多"）

5. 游戏结束时要求小朋友们1个1个地将头饰交给老师，这时又利用头饰再复习一次"1个1个"合起来就是"许多"。

分析："小猴摘桃子"的整个活动以游戏情境贯穿始终。这个活动紧紧围绕着"1"和"许多"之间的关系进行。教师在整个活动中不仅运用了游戏法，还运用了观察法、比较法、操作法等教学方法，体现了动静交替的原则。

（二）一一对应比较的教育

一一对应比较就是不通过数数的方式和手段，而是借助于对应比较的方法来确定两组物体（集合元素）相等或不等。对应活动可以帮助幼儿精确地感知集合中的元素，以及集合与集合的相等关系，并为幼儿理解和掌握数量比较、计数、数的守恒等奠定基础。因此，"一一对应"是学前儿童数学教育的重要内容。

1. 教育要求

①学会用对应的方法将一组物体与另一组物体进行比较，知道哪组多、哪组少或一样多；②能理解和运用"一样多""不一样多""多一个""少一个"等词汇。

2. 活动设计与指导策略

开展"一一对应比较"的教学活动，要注意从易到难、从简单到复杂的要求，重点让幼儿掌握两种常用的比较方法。

微课：一一对应的教育方法

（1）重叠比较

将一组物体摆成一行，然后再将另一组物体一对一地重叠到前一组物体上面，比较两组物体的多少。如图6-1-1所示，将勺子一一放进碗里；将笔一一叠放在记录板上，让幼儿观察比较它们的数量，并用"一样多""不一样多""××比××多几个""××比××少几个"等词句表达。

图6-1-1 重叠比较

（2）并放比较

将一组物体摆成一行，再将另一组物体一个对一个地并放在这组物体的旁边，比较这两组物体的数量。如图 6–1–2 所示，教师提供给每个幼儿 4 张盘子卡片、3 张叉子卡片，让幼儿先把盘子摆成一行，然后在每个盘子的右边放一把叉子，引导幼儿观察比较并说出“盘子和叉子不一样多”“盘子比叉子多 1 个”“叉子比盘子少 1 个”。如图 6–1–3 所示，先将 5 只小猫排成一行，然后再从左到右，把 3 条小鱼一一对应地摆放在小猫的下方，最后比较两组物体的数量多少。

图 6–1–2　盘子与叉子并放比较

图 6–1–3　小猫与小鱼并放比较

并放比较法与重叠比较法的教学方法相同，它们都要求幼儿精确地区分集合中的元素，学会一一对应。但对学前儿童来说，掌握并放比较法要难于重叠比较法。因为并放比较法除了要求会一一对应，还有间隔距离和方位的要求，即上下对齐，保持同样的方位和间隔距离。因此，教师在教学活动中应先采用重叠比较法，再使用并放比较法，也可以结合情节性活动或游戏，让幼儿自然地掌握上述两种对应比较方法。

（三）物体分类的教育

分类是根据事物的某种特征或属性将其集合成类的过程。分类活动是儿童对集合及其元素的同类性特征感知和理解的一种表现，是儿童数概念形成及正确计数的基础。同时，在分类活动中幼儿必须通过观察、分析、比较、综合等思维过程来判断与归纳，这对锻炼和提高幼儿的逻辑思维能力可产生一定的影响作用。因此，分类活动是幼儿园数学教育中的一项重要内容，在不同的年龄段，都应当以不同的活动形式体现、渗透到不同的活动内容中。

1. 教育要求

扩展阅读：学前儿童分类能力的发展特点

（1）小班

①知道自己和自己相关物体的归属，体验物体的共同属性，如从一堆物体中把名称相同的物体拿出来并归放在一起；②按物体的某一外部特征（颜色、大小、形状等）进行分类。

（2）中班

①按物体量的某一特征（高矮、粗细、厚薄等）进行分类；②按物体的数量进行分类。

（3）大班

①按物体的两种（或更多种）特征进行分类；②学习自由分类；③学习按标记进行逐级分类。

2. 活动设计与指导策略

（1）引导幼儿充分感知辨别物体的特征

准确感知辨别物体的特征是正确分类的前提。分类活动中，既可以按物体的外部特征分，也可以按物体的内部属性分，还可以按物体间的关系分。因此，在设计和组织分类活动时，要注重引导幼儿观察、比较物体的特征。如按物体的外部特征进行分类，教师要为幼儿提供相应的活动材料，组织幼儿仔细观察，找出材料的异同，为下一步分类做好准备。而物体的材料性质、功能和用途等内部属性具有一定的内隐性，是无法从物体的外部形态上观察出来的。在这类活动中，教师应该通过导入问题，让幼儿充分讨论物体的材料或功能，在此基础上，再设置一定的问题情境引导幼儿进行分类。

（2）提供充足的材料，让幼儿在操作中学习分类

操作是学前儿童学习分类的最主要、最有效的方法之一，因此，在分类活动中为幼儿提供充足的操作材料是很重要的，尤其对于小班的儿童，应尽可能地提供人手一份的操作材料。教师在材料的选择和设计中，应提供丰富的、多样化的材料，能让幼儿进行不同形式的分类。同时，在分类活动中遵循幼儿亲身体验和操作活动为先、教师归纳提升为后的原则，给予幼儿充足的操作摆弄的时间。

（3）组织幼儿讨论交流分类的结果

在幼儿分类操作活动之后，教师要组织幼儿讨论交流分类的结果，这是巩固和加深对类概念理解的重要环节。比如，中、大班幼儿分类后，教师请幼儿说一说自己是怎样分的，以及为什么这样分。幼儿在用语言表达的过程中，教师适时地加以比较、归纳和总结，帮助幼儿理解类与子类的包含关系。

（4）引导幼儿多重角度多种形式分类

随着幼儿分类经验的不断积累，教师在教学中应当特别注意帮助幼儿拓展多重角度分类及自由分类。在教学中，结合幼儿按一种特征分类的不同结果，帮助幼儿归纳分类的不同标准，并由此提示幼儿尝试按一种特征的自由分类、层级分类及按两种以上特征分类，逐步帮助幼儿在分类活动中发展其思维的抽象性、发散性和灵活性。

（5）在日常生活情境中渗透分类教育

分类与幼儿日常生活是紧密相联的。如在区角游戏结束后，让幼儿根据积木的形状进行分类整理；午睡时，引导幼儿将衣服、裤子、鞋子分类摆放到固定的地方；早操中，让幼儿按男孩女孩的性别进行排队；等等。因此，分类教育不应局限于集体教学活动这一形式，而应渗透在幼儿日常生活及幼儿园一日活动的各个环节中。

三、学前儿童集合概念教育活动示例

案例1 小班数学：小兔子拔萝卜①

教学活动视频：小兔子拔萝卜（说课）

活动目标：

1.初步理解“1”和“许多”的关系，知道“许多”可以分成“1个1个”，“1个1个”合起来是“许多”。

2.能够大胆表达“1个1个可以合成许多萝卜”“许多萝卜可以分成1个1个”。

3.在游戏情境中，积极参与并体验数学活动的快乐。

活动准备：

1.兔子头饰人手1个、萝卜卡片人手1个、自制大农田1个，小纸盘1个、兔爸爸的大锅1个。

2.《拔萝卜》的音乐片段、肚子咕咕叫的音频。

活动过程：

一、种萝卜

1.教师导入：“我是兔妈妈！瞧，今天我开辟了一块大大的萝卜地，（出示农田）我要来这里种萝卜。看，我这里有几颗萝卜籽？萝卜籽是什么样的呀？”

---

① 此活动由宁波市北仑区实验幼儿园夏梦琦老师设计。

2.幼儿寻找萝卜籽，教师问："你找到了几颗萝卜籽？"（请三四位幼儿回答）

3.教师把所有的萝卜籽放在一起。

"一颗一颗的萝卜籽放在一起就变成了许多萝卜籽，让我们一起来种萝卜吧！"

二、拔萝卜

1."秋天到了，萝卜长大了，有多少个萝卜？"（请三四位孩子回答）

小结：萝卜地里长出了许多个萝卜。

2.幼儿拔萝卜。

提出要求：每位幼儿拔1个萝卜。

3.小结：原来田里有"许多"萝卜，现在分给了兔宝宝们，每人得到了1个萝卜，萝卜地里没有萝卜了。原来"许多"可以分成1个1个的。

三、煮萝卜

1.教师提问："听，什么声音？是兔爸爸的肚子饿了，肚子饿了应该怎么办？"

2.请幼儿把萝卜放在锅里，大家一起煮萝卜。

"兔妈妈也想把萝卜放到大锅里。来，兔爸爸，给你一个萝卜。你也来试一试吧！"（引导幼儿有序地将萝卜贴到兔爸爸的大锅里。）

3.提问："现在兔爸爸的大锅里有多少萝卜呀？"

4.小结：小兔子把自己的萝卜1个1个放进大锅里，兔爸爸的大锅里就有了许多萝卜，原来1个1个可以变成许多。

四、吃萝卜

1."萝卜煮好啦！兔爸爸想把萝卜分给小兔子们吃。小兔子们，快来吃萝卜吧！"（引导幼儿有序地拿1个萝卜。）

2."你分到了几个萝卜？"（1个萝卜）

3."'许多'萝卜分给小兔子们，一人一个刚刚好！我们一起来吃萝卜吧！嗷呜，萝卜可真好吃，肚子吃饱啦，让我们一起蹦蹦跳跳地去玩游戏吧！"

案例2 大班数学活动：小兔文具店[1]

教学活动视频：小兔文具店

活动目标：

1. 尝试从不同角度思考分类标准并对物品进行分类。

2. 愿意在集体面前大胆表述自己的想法。

活动准备：

1. 物质准备：小兔手偶1个、磁性黑板2块；大小、颜色不同且背面有吸铁石的垫板8块；高低、材质不同的橡皮泥、轻泥罐若干；粗细、色彩不同的水彩笔若干；大小、颜色不同的剪纸刀若干；形状材质不同的纸张若干；储物柜1个。

2. 经验准备：知道什么是文具。

活动过程：

一、出示手偶兔子，以小兔开文具店的情景引发兴趣，引出课题

"小朋友们好，我是小兔文文，我要开一个文具商店，今天商店里来了很多文具，想请小朋友帮忙分分类，让文具整齐地摆放到文具柜里，小朋友，你们愿意帮助我吗？"

二、通过给垫板分类，引导幼儿尝试按物体不同特征进行分类方法

1. 出示两种规格、两种颜色的垫板，引导幼儿发现垫板的不同。

"看，这是小兔进的第一种文具——垫板，这些垫板有什么不同呢？"

2. 根据物品的一个特征进行分类，并用标记进行标识。

如幼儿发现大小不同，请个别幼儿操作分类，并引导幼儿用大小标记进行标识。

如幼儿发现颜色不同，再请幼儿根据颜色不同进行分类，并设计分类标记。

3. 引导幼儿根据物品的两个特征进行分类，激发幼儿的挑战欲望。

"这样的分类非常简单，小朋友一下就看出来了，如果老师要增加难度，小朋友有没有信心完成有难度的分类？"

教师把两个标记放在一起，即根据"大/红色""小/红色""大/黄色""小/黄色"特征来分类；请个别幼儿操作，幼儿一起检查操作结果并大声说出它们的分类标准。

三、通过分组给小兔分文具的操作活动，巩固分类方法

1. 布置操作任务。

"看，那边每一张桌上都有不同的文具，小兔不知道怎么分，要请小朋友

---

① 此活动由宁波市北仑区实验幼儿园张赛波老师设计。（引用时有修改）

帮助它分一下，请5个小朋友一组，一起商量并进行分类，分好后放到盒子里，要记住分类标准哦！”

2. 幼儿分组操作，教师巡回指导，了解幼儿的分类方法。

3. 集中反馈分类结果。请每一组代表介绍分类方法，并把分好的文具放到文具柜中。

四、游戏：小兔文具大派送

“谢谢小朋友帮助我把文具柜整理好，这样分类摆放真舒服、真漂亮呀。为了感谢大家的辛勤付出，我有个文具大派送活动，小朋友只要正确说出文具特征，我就把文具送给他。”

游戏若干次。

五、延伸活动

此游戏延伸至区域活动“小商店”中进行，巩固按照物品的两个特征进行的分类并大胆说出分类方法。

任务 2　数概念和数运算教育活动的设计与指导

一、学前儿童数概念教育

（一）学前儿童数概念发展的特点

1. 学前儿童数概念的发展阶段及特点

学前儿童数概念的形成是一个比较复杂的过程，这个过程既有连续性，又有阶段性。学前儿童 10 以内数概念的发展大致要经历三个阶段，即对数量的感知动作阶段、在数词和物体数量间建立联系的阶段、简单的实物运算阶段。各个发展阶段的特点及具体表现见表 6-2-1。

表 6-2-1　学前儿童数概念发展阶段

年龄段	发展阶段	特点	具体表现
3～4 岁	对数量的感知动作阶段	主要通过感知和运动来把握客体的数量，只具有对少量物体的初步的数概念	对数量有笼统的感知；能区分差别明显的大小、多少；会口头数数，但一般不超过 10；逐步学会手口一致地点数 5 以内的物体，但不会说出总数。
4～5 岁	在数词和物体数量间建立联系的阶段	形成了较低水平的数概念	点数后能说出总数，出现了最初的数群概念；能按数取物；逐步认识数与数之间的关系，有数序的观念，能比较数目大小，能应用实物进行数的组合与分解；开始能做简单的实物运算；前期儿童能分辨大小、多少，中期能认识第几和前后数序，后期开始出现数的守恒。
5～6 岁	简单的实物运算阶段	形成了较高水平的数概念，并开始从表象向抽象的数的运算过渡	能掌握 10 以内数的守恒；基数概念、序数概念、运算能力有了进一步发展，大多数幼儿从表象运算向抽象运算过渡；后期一般可学会 100 以内的数数，个别幼儿可能学会 20 以内的加减运算。

2. 学前儿童计数能力的发展及特点

学前儿童数概念的发展是从计数开始的，计数也称数数，就是将被数的集合元素与自然数列里从“1”开始的自然数之间建立起一一对应关系，即口说数字、手点实物，使数词和要数的单位物体一一对应，结果用数字来表示。学前儿童的计数能力标志着他们对数的实际意义的理解程度。从内容维度看，学前儿童计数能力发展要经历四个阶段：口头数数、按物点数、说出总数、按群计数。

（1）口头数数

口头数数也称“唱数”，是指没有动作及具体的被数对象，仅仅是口头按自然数顺序来数数。此时的幼儿并不理解自然数的真正意义，往往不能正确地运用这些数来表示物体的数量，也没有达到手与实物的对应。但是，这种口头数数能力的发展可以使幼儿获得数词的名称，以及自然数顺序方面的知识和经验，这是幼儿掌握正确计数不可缺少的能力。学前儿童口头数数的发展特点见表 6-2-2。

表 6-2-2 学前儿童口头数数的发展特点①

年龄段	发展特点
3～4 岁	幼儿一般只会从“1”开始数数；在数数过程中，一旦遇到干扰停下来，就不能继续数下去；常会出现漏数或者重复数数的现象；研究发现，3 岁幼儿重数、漏数、乱数的现象最为严重。
4～5 岁	幼儿能够正确地数出 10 以内的数，而且能够从中间任何一个数开始接着往下数，这说明幼儿能够掌握 10 以内数字的正确顺序；经常会出现进位错误，每逢 9 进 10，从 10 往下数的时候会出现停顿、乱数、乱接现象。
5～6 岁	幼儿多数能够数到 100 并能倒数数字 10 到 1。

（2）按物点数

按物点数是指用手逐一点数物体，同时有顺序地说出数词，使说出的每一个数词与手点到的物体一一对应。在这个阶段，幼儿尽管能按物点数，但还不能说出总数。学前儿童按物点数的发展特点见表 6-2-3。

表 6-2-3 学前儿童按物点数的发展特点②

年龄段	发展特点
3～4 岁	经常会发生手口不一致的现象，如可以正确地从 1 数到 10，但是手不能按实物一个一个地进行点数，而是乱点；手能够按照实物的顺序一个一个地点数，但是口却乱数；口和手都能有节奏地配合，但不是一一对应，有可能是点两个实物数一下或者点一个实物数两下等。
4～5 岁	对数词实际意义的理解能力有所提高，协调能力有所发展；在点数物体时，手口不一致的情况明显减少，点数实物的数目也逐渐增加。
5～6 岁	基本上都具有手口一致地点数 10 以内物体的能力，部分幼儿甚至能够正确点数 20 以内的物体。

（3）说出总数

说出总数是指在按物点数后，能将说出的最后一个数词来代表所数过物体的总数，即回答“一共有几个”的问题。一般 4 岁以后的幼儿大多数能数出 10 以内物体的总数。幼儿知道将最后说出的数词作为所数过的一群对象的总体来把握，

①② 徐莹莹. 幼儿园数学教育与活动指导[M]. 南京：南京师范大学出版社，2018：97.

这是最初的数抽象，标志着幼儿已经开始理解数的实际意义，其计数能力达到了一个新的水平，即形成了最初的数概念。

（4）按群计数

按群计数是指计数时不再依赖一一点数的方式，而是以数群为单位进行计数，如两个两个数、五个五个数等。数群是指能够代表一个群体的数。幼儿能按群计数说明数对其来说已经具有更加抽象的性质。一般 5 岁以后的幼儿，逐渐开始发展按群计数的能力。这种能力要求具有一定的数抽象水平，才能在没有实物的情况下理解和用口说出一定的数。

（二）学前儿童数概念教育活动的设计与指导

学前儿童数概念的教育不仅要使幼儿学会数数，理解数的实际意义，知道数的顺序和大小，还应该帮助幼儿掌握 10 以内数的组成，以及数字的认读和书写。

1. 认识 10 以内基数的教育

基数是用来表示集合中元素个数的数，是指集合中元素的绝对数量。认识 10 以内基数的教育，一般是通过计数、数量的比较等活动相结合，让学前儿童理解 10 以内自然数的基数意义，获得初步的数守恒观念。

（1）教育要求

小班：①会手口一致地点数 5 以内的实物，并能说出总数；②会按实物范例和指定的 5 以内的数取出相等数量的物体。

中班：①会正确点数 10 以内的实物，并能说出总数；②能不受物体的大小、形状或排列等的影响，正确判断 10 以内物体的数量。

大班：①认识 10 以内的单、双数含义；②认识 0 的含义；③会 10 以内基数的倒数、顺接数和倒接数；学习按数群计数。

（2）活动设计与指导策略

①针对年龄特点开展计数活动。计数活动是贯穿幼儿园小、中、大班的教学内容，幼儿按物点数后能正确地说出总数，标志着其对基数意义有了初步理解。因此，教师要有针对性地设计计数活动，让幼儿动手操作、反复练习，帮助幼儿在数词与相应的数量之间建立联系。

小班的重点是引导幼儿手口一致地点数物体并正确说出总数。教师可以采用演示法给幼儿示范按物一一点数的要领；再采用操作法，让幼儿独立操作活动材料，练习按物点数。在点数实物的过程中，让幼儿说出总数，回答“一共有几个”的问题。

中班幼儿能够初步学习目测数数，即不用手一一点数方式，而是用眼睛点数、心中默数并说出总数。

大班幼儿在积累了目测数数经验的基础上，可以学习按数群计数。教师要为幼儿提供多种途径、多种形式的操作活动来练习按群计数，如采用游戏或竞赛的形式，增添趣味性；在一日生活中的点名、统计人数、搬小椅子等环节中练习按群计数。

②引导幼儿运用多种感官感知数量。在教学活动中，引导幼儿运用听觉、触觉、运动觉等多种感官感知物体的数量，可以加深对基数实际意义的理解。比如，利用小动物的叫声、敲鼓声等幼儿熟悉的、停顿鲜明的声音，让幼儿边听声音边数数，最后说出总数；把纽扣、木珠等方便幼儿抓握的材料装进纸盒里，让幼儿依靠触摸来数一数有几个；教师呈现数词，让幼儿做出相应次数的动作（如拍手、跺脚、点头等）来感知数量。

③运用多种方式“按数取物”。按数取物就是根据数词、数字或实物范例取出相应数量的物品，体现的是幼儿能够理解数词、数字或实物范例所表示的物群元素的个数。教师可以设计各种按数取物活动，选择相应的活动形式，让幼儿通过练习，加深对数的实际意义的理解。例如：

按“物”取物。提供一定数量的实物或实物卡片，让幼儿找出“等量”的物体并放在一起。如教师准备 5 张小猫的卡片，让幼儿取出相应数量的小鱼卡片放在小猫的旁边。此类活动最简单，幼儿如果不能准确计数，则可以采用一一对应的方式完成任务。

按“点卡”取物。出示画有圆点的卡片，让幼儿根据卡片上圆点的数量找出相应数量的物体。如老师出示画有 5 个圆点的卡片，让幼儿数一数卡片上有几个圆点，然后取出相应数量的木珠放在圆点卡片旁边的盒子里。

按“数词”取物。教师说出一个数词，幼儿拿出相应数量的物体。教师也可以说出不明确的语句，如“拿出比 3 多 1 的卡片”，幼儿通过判断再取物，这个难度相对比较高。

按“数字”取物。在幼儿认识数字的基础上，教师可以出示数字，要求幼儿取出相应数量的物体。

④重视数守恒观念的渗透。数的守恒是指物体的数量不因其外部特征（颜色、大小、形状等）和排列方式的改变而变化。比如，排成一条直线的 6 颗纽扣，再把它们排成一条曲线，或是杂乱摆开，纽扣的总数不会发生变化，仍是“6”。在认识 10 以内基数的教育活动中，教师尽可能选用不同颜色、大小、形状、排列位置、排列距离等材料设计相应的活动，帮助幼儿习得数守恒的概念。

2. 认识 10 以内序数的教育

当自然数用来表示物体的次序时称为序数，通常用“第几”表示。学前儿童对序数的理解要比对基数的理解晚一些，一般 4 岁之后才逐渐发展序数的概念，才能逐渐回答出 10 以内的序数。幼儿序数的学习不需要一个个序数逐一进行，一般分为两个阶段：第一阶段学习 5 以内的序数；第二阶段学习 6 ～ 10 的序数。

（1）教育要求

①学习 10 以内的序数，理解序数的含义，会用序数词正确表示物体在序列中的位置；②会从不同的方向（如从左到右、从右到左、从上到下、从下到上等）确定物体的排列顺序。

（2）活动设计和指导策略

①运用计数活动和排序活动，引导幼儿感知序数的含义。在引导幼儿感知序数的含义时，教师可以先让幼儿计数物体的总数，然后再按照顺序逐一说出物体的次序。

②结合材料的排列变化，引导幼儿明确序列的起点和方向。掌握排列的起始点和方向是序数的核心，教师要在活动中有意识地引导幼儿感知起始方向与排列顺序之间的关系，丰富幼儿对于序数的经验。

③在日常生活和游戏中进行序数学习。例如在进餐环节，可以有意识地问幼儿：“你是第几个吃完饭的？”在排队时，引导幼儿说一说“从前往后数，你是第几个？”这些都渗透着序数的概念。还可以通过操作和游戏活动，如送小动物坐火车等，帮助幼儿理解序数的含义。

3. 认识 10 以内数的组成的教育

数的组成，又称数的分合，是指一个数（总数）可以分成几个部分数，几个部分数又可以合成一个数（总数），所以数的组成包括数的组合和分解两个方面。“数的组成”教育是数概念教育中的重要内容，它不仅可以使学前儿童掌握数的组合与分解，而且有助于加强幼儿对整体与部分、部分与部分之间的抽象关系的理解，为后续学习加减运算打下基础。“数的组成”适宜在大班进行。

（1）教育要求

①理解数的组成的含义，知道 10 以内的数除“1”外，任何一个数都可以分成两个数，两个数合起来就是原来的数；理解总数和它分解出来的两个部分数之间的关系，即总数都比分解成的部分数大，分解成的部分数都比总数小；②理解分成的两个数之间的互补关系和互换关系，并掌握 10 以内各数的全部组成形式。

微课：“数的组成”活动设计与指导

（2）活动设计与指导策略

①以操作为重点，引导幼儿体验数的组成的含义。学前儿童对数的组成概念的掌握是从外部动作向内部动作发展的，因此，学习

数的组成最好的方法就是教师提供多样化的材料，让幼儿动手操作，通过自身的操作去体验数的组成的含义，去发现数的分合规律。比如，教师提供5个棒棒糖的图片和2个小朋友的图片，请幼儿把5个棒棒糖分给小男孩和小女孩，可以怎么分？每分一次，先摆一摆图片，然后再用数字记录在纸上，如图6–2–1所示。教师要提醒幼儿每次分法要不一样。值得注意的是，在活动中，应坚持幼儿的操作体验为先、教师的讲解分析在后，这样更有助于幼儿对数的组成概念的理解和掌握。

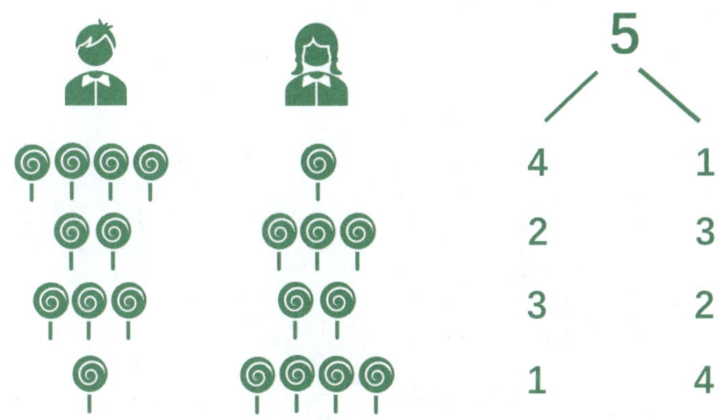

图 6–2–1 记录男孩、女孩棒棒糖的数量

②以探索为核心，引导幼儿归纳数的组成的规律。在幼儿操作的基础上，教师要引导幼儿进行探索，发现并总结数的组成中两个部分数之间的互换和互补的规律。比如，幼儿在给男孩、女孩分棒棒糖的活动中，教师引导幼儿运用记录下来的“5”的各种组成形式进行分析和比较，启发幼儿先比较左边一列数有什么特别的地方，再比较右边一列数有什么特别的地方。幼儿就会发现，如果左边的数是从上到下一个比一个少1，右边的数则从上到下一个比一个多1的规律，如图6–2–2所示。在幼儿探索发现的基础上，再加以归纳，分出来的两个数中一个数减去1，另一个数增加1，总数不变（互补关系）。同样，再引导幼儿比较每一组的数字，使幼儿发现5可以分成4和1或3和2，还可以分成1和4或2和3，4和1、1和4、2和3、3和2，合起来都是5（互换关系），如图6–2–3所示。

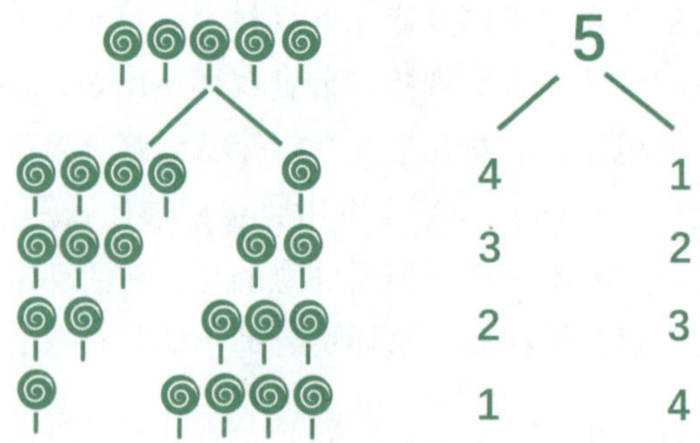

图 6-2-2　互补关系

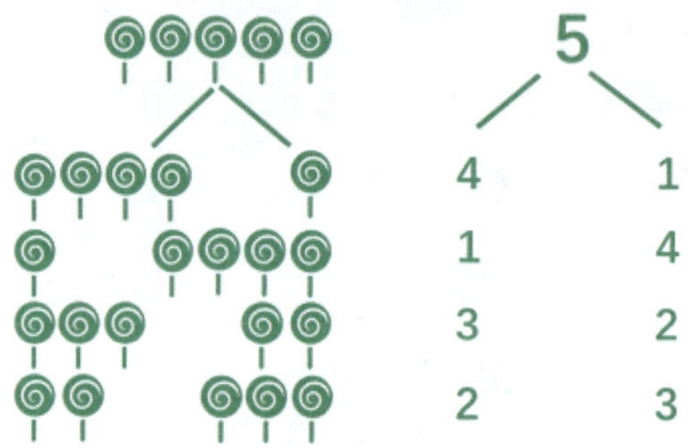

图 6-2-3　互换关系

（三）学前儿童数概念教育活动示例

教学活动视频：小雨点和云朵妈妈

案例 1　小班数学活动：小雨点和云朵妈妈[①]

活动目标：

1. 学习手口一致地点数，感知 5 以内的数量。
2. 愿意参加数学活动，体验数学游戏的乐趣。

活动准备：

小雨点卡片人手 1 份、白色的云朵卡片 5 张、写有 5 以内数字的门票人手 1 张、飞机起飞音乐等。

活动过程：

一、小雨点迷路了

1. 观察哭脸的小雨点。

（出示一张哭脸的小雨点）“这是谁？它怎么了？它为什么哭呀？”

① 此活动由宁波市象山县海韵幼儿园谢诗雨老师设计。

“原来，它迷路了，找不到自己的妈妈了。小雨点的妈妈是谁呀？（云朵）”

“小雨点哭得这么伤心，我们一起帮帮小雨点，把它送回云朵妈妈的身边，好吗？”

二、小雨点找妈妈

1. 观察云朵妈妈。

“这里有几个云朵妈妈，哪一个才是迷路的小雨点妈妈呢？”

“你怎么知道这片云朵就是这个小雨点的妈妈呢？”

“原来，云朵妈妈身上有两个小黑点，小雨点身上也有两个小黑点，它们的点数是一样的，所以它们是一家人，我们帮小雨点找到妈妈啦。”

2. 感知所有云朵妈妈身上的圆点数量。

“每个云朵妈妈身上都有小黑点，我们一起来数数。”

3. 数数其他小雨点身上的圆点数量。

“这个小雨点找到妈妈了，可是还有许多调皮的小雨点找不到妈妈，这些小雨点在哪里呀？原来，它们藏在了你们的桌子上，请小朋友们一会儿先数一数云朵妈妈身上的小黑点数量，再数一数小雨点身上的小黑点数量，把相同数量的小雨点放在相同数量的云朵妈妈黄色的口袋里，一样的黑点数量说明它们是一家人。”

4. 幼儿自主操作，帮小雨点找到圆点数量对应的云朵妈妈。

5. 集体检查小雨点是否送对，相互帮助修改。

三、小雨点去做客

1. 云朵妈妈的邀请。

“小雨点都找到了云朵妈妈，它们可高兴了。云朵妈妈邀请小朋友们坐飞机去它家做客。”

“飞机场停了 3 架飞机，是前往云朵妈妈家的，我们来看看，它们分别是几号飞机？3 号飞机在哪里？你是怎么看出来的？4 号飞机在哪里？5 号飞机在哪里？你是怎么看出来的？”

小结：“原来 3 号飞机可以用 3 个点点表示，也可以用数字‘3’表示。”

2. 坐飞机去云朵妈妈家。

“飞机已经来了，上飞机前我们还要有飞机票，飞机票已经藏在你们的书袋里了，请你拿出来看一看，你是几号飞机票？”

引导幼儿几号飞机票就乘坐几号飞机。

3. 幼儿拿着飞机票，有序登机。

4. 师幼共同检查操作结果。

"我请一个小朋友当工作人员，检查一下小乘客都坐对飞机了吗？"

四、游戏结束

播放飞机起飞音乐，一起去做客，游戏结束。

案例2 大班数学活动：分树叶（6的分合）①

活动目标：

1.学习6的分合，探索发现6有5种不同分法。

2.初步学习有顺序地将一个数分成两份，体验数的分合的有序性。

活动准备：

1.数卡1～6；放大的"分树叶"和"填画气球"的操作单。

2.彩色笔、数卡1～6，人手1份。

活动过程：

1.游戏："举数卡"。

（1）"我们来玩举数卡的游戏，你们的数卡和老师的数卡合起来是6。"

（2）教师有意识地按从1到5或从5到1的顺序出示数卡。

（3）请全班、小组或个别幼儿举相应数目的数卡，与教师的数卡数目合起来是5。

2.幼儿操作活动。

（1）请幼儿拿出"分树叶"的操作单，用两种颜色的水彩笔把空白的叶子涂色，每排两种颜色叶子的数量要不一样，然后在方格里记录每种树叶的数量。

（2）请幼儿拿出"填画气球"的操作单，假设每层楼房里的气球都是6个，在空格里画一画、补一补。

（3）教师观察幼儿的操作情况，给予必要的个别指导。

3.展示操作单。

（1）教师展示两位幼儿的记录，一份按顺序、一份不按顺序分合记录。

（2）"请你们看一看每组的分合结果有重复或遗漏的吗？分的和记录的一样吗？6分成两份有几种分法？哪种分法好，为什么？"引导幼儿发现按序分合并记录的方法能既不重复也不遗漏地包含所有分法。

（3）教师请幼儿检查自己的分合结果，鼓励幼儿对自己的活动结果进行补充："找一找，你的记录单上记录了几种不同的分法？每组分合的结果是否有重复或遗漏？将重复的分合结果去掉，将遗漏的分合结果补上。"

① 张俊.幼儿园数学领域教育精要：关键经验与活动指导[M].北京：教育科学出版社，2015：169-170.

案例 3　大班区域活动：有趣的分解与组成（数的运算）[①]

内容：

幼儿通过合作交流，学习 10 以内的分解与组成，感知数分合的规律。

材料：

1 ～ 10 扑克牌数字卡片若干、操作板。

玩法：

1. 准备好数字扑克牌、操作板。

2. 将扑克牌平均分成两份，两名幼儿一人一份，开始游戏。

3. 两人进行“石头剪刀布”，赢的幼儿先说要凑的数字。

4. 每人各出一张牌，两张牌要能够组成凑的数字；如果第一次就凑成功，则开始新的一局。如果没成功，则输的幼儿一直出牌凑数，直到凑成功为止。谁的手里先出完牌，就算输。

指导要点：

1. 引导幼儿一人一张地拿牌直到牌拿完，分成两份相等的牌。

2. 引导幼儿在游戏中了解 10 以内数字的分解与组成。

二、学前儿童数运算教育

（一）学前儿童数运算能力发展的特点

1. 学前儿童加减运算能力发展的一般过程

（1）从动作水平的加减到表象水平的加减再到概念水平的加减

动作水平的加减，是指幼儿以实物等直观材料为工具，借助于合并、分开等动作进行加减运算。比如，幼儿先从袋子里取出 2 个橘子放在一边，再取出 3 个橘子，然后伸出手指逐一点数橘子，得出一共有 5 个橘子。

表象水平的加减，是指幼儿依靠头脑中呈现的客观事物的表象进行加减运算。表象水平的加减是学前儿童加减学习的主要手段，最典型的就是口述应用题。比如，问幼儿“活动室里有 4 把椅子，李老师又搬来了 2 把椅子，现在活动室里一共有几把椅子”，幼儿能够凭借对生活经验的回忆和表象进行相应的运算。

概念水平的加减，是指幼儿直接运用抽象的数概念进行加减运算，无须依靠实物的直观作用或以表象为依托。比如，教师直接呈现加法算式“4+2=？”它已经舍去了所有可以凭借的直观和表象的形象，只依靠单纯的抽象的数字符号来进行运算。这种直接进行口头或书面的加减算式题运算的能力是最高水平上的加减运算。

---

① 此活动由宁波市镇海区澥浦镇中心幼儿园提供。

（2）从逐一加减到按数群加减

从逐一加减到按数群加减的过程，反映了幼儿在加减运算中思维抽象性逐步提高的过程。

逐一加减就是用计数的方法进行加减运算。最初，幼儿在加法运算上，往往是先将两组物体合并在一起，再逐一计数它们一共有几个；在减法运算上，先将减去的物体拿走，再逐一计数剩下的物体还有几个。也有的幼儿在加法运算上是以第一个加数的值为起点，再接着计数第二个加数的物体，直到数完为止。比如，“3 块积木加上 2 块积木”的加法运算，幼儿以 3 为起点，接着数 4、5，回答“一共有 5 块积木”。

按数群加减，是指幼儿能够把数作为一个整体，从抽象的数群出发进行数群间的加减运算。这是幼儿掌握了 10 以内数的组成后才能逐步达到按数群加减运算。比如，要回答“7 加 2 等于几”或“7 减 2 等于几”时，幼儿能够回忆出 7 和 2 合起来是 9，或 7 可以分成 2 和 5 的组成经验，这对幼儿按数群加减运算是必要的基础。

2. 学前儿童学习加减运算的特点

（1）学习加法比学习减法容易

加法不是增加，而是合并；减法是加法的逆运算，是分开、去掉。幼儿在学习加法时，可以用顺着数的方法来解决，而且只要把两个数群合并为一个新的数群即可。但在学习减法时，幼儿需要用倒着数的方法才能解决，并且要把被减数和减数进行比较才能得出正确的差。因此，很多幼儿常常运用加法来解决减法问题。比如，问幼儿：“桌上有 5 只杯子，取走了 3 只，还剩几只杯子？”幼儿回答：“2 只。因为 3 和 2 合起来就是 5。”可见，当加法转换成减法时，需要一个逆向思维，因而幼儿学习减法要难于加法。

（2）加减小的数字比加减大的数字容易

幼儿在学习加法时，大的数字加小的数字容易掌握，而小的数字加大的数字则比较困难；学习减法亦是如此，减小的数字容易，减大的数字难。之所以出现这种情况，可能与幼儿的数概念经验有关。

（3）理解和掌握应用题比算式题容易

应用题最主要的特点是源于生活，将加减运算等数学问题渗透在具体的生活情境中，容易唤起幼儿头脑中加减情境的表象，从而使他们能较好地理解应用题中的数量关系，并能选择正确的运算方法解决问题。而加减算式是由抽象的数字和符号组成的，既无实物又无表象作为思考的依托，使幼儿在理解问题和选择运算方法上都会产生一定的困难。

（二）10 以内数的加减运算的教育

1. 教育要求

10 以内数的加减运算是幼儿园大班数学教育的内容之一，其主要任务是让幼儿理解加、减的含义，认识加号、减号、等号及其含义，认识加减算式并会运算。

加减运算教学的目的不仅仅是训练幼儿记忆加减算式，更重要的是让幼儿理解数与数之间的关系并懂得在何种情境下应用何种运算。

2. 活动设计与指导策略

（1）通过生活中的实例，体验加减法的含义

幼儿学习加减法，重在理解加减法的含义，因此，教师可以在日常生活中或引用生活中的实例来创设加减运算的问题情境，激发幼儿学习兴趣，体验加减法的含义。比如，在“小超市”活动中，教师给每个幼儿 10 元钱，请幼儿买两件物品，买完后和同伴说一说买了什么，每件物品的价格是多少，总共花了多少钱。

（2）通过口述应用题，理解加减法的含义

口述应用题中不会出现“加法”“减法”等术语，但幼儿可以通过感受题目中物体数量的增加与减少的情景，理解加减法的含义。教师在讲解加法应用题中，应该突出“合起来”“一共”等词，使幼儿初步理解“把两个数合起来，求一共是多少，就是加法”。在讲解减法应用题时，重点突出“去掉”“还剩下”等词，让幼儿理解“从一个数中去掉一部分，求还剩多少，就是减法”。

（3）通过教具演示和动手操作，理解加减算式的含义

微课：理解加减算式含义

加减运算教学先从实物加减开始，逐渐过渡到符号教学。在幼儿理解加减法的含义后，教师可以引入“+”“-”“=”这些运算符号，让幼儿学习用符号表征其活动的过程和结果。一般来说，教师可以借助直观材料引导幼儿在操作中学习符号的名称、意义、读法、在算式中的位置及加减算式的含义。在幼儿初步掌握了加减算式之后，教师可以创设问题情境，让幼儿在解决问题的过程中强化对加减算式的应用能力。

（三）学前儿童数运算教育活动示例

大班数学活动：5 以内数的加法①

活动目标：

1. 初步理解加法事件中数量的变化，学习用数字和符号列出加法算式。
2. 会用“又”“一共”“合起来”等词进行表述。

① 徐莹莹. 幼儿园数学教育与活动指导 [M]. 南京：南京师范大学出版社，2018：145-146.（引用时有修改）

3.积极动手动脑，体验加法运算的乐趣。

活动准备：

一、材料准备

教具：动物卡（小兔子的加法图卡），数字卡（1～5），加号、等号卡，杯子（教师准备表演的内容和道具），插塑积木，笔。

学具：动物卡（小兔子的加法图卡），数字卡（1～5），加号、等号卡，插塑积木，笔。

二、经验准备

1.幼儿在生活中接触并使用过“又”“一共”“合起来”等词，对它们表示的意思有初步的了解。

2.幼儿有看表演（图卡）讲述故事内容的经验。

活动过程：

一、热身游戏

1.看表演说内容。

（1）“我们来看一个表演，看完后要说一说表演的内容哦！”

（2）教师示范表演。如教师先端起一个杯子一饮而尽，又端起一个杯子一饮而尽。

（3）引导幼儿说出表演的主要内容。如，教师先喝了一杯水，又喝了一杯水。教师接着问：“老师一共喝了几杯水呢？”鼓励幼儿计算并回答结果。

2.再次欣赏表演。

教师再次表演，鼓励幼儿说一说表演的主要内容，计算结果。引导幼儿了解：第二次做和第一次同样的事情时，可以用“又”字来表示。

二、解决问题

1.看图讲述加法事件。

（1）“小兔子也来表演节目了，你能说一说小兔子表演的内容吗？”

（2）出示操作图卡中第一套小兔子的图卡，引导幼儿观察，说一说图卡的内容：草地上有2只小兔子在跳舞，又来了1只小兔子，草地上一共有3只小兔子在跳舞。

2.学习看图列加法算式。

（1）“小兔子想把它们跳舞的事用数字和符号来表示，你会吗？用哪些数字表示小兔子的数量呢？”

（2）出示5以内的数字卡，鼓励幼儿选择相应的数字卡放在小兔子图卡下面。如把2放在两只小兔子下面，表示两只正在跳舞的小兔子。

（3）“光用数字1能让别人知道是‘又来了一只小兔子’吗？怎样表示‘又来了’呢？”

（4）出示并介绍加号。引导幼儿了解：加号表示把它两边的数量合起来。把加号放在1的前面可以表示“又来了一只小兔子”。师幼共同认读加号并说一说加号的基本特征。

（5）出示并介绍等号。引导幼儿了解：等号表示它两边的数量是相等的。把等号放在2+1和3的中间，表示“2只小兔子和1只小兔子合起来，一共就是3只小兔子”。

（6）与幼儿共同读一读所摆出的算式，引导幼儿说出算式中的数字和符号分别表示什么意思。

（7）鼓励幼儿再说一说，算式中每一个数字和符号的意思。

3. 练习看图列加法算式。

请幼儿取出第二套小兔子跳舞的图卡，先说一说图卡的意思，然后再取出数字卡和符号卡，摆一摆加法算式。

活动延伸：

1. 区域活动：教师提供含有加法意义的幼儿活动照片，鼓励幼儿讲述照片内容并列算式表示。

2. 日常活动：在日常生活中，教师引导幼儿观察加法事件，用简洁的语言讲述联系，并列出相应的算式。

3. 亲子活动：家长可引导幼儿观察并讲述家庭生活中的加法事件，并用算式表示事件中的数量关系。

任务 3 量概念教育活动的设计与指导

一、学前儿童量概念发展的特点

任何事物都有量方面的特征，它通常用数（称量数）和单位量（称计量单位）来表示。量可以分为连续量和不连续量，不连续量表示集合中元素多少的量，例如，班上有 15 个男孩、箩筐里有 5 个皮球；连续量表示物体属性的量，如物体的长度、面积、重量、体积等。学前儿童认识的是一些基本的常见量，如大小、长短、粗细、高矮、厚薄、轻重、远近等。学前儿童量概念的发展具有以下特点。

（一）从明显差异到不明显差异

在生活中，幼儿积累了很多对物体量的认识，但在幼儿尚未学会测量之前，对物体量的认识实际上是对它们的感知，并且这种感知在早期表现为缺乏分化和不够精确。3 ～ 4 岁幼儿往往只能够感知和区分量的明显差异，比如在差异明显的物体中辨别出最大的（最长的）或最小的（最短的）。随着年龄的增长，幼儿才逐渐对差异不太明显的量进行区分，认识和区分量的精确性也有所提高，能够根据物体量的差异（如大小、长短、高矮、厚薄、粗细等）进行数量在 10 以内的正、逆排序。

（二）从绝对到相对

幼儿最初对量的认识是一种绝对化认识，他们并不能理解长短、大小、粗细、厚薄及其他的量，只有在比较两个物体的基础上才能够区分，即物体量的特征具有相对性。随着年龄的增长，他们从两个物体的选择、比较逐渐过渡到 3 个或更多个物体的选择、比较的过程中，逐步理解量的相对性。

（三）从模糊到逐渐精确

虽然幼儿在日常生活中积累起了关于物体大小、长短、粗细等有关量的经验，并且能区分它们，但有时仍不能用准确的词进行表述。例如，小班的幼儿经常用大小来代替长短等其他变量名称，把长的、厚的、粗的等都说成是大的，将短的、薄的、细的等都说成是小的。正是由于幼儿在语言、词汇的运用和表述上会经历一个从不精确到逐渐精确的发展过程，因此，在教育幼儿感知和认识量的过程中，教师要帮助他们使用精确词汇，以促使幼儿形成与某一变量相一致的概念。

二、学前儿童量概念教育活动的设计与指导

（一）教育要求

学前儿童量概念教育贯穿小、中、大班各年龄段，是一个长期连续的过程，主要包括比较各种量、量排序、量守恒和自然测量等。

小班：①会用观察、比较的方法区别大小、长短不同的物体，并正确运用“大小”“长短”等词；②从 5 个以内物体中找出并说出最大（最长）的和最小（最短）的物体；③按物体的外部特征（颜色、形状等）或量的差异特征（大小、长短等）进行 3 个以上物体的正排序。

中班：①能区分并说出物体的粗细、厚薄、高矮、轻重；能从 5 ～ 6 个物体中找出等量的物体；②按物体量的差异（粗细、厚薄、高矮等）进行 6 以内的正、逆排序，能按一定规则指示排序（序列数量在 6 以内）。

大班：①能区分物体的远近、宽窄、体积；②初步学习量的守恒；③按物体量的差异进行 10 以内的正、逆排序，按一定规则自由排序，并初步理解序列之间的传递性和双重性关系；④学习自然测量。

（二）活动设计与指导策略

1. 量的感知

（1）运用各种感官感知、比较物体的量

幼儿对量的认识主要是通过感官的感知（视觉、触觉、运动觉等）来体验物体在大小、长度、重量等方面的特性。在教学活动中，教师要调动幼儿的多种感官，让他们通过看一看、摸一摸、摆一摆等方式进行感知、比较，认识物体的量。根据物体的不同属性特征选择相应的比较方式，例如，认识物体的大小、长短、高矮、宽窄等特征时，可以采用视觉观察来比较；认识物体的粗细、厚薄等特征时，可以采用触觉参与的方式进行感知比较；而认识物体的轻重则可以通过提一提、掂一掂等运动觉进行感知比较。

（2）在生活中寻找和描述物体的量

幼儿在日常生活中会接触到物体各种量的特征，教师可以利用这些丰富的资源，引导幼儿在周围环境中寻找量、发现并比较量的差异。例如，幼儿喝牛奶时，给幼儿不同大小的杯子，引导幼儿发现尽管牛奶倒进不同杯子后高低会不一样，但大家杯子里都是一袋牛奶；排队时让幼儿按个子高矮排队；引导幼儿在回家的路上、家里找一找各种物体的大小、长短、粗细、厚薄等量的差异并回来描述给老师，锻炼他们准确地运用词汇来描述量的能力。

（3）运用游戏法巩固对量的认识

教师可以通过设计各种形式的游戏，让幼儿区别物体的量，加深对物体大小、

长短、粗细、高矮等认识。例如，开展竞赛游戏“看谁找得快”“看谁找得多”等，让幼儿按教师的要求在一堆物品中找出对应的量；在认识大树叶、小树叶的活动中，鼓励幼儿用不同的动作表示大与小，加深对大小的认识。

2. 自然测量

微课：学习自然测量的方法

（1）通过示范讲解，引导幼儿理解测量的要领和方法

由于测量本身有一系列的操作要求，因此，在幼儿学习自然测量时，教师要进行演示、讲解，帮助幼儿明确要求，掌握要领。教师首先要明确测量的对象和测量的工具，其次要讲清楚测量的方法、动作要领，如测量的起点、终点、移动的方法及记号，算出测量的结果等。例如，测量活动室里桌子的边长，可以用筷子进行测量。教师边示范边讲解，从桌子的左边顶端开始，把筷子的一头与这顶端对齐，顺着桌子的底边摆放一次，用粉笔在筷子另一头的桌子上画一条短线作为记号，说明是一根筷子的长。拿起筷子，从这条短线的地方对齐再开始量，再画短线做记号……一直量到桌子的最右端。然后请幼儿数一数，这张桌子的边有几根筷子长，把数的结果记下来。

在测量的过程中，教师要引导幼儿在每一次测量的终点做一个记号，理解第一次测量的终点是第二次测量的起点，并注意中间不能留出空隙。测量完后，数一数，一共有几个记号，得出的数量就是被测量物体的长度。

（2）通过实践操作，引导幼儿理解测量单位与测量结果之间的关系

在幼儿掌握测量方法后，教师可以启发幼儿尝试用各种工具作为量具进行自然测量，从中引导幼儿发现使用不同量具所带来的不同结果。例如，测量桌子边长，教师可以提供油画棒来测量。测量后，引导幼儿思考“为什么同一张桌子，用筷子和油画棒测量，得出的结果是不一样的？”经过讨论，使幼儿发现，测量工具长，量的次数就少；测量工具短，量的次数就多。这一学习经验使得幼儿初步理解了测量单位与测量结果之间的关系，这对幼儿的发展具有十分重要的意义。

三、学前儿童量概念教育活动示例

教学活动视频：鱼儿量一量

案例1　大班数学活动：鱼儿量一量[①]

活动目标：

1. 学习重复使用一个单位量测量长度，初步掌握首尾相接测量法。

① 此活动由宁波市北仑区实验幼儿园张一岚老师设计。（引用时有修改）

2. 初步理解测量中单位长度和测量结果之间的关系，能选择适宜的贝壳进行测量。

3. 乐于参加测量活动，萌发对自然测量的兴趣。

活动准备：

1. 花蛤、蛏子、贻贝的壳若干，不同大小的纸鱼若干，小筐若干。

2. 大记录表 1 张，画有鱼筐的纸 3 张。

3. 幼儿记录表若干，记号笔若干，渔网。

4. PPT、音乐、黑板、投影仪。

活动过程：

一、探索学习测量方法

1. 提出问题。

"我们宁波是沿海城市，经常能捕到很多海鲜，渔民叔叔捕到一条肥美的青占鱼，他想知道这条鱼到底有多长？谁能帮他想想办法？"

2. 出示测量工具——一只贻贝壳。

"该怎么量？你们试一试。"

3. 幼儿尝试合作测量青占鱼的长度。

4. 集体交流。

"青占鱼的长度有几个贻贝长呢？为什么有的说是 4 个，有的说是 5 个？你们都是怎么量的呢？请你们来展示一下。"

5. PPT 动画展示测量方法。

小结："把贻贝壳的一头和鱼的一头对齐，并排放好，在贻贝的尾巴处做记号，到这里就是 1 个贻贝长；下次再从做记号的地方开始量，注意中间不能有空隙，到这里就是 2 个贻贝长，这样依次往下量，一共量了几次这条鱼就有几个贻贝长。这叫首尾相接测量法。"

二、发现测量工具和被测量物之间的关系

1. 幼儿操作：测量同一条鱼。

出示第二个测量工具——花蛤的壳，幼儿自主选择一种贝壳进行测量，并在记录表中记录自己的发现。

2. 交流验证：这条鱼用贻贝或花蛤壳测量有多长？

请个别幼儿操作验证，教师在大表格处记录。

提问："量同一条鱼，为什么用贻贝量有 4 个，用花蛤量就有 9 个呢？"

小结："量同一物体时，测量的工具越长，量出来的数量就越小，测量的工具越短，数量就越大。"

3. 第二次操作：选择合适的测量工具测量鱼儿。

（1）幼儿自主选择贝壳和鱼，尝试进行测量。

（2）教师巡回指导。

4. 集体交流。

小结："大鱼比较长，用长的测量工具量会更快更方便，小鱼比较短，用短的测量工具更合适。"

三、结合生活，拓展经验

1. "为什么我们要量大鱼和小鱼呢？其实渔民们为了保护海洋里的动物，他们之间有个约定，小鱼要放回海里让它继续长，大鱼才能拿到菜场去卖。"

2. 鱼和测量物匹配：介绍三种鱼（比目鱼、鲳鱼、带鱼）和三种贝壳（花蛤、蛏子、贻贝），请幼儿根据经验匹配。

四、延伸活动

教师解读捕捞标准，幼儿操作，将符合标准的大鱼放到黑板的"鱼筐"，不符合标准的小鱼放入"鱼缸"。

测量结束，请幼儿搬上"鱼缸"将小鱼放生大海。

案例 2 中班区域活动：蔬菜量一量（测量）①

内容：

会用短线、圆点、简单的图形等自己喜欢的方法记录测量的结果。

材料：

长长的蔬菜实物或图片若干，各种小型测量工具如回形针、棉签等若干，记录纸人手 2 张。

玩法：

1. 准备好长长的蔬菜实物或图片及测量工具。

2. 幼儿分别用回形针、棉签棒等工具对丝瓜、青瓜进行测量。

3. 想办法将测量的结果记录在纸上。

指导要点：

1. 引导幼儿先用回形针，再用棉签棒进行测量，比较测量工具的便捷性。

2. 测量的结果请幼儿记在心中，测量结束后记录在纸上。

3. 活动结束后将操作材料归整好。

① 此活动由宁波市镇海区澥浦镇中心幼儿园提供。

任务 4 几何形体教育活动的设计与指导

一、学前儿童认识几何形体的发展特点

几何形体是对客观物体形状的抽象和概括，具有普遍性和典型性。认识几何形体是学前儿童数学教育的重要内容，它能帮助幼儿对客观世界中形形色色的物体做出辨认和区分，发展他们的空间知觉能力和初步的空间想象力，从而为后续的学习打下一定的基础。

（一）不同年龄段幼儿认识几何形体的特点

1. 小班（3～4 岁）

小班的幼儿一般能正确地认识和区分圆形、正方形、三角形，并且对椭圆形、长方形、半圆形等其他平面图形有一定的辨别能力；能根据成年人提供的范例找出相同的图形。但是，这一阶段的幼儿在识别图形的过程中，还不能确切地按照形状的特征来辨别，往往会把形体与自己生活中熟悉的物体相对应，出现用物体名称取代形体名称的情况。例如，把圆形称为“太阳”“皮球”等。

2. 中班（4～5 岁）

中班的幼儿能正确地认识圆形、正方形、三角形，以及长方形、椭圆形、半圆形和梯形，并且能逐步理解平面图形的基本特征。而且，中班幼儿能逐步掌握图形守恒，即当图形大小、摆放位置发生变化时，也能正确地辨认图形。此阶段的幼儿还对平面图形的拼搭组合活动表现出了较高的积极性和一定的创造性。

3. 大班（5～6 岁）

大班的幼儿能正确地理解图形的典型特征，并在头脑中形成某种图形的“标准样式”，从而进行正确的判断；能进一步理解图形之间较复杂的组合关系。另外，大班幼儿还能认识一些基本的立体图形，能正确说出名称并知道它们的基本特征。

（二）幼儿认识几何形体的顺序

①先认识平面图形，后认识立体图形。

②认识平面图形的顺序：圆形—正方形—三角形—长方形—半圆形—椭圆形—梯形。

③认识立体图形的顺序：球体—正方体—圆柱体—长方体—圆锥体。

二、学前儿童几何形体教育活动的设计与指导

（一）教育要求

小班：认识圆形、三角形和正方形，能根据要求取出图形并说出名称。

中班：①认识长方形、椭圆形和梯形，能正确说出名称，并能从周围环境中找出和图形相似的物体；②能不受颜色、大小及摆放位置的影响，正确区分、辨认不同的图形（形的守恒）；③初步理解图形之间的简单关系，如正方形可以分成2个长方形或4个小正方形等，并能按要求或自由拼搭。

大班：①认识、区分球体、正方体和长方体、圆柱体，能正确说出名称和基本特征；②能区分、理解平面图形和立体图形间的关系；③初步知道等分的含义，会把一些几何形体或有规则的物体分成相等的2份和4份，感知整体和部分间的分合关系。

（二）活动设计与指导策略

1. 认识平面图形

（1）利用具体实物，引导幼儿发现并认识平面图形的名称和特征

幼儿认识图形是在充分感知图形，获得有关图形感性经验的基础上，再配合说出名称来实现的。因此，教师在教学活动中要先让幼儿看一看、摸一摸，体验一下有形的具体实物，然后逐步抽象出平面图形，并用正确的语言进行描述。

首先，教师选择幼儿熟悉的、接近平面图形的物体让幼儿观察、触摸，引导他们感知实物的轮廓。例如，认识圆形用小圆镜，认识三角形可以用红领巾，认识正方形可以用手帕等；引导幼儿用手摸一摸这些物体的边缘，感知其轮廓。

其次，出示与物体的轮廓相似的平面图形，介绍其名称和特征。例如，认识三角形，在幼儿触摸感知了红领巾后，教师出示三角形的纸，引导幼儿发现这张纸与红领巾形状差不多，叫“三角形”；再让幼儿触摸三角形的边和角，数一数有几条边、几个角；最后小结三角形的特征，有3条边、3个角。

值得注意的是，在介绍图形特征时，应该符合幼儿的认知特点。如圆形的特征只要介绍圆圆的、光滑的就可以；椭圆形特征是长的圆形。

（2）采用多种方法，引导幼儿观察比较平面图形之间的关系

一是重叠比较。幼儿已经认识了某些图形之后，教师可以运用重叠比较法。把新图形与旧图形进行重叠，找出相同点和不同点，从而掌握新图形的名称和特征。这种方法一般适用于中班。例如，在认识长方形的活动中，教师可以选用长方形的宽与正方形的边长一样长的两张图形进行重叠，摆放时，正方形在长方形的上面。这样，幼儿很快就能发现长方形的四条边不一样长，得出有两条对着的边是比较长的，另外两条对着的边短些。这就意味着他们掌握了长方形的主要特征。

二是组合和分解。组合就是把两个或以上的图形拼合成一个图形，如把两个一样大小的半圆形拼合成一个圆形。分解就是把一个图形分成两个或以上的图形，可以分成两个或以上相同的图形，也可以分成不同的图形。幼儿通过组合和分解的操作，能感知图形之间的关系，从而加深对已知图形的认识。

（3）运用操作活动，引导幼儿进一步加深对平面图形的认识

幼儿对图形的认识离不开具体的操作材料，因此，教师要安排多种任务，让幼儿在操作活动中，巩固对平面图形的认识。例如，涂色，按要求将不同的图形涂上不同的颜色；寻找，教师说出图形的名称或特征，要求幼儿从各种图形中寻找出相应的图片；分类，教师提供各种颜色、大小、形状不同的平面图形，让幼儿按不同特征进行分类；拼搭，教师给幼儿提供多种多样的图形，让幼儿自由拼搭成自己所喜欢的造型。

2. 认识立体图形

（1）通过触摸实物感知立体图形及其特征

在日常生活中，许多物体的形状都是接近于某种立体图形的，教师可以提供具体实物，让幼儿充分触摸、摆弄，感知其特征。例如，在认识球体的活动中，教师可以提供篮球、乒乓球、弹珠等，让幼儿用手触摸，感知球体的光滑特征；让幼儿滚动球体，观察其滚动方向，幼儿会发现球体可以朝各个方向滚动，从而获得球体各面都是圆的经验。

（2）通过重叠法和测量法感知立体图形的特征

重叠比较法也可以应用于认识立体图形上，例如，在认识长方体的活动中，可以把长方体和正方体进行重叠（长方体两个对称的侧面和正方体的面一样大），引导幼儿发现长方体和正方体都有6个面，但其6个面不是一样大的。

认识立体图形时，可以借助于小棒等工具进行自然测量，让幼儿感知图形的基本特征。例如，让幼儿用小木棒量一量正方体的棱，从而发现正方体的棱都是一样长的；测量长方体的棱，发现其有长有短，相对的几条棱都一样长，等等。

（3）通过多种活动巩固对立体图形的认识

一是手工活动。比如，教师把正方体展开的卡纸提供给幼儿，让幼儿将它粘贴成一个正方体。通过这样的粘贴活动，使幼儿感受到立体的图形是由面构成的，感受立体图形中面的大小及其数量等特征。

二是建构游戏。各种大小的积木都是较好的几何体，教师可以让幼儿根据积木的特征，按照自己的构想，拼搭房子、轮船、小桥等造型，既可加深对立体图形的认识，又可掌握建构技能。

另外，还可以通过分类、找一找等活动，巩固对立体图形的感知，为抽象逻辑思维的发展奠定良好的基础。

三、学前儿童几何形体教育活动示例

案例1 小班数学活动：认识圆形①

活动目标：

1.认识圆形，初步掌握圆形的主要特征。

2.能找出图画中与圆形相似的实物，发展观察能力。

活动准备：

圆娃娃头饰、纽扣、瓶盖、镜子等圆形实物若干，情景图4幅。

活动过程：

一、激趣导入

教师扮演圆娃娃，随音乐边歌边舞进活动室，激发幼儿观察圆形的兴趣。

"圆娃娃真可爱，我们看看圆娃娃的眼睛是怎样的？嘴巴是怎样的？可爱的脑袋又是怎样的？"

引导幼儿说出："眼睛圆圆的，嘴巴圆圆的，脑袋也是圆圆的。娃娃的名字叫'圆娃娃'。"

二、认识圆形

1.出示圆形实物，引导幼儿自由观察，初步感知圆形的特征。

"小朋友们看一看，老师为你们准备了好多漂亮的东西，请每个小朋友自己选一件最喜欢的，拿到手里看一看，摸一摸。"

请幼儿自由表达自己的感受。

2.出示教具（圆盘），启发幼儿说出圆形的特征，例如：

"圆盘是圆形的，它的特征是没有角，四周圆圆的、光滑的。"

3.探索游戏——"看谁找得对"。

教师出示1幅情景图，请幼儿在图上找出与圆形相似的实物。

"现在老师要给小朋友们讲个故事：秋天来了，大森林里的果子都成熟了，有一天，天气非常好，小熊提着篮子，唱着歌，出门采果子。它发现森林里好多东西都是圆圆的，小朋友们想不想帮小熊一起找出来？"

三、实践操作

教师再出示3幅情景图，请幼儿自选方法（涂色/添画/粘贴）表示出图中的圆形。

教师巡回指导。

---

① 牟秀玲.学前儿童数学关键经验的"学"与"教"[M].宁波：宁波出版社，2014：128.（引用时有修改）

四、活动结束

“老师在班里布置了一个美丽的、圆圆的泡泡世界，现在请小朋友去参观一下，好吗？”（带幼儿入内）

案例2　大班数学活动：有趣的正方体①

教学活动视频：有趣的正方体

活动目标：

1. 认识正方体，初步感知正方体的基本特征。

2. 能够运用简单的材料建构正方体，发展空间知觉能力。

3. 感受建构游戏的快乐，体验数学活动带来的乐趣。

活动准备：

1. “正方体旋转图”课件。

2. 牙签、连接点若干，积木2筐。

3. 大记录表1份，小记录表、画板、记号笔若干。

4. 画好的正方形1个，正方体模型人手1个。

活动过程：

一、正方体和正方形

1. 教师出示正方体旋转图。

“这是什么图形？”

2. 比较正方形和正方体，发现平面图形和立体图形的区别。

提问：“正方形和正方体有什么不一样？”

小结：“正方形扁扁的、平平的，是平面图形，正方体胖胖的，能稳稳地立在桌子上，是立体图形。”

二、探秘正方体

1. 提出操作要求。

“每人一个正方体，看一看、数一数、拆一拆、拼一拼，看看你们发现了什么秘密？记在记录表上。”

2. 幼儿操作，教师个别指导。

重点关注幼儿的发现：正方体上有什么图形？有几个正方形？6个正方形大小怎么样？关注幼儿能否主动发现。

3. 分享与交流，建构正方体经验。

教师结合幼儿的回答记录在大记录表上。

---

① 此活动由宁波市北仑区实验幼儿园李雪洁老师设计。

小结：“原来正方体就是由6个一样大小的正方形组成的立体图形。”

三、玩转正方体

1. 出示材料，引导幼儿尝试拼搭正方体。

教师出示两种材料：①牙签、玉米粒；②小正方体乐高积木。

幼儿自主选择材料进行搭建。

2. 幼儿自主拼搭，教师个别指导。

3. 交流与反馈。

幼儿将搭好的正方体摆在作品台前，互相验证拼搭的作品是否为正方体。

四、挑战正方体

教师出示拼搭错误的正方体，引导幼儿将其调整为正方体。

任务 5 空间和时间概念教育活动的设计与指导

一、学前儿童空间概念教育

空间是客观世界运动着的物质存在的基本形式，由长度、宽度、高度表现出来。狭义的空间概念是指空间方位概念，指对客观物体在空间中所处的位置及其与周围其他物体存在的空间上的相互位置关系，一般用上下、前后、左右等方位词表示。本任务主要讨论的是学前儿童空间方位概念。

（一）学前儿童空间方位概念发展的特点

幼儿在辨别空间方位、形成空间方位概念的发展过程中，主要呈现以下几个特点。

1. 从上下到前后再到左右

幼儿对空间基本方位的认识顺序是：上下—前后—左右，这与空间方位本身的复杂程度有关。幼儿最先分辨的是上下方位，上下方位以幼儿身体的垂直位置而定，且不因其身体转动而变化，所以最容易辨别。前后、左右的方位都具有方向性，会随着幼儿身体位置的变化而变化，如当幼儿转身时，原来的前面就变成了后面，原来的左边变成了右边。这就给幼儿的辨别带来了一定的困难，尤其是辨别左右。

2. 从以自身为中心到以客体为中心

辨别空间方位有两种参照物：一是以自身为参照物，判断客体相对于自身的空间位置关系；二是以客体为参照物，判断客体相互之间的空间位置关系。幼儿在辨别空间方位的过程中，经历了从以自身为中心逐步过渡到以客体为中心的定向过程。

幼儿首先学会辨别的是自己身体的部位，如身体的上面是头，下面是脚，前面是脸，后面是背；其次，以自身为中心辨别周围的人或物体的空间方位，如“我的前面有桌子，后面有椅子”。

幼儿在以自身为中心辨别空间方位的基础上，逐步学会以客体为中心辨别空间位置关系，如“桌子上面有台灯”“大树的左边有个小朋友”。幼儿以客体为中心辨别上下、前后比较容易，但以客体为中心辨别左右比较困难。

3. 从近的区域范围扩展到远的区域范围

当幼儿能以自身为中心确定空间方位时，一开始往往局限于离自己身体较近的、较狭窄的空间范围内且面向自己的客体，而对于离自己较远的物体的空间位置不易做出正确的判断。例如，问小年龄的幼儿“你的前面有什么”，该幼儿回答时不会把其左前方的那辆玩具车考虑在内。随着年龄的增长，以及对空间方位的相对性、连续性等特征的逐渐深入理解，幼儿开始意识并且辨别离自己较远的上下、前后、左右的空间方位，同时对于自身斜前方（后方）或偏左（右）的客体的空间位置也有了正确的定向。因此，幼儿空间方位辨别的区域范围呈逐渐扩展的趋势。

（二）学前儿童空间方位概念教育活动的设计与指导

1. 教育要求

小班：能以自身为中心区分上下的空间方位，能正确表达较近物体所处的上下位置。

中班：①能以自身为中心区分前后空间方位，逐步学习以客体为中心区分前后方位；②会按指定的方向（向上、向下、向前、向后）做出相应的动作。

大班：①能以自身为中心区分左右方位，在日常生活中正确运用“左”“右”方位词；②学习向左、向右运动。

2. 活动设计与指导策略

（1）在一日生活各环节中进行空间方位教育

在幼儿园一日生活中，随时需要幼儿对方位做出判断。例如，排队或散步谁在前面谁在后面；吃饭时左手扶碗，右手拿勺；午睡时辨别衣服的前后面、左右脚的鞋子；整理玩具时放在上面或下面；等等。教师要善于利用各种机会，有意识地引导幼儿学习辨别空间方位。

（2）运用操作、游戏等方法辨别空间位置关系

在教学中，教师可以运用操作法、游戏法等，帮助幼儿辨别上下、前后、左右。例如，教师出示自制的小房子，要求幼儿把小动物放到房间，并说一说该动物“住在××上面”“住在××下面”；让幼儿玩贴五官的活动，巩固他们对身体各部分方位的认识。通过做游戏，让幼儿在游戏情境中辨别空间方位。例如，玩“捉迷藏”游戏，幼儿躲起来后，教师叫出幼儿名字，问他在哪里，幼儿就说出自己的方位，如“我在柜子的后面、窗户的前面”等。

二、学前儿童时间概念教育

（一）学前儿童时间概念发展的特点

时间是物质运动变化过程的持续性和顺序性的反映。幼儿较早地表现出了对时间认识的兴趣，并在生活中开始使用一些表示时间的词汇，但其对时间含义的

理解较难。幼儿在时间概念的认知上，具有以下一些特点。

1. 对时间概念的认识易受生活经验的影响

幼儿对时间的感知是在感性经验的基础上形成的，这种感知往往与具体活动相联系，而不是以抽象的、标准化的时间单位为参照。例如，幼儿理解的"早晨"就是指起床的时候，"下午"就是爸爸妈妈来接回家的时候，"晚上"就是刷牙、洗脸、睡觉的时候。可见，幼儿对时间概念的认知往往表现得不够精确，带有一定的模糊性。

2. 对时间顺序的理解从短周期向长周期扩展

在对时间周期和时间顺序的理解上，幼儿往往较容易理解短的时间周期，如一天（早上、中午、晚上）。之后逐渐发展到理解更长的时间周期，如一星期、一个月、一年四季。这是因为在"早、中、晚"概念的理解上，幼儿容易找到明显的时间参照物及具体的事件，而周期较长的"星期、月、年"没有明显的时间参照物，不易与具体的生活事件相联系，幼儿理解起来有一定的难度。

3. 掌握表示时间概念的词存在一定的困难

幼儿言语中表示时间的词出现得比较晚且词汇量少。他们在使用时间词时，首先使用的是表示时间顺序（如"先""然后""后来"）和表示不确定时间阶段的词（如"有一天""有时候"），之后才出现表示确定时间的词。并且，幼儿在使用确定时间单位的词时，有时仍不能确切地理解它们的含义。例如，4 岁的幼儿经常会用"昨天"泛指过去，用"明天"泛指将来。

（二）学前儿童时间概念教育活动的设计与指导

1. 教育要求

小班：初步理解认识早晨、中午、晚上、白天、黑夜的时间概念，能正确运用这些时间词。

中班：能理解昨天、今天、明天的含义及其交替关系，能正确运用这些时间词。

大班：①认识时钟，学会看整点和半点；②学会看日历，知道年、月、星期、日的名称及顺序。

2. 活动设计与指导策略

微课：时间概念教育活动的设计与指导

（1）联系幼儿的生活事件，帮助幼儿理解时间的抽象性

小班幼儿只能理解发生较近的、短周期的时间，并且他们对抽象的时间概念的理解都是与具体的事件或现象相联系的，如白天就是爸爸妈妈上班的时间，黑夜就是睡觉的时间。因此，在教学活动

的设计中，教师应围绕幼儿的生活事件，帮助幼儿获得对时间概念的认识。

（2）回忆和整理生活事件，帮助幼儿理解时间的相对性

中班的幼儿仍以具体形象性思维为主，而时间是抽象的且具有相对性。例如，“今天”是指“说话时的这一天”，“昨天”“明天”都是以“今天”为参照向前或向后延伸的时间，这对幼儿来说理解起来比较困难。教师在教学中，要通过对生活事件的回忆和整理，帮助幼儿去联系“昨天、今天、明天”的事件，从而获得对“昨天、今天、明天”时间顺序的认识。

（3）结合特定事件和现象，帮助幼儿理解时间的周期性

对幼儿而言，感知时间都需要借助于具体的现象或事件的经验支持。对于一些周期性较长的时间顺序的认识，教师可以将这些时间概念与特定的活动相联系，引导幼儿结合日常经验来感知时间顺序。例如，周一升国旗、周二玩沙水、周三吃自助餐等，这样幼儿根据特殊活动所提供的线索来区分一周中的每一天，感知一周中每天的名称与顺序。

（三）学前儿童空间与时间概念教育活动示例

小班数学活动：小动物在哪里[①]

活动目标：

1.能用“上”“下”“里”“外”正确地讲述物体的空间位置。

2.正确感知画面中物体的上下、里外方位，并能按要求进行操作。

活动准备：

玩具小熊1个，各种小动物若干（数量与幼儿人数相等）；在活动前分别放在活动室中椅子、桌子、玩具柜、钢琴、筐等物体的上、下、里、外位置上。

活动过程：

1.小熊在哪里？

（1）教师出示玩具小熊，提问：“今天小熊想和我们玩‘找找在哪里’的游戏，小熊躲起来，请你们去找，找到了要说说他躲在哪里，说对了，小熊自己就会跑出来。”

（2）教师请幼儿闭上眼睛，然后将小熊放在玩具柜上，引导幼儿寻找小熊藏在哪里，并清楚地说出“小熊在玩具柜的上面”。

（3）教师将小熊放在桌子下面，请幼儿寻找并清楚讲述“小熊在桌子的下面”。（若幼儿说小熊在地上，教师也应肯定，如，“这位小朋友说得真好，发

① 张慧和，朱琍瑶.幼儿园领域课程资源·数学[M].北京：教育科学出版社，2014：79-80.（引用时有修改）

现‘小熊在桌子下面’，还能说成‘小熊在地上’”。）

2.找找小动物。

（1）“还有许多小动物躲在我们活动室中，我们每人找一个小动物做朋友。找到后你要告诉我们小动物躲在哪里。”

（2）幼儿在活动室中自由地寻找小动物，教师鼓励幼儿说说小动物躲在什么地方，如，××藏在××的上面（下面、里面、外面）。

（3）幼儿在集体面前大声地介绍自己找到什么小动物做朋友，小动物躲在什么地方。

3.藏小动物。

（1）“小动物还想玩捉迷藏的游戏，我们帮它藏起来。”教师说地点，如桌子上面、筐里面等，请幼儿把小动物放到相应的位置。

（2）每次活动后，教师请幼儿相互说一说，小动物躲在什么地方。

（3）教师表扬在活动中积极讲述的幼儿，并请幼儿找找活动室××上面和下面都有些什么。

指导要点：

1.本活动的重点是引导幼儿理解上、下、里、外等方位词。这些方位是幼儿在日常生活中经常接触的，易于他们接受和理解。所以在本活动中，教师要更关注幼儿的讲述，引导幼儿用方位词完整地说出动物所在的位置。

2.若幼儿发现方位的相对性，如位于桌子下、地面上的物体可用两种方式描述，对该情况教师应给予肯定，也可以根据本班幼儿实际情况，适当延伸培养幼儿思维的灵活性，但暂不作为本次活动的重点与目标。

岗位技能实训

实训1　收集与整理幼儿园数学教育活动方案

目标：

1. 了解幼儿园数学教育活动的设计思路。
2. 了解幼儿园数学教育活动方案的规范格式。

准备：

“幼儿园数学教育活动方案分析”作业单。

过程：

1. 收集案例资料：个体或小组收集 2～3 个幼儿园数学教育活动方案。

2. 整理与分析：根据数学教育活动方案格式要求，整理归纳该活动的目标及教学流程。

建议：

此活动可以根据教学需要，布置与课堂教学内容有关的数学教育活动方案。

实训 2　观摩与评价幼儿园数学教育活动

目标：

1. 了解幼儿园数学教育活动的组织与指导要点。

2. 能初步运用所学理论知识评价数学教育活动，并提出建议。

准备：

1. 教学活动视频 1 个。

2. 该活动目标或教案 1 份。

过程：

1. 观摩教学活动视频，并做好听课记录。

2. 小组围绕问题，进行讨论分析，形成小组评价意见。

3. 小组代表进行汇报，教师进行点评总结提升。

建议：

1. 此活动可以用于翻转课堂在课前或课中进行，也可以在课后作为小组或个人作业。

2. 此活动还可以在幼儿园见习中进行。

实训 3　数学集体教学活动的设计与重构

目标：

1. 掌握数学集体教学活动的设计理念与要点。

2. 能根据不同年龄段幼儿发展水平设计数学活动。

准备：

数学教育活动内容素材。

过程：

1. 根据指定内容，每个学生独立设计一节数学集体教学活动。

2. 小组内交流活动方案，取长补短。

3. 在小组交流的基础上，重构一节数学集体教学活动。

4. 每组以说课形式，汇报本组教学活动方案。

5. 教师逐一进行分析点评。

6. 根据教师点评，每组完善活动方案。

建议：

1. 此活动某些环节可以在课前完成，课中进行分享交流、点评分析。

2. 每组提供的内容素材要相同，便于组内交流和重构方案。

实训 4 数学集体教学活动的模拟实施

目标：

1. 掌握数学集体教学活动的组织与指导要点。

2. 能根据自己设计的数学集体教学活动方案开展模拟教学。

准备：

模拟教学的教具材料；数学教育活动评价表。

过程：

1. 小组成员角色分工：1 人扮演教师，1 人为观察员，其余扮演幼儿。

2. 每组根据小组重构的方案组织模拟教学，其他组进行观摩记录。

3. 每组模拟结束后，小组观察员进行自我评价，其他组对该组活动进行书面评价。

4. 教师进行总结评价。

建议：

此活动可以每组逐一模拟教学，也可以选择若干组进行。有条件的学校可以邀请幼儿园教师进行同课异构活动。

课赛证融通

一、选择题

1. 桌子上有 10 个磁力片，其中三角形的磁力片有 4 个，正方形的磁力片有 6 个。磁力片与正方形的磁力片之间是什么关系呢？（　　）

A. 对应关系　　B. 相等关系　　C. 包含关系　　D. 平行关系

2. 桌面上一边摆了 3 块积木，另一边摆了 4 块积木。教师问：“一共几块积木？”从幼儿的下列表现来看，数学能力发展水平最高的是（　　）。【2017 年上教师资格证考试真题】

A. 把 3 块积木和 4 块积木放在一起，然后一个一个点数

B. 看了一眼 3 块积木，说出“3”，暂停一下，接着数：“4、5、6、7”

C. 左手伸出 3 个手指，右手伸出 4 根手指，然后掰手指数出总数

D. 幼儿先看了 3 块积木，后看了 4 块积木，暂停一下，说出 7 块

3. 教师为小班幼儿提供了 5 个苹果图片，让他们进行计数，下列哪种排列方式对幼儿而言最简单？（　　）

A. 将苹果图片不规则地聚集在一起

B. 将苹果图片排成一个封闭的圆形

C. 将苹果图片排列成一行且每个间隔为半厘米

D. 将苹果图片密集排列成一行

4. 幼儿掌握空间方位的顺序是（　　）。

A. 上下—前后—左右　　B. 前后—上下—左右

C. 前后—左右—上下　　D. 上下—左右—前后

5. 3～4 岁幼儿能感知和区分物体的（　　）等量的方面的特点，并能用相应的词语表述。

A. 大小、长短　　B. 大小、多少、高矮

C. 轻重、长短　　D. 体积大小

6. 下列幼儿行为表现中数概念发展最低的是（　　）。【2019 年下教师资格证考试真题】

A. 按数取物　　B. 按物说数　　C. 唱数　　D. 默数

7. 芳芳数积木，花花问她有几块三角形，芳芳点数：“1、2、3、4、5、6，6 个三角形。”花花又给她 4 块，问她现在有多少块三角形积木。芳芳边点数边说：“1、2、3、4、5、6、7、8、9、10，我有 10 块啦！”就数学领域而言，下列哪一条最贴近芳芳的最近发展区？（　　）【2019 年上教师资格证考试真题】

A. 认识和命名更多的几何图形

B. 默数，接着数等计数能力

C. 以一一对应的方式数 10 以内的物体，并说出总数

D. 通过实物操作进行 10 以内加减法的运算能力

8. 在引导幼儿感知和理解事物“量”的特征时，恰当的做法是（　　）。【2018 年上教师资格证考试真题】

A. 引导幼儿感知常见的大小、高矮、粗细等

B. 引导幼儿识别常见食物的形状

C. 和幼儿一起手口一致点数物体，说出总数

D. 为幼儿提供按数取物的机会

二、材料分析题

材料：为了解中班幼儿分类能力的发挥，教师选择了“狗、人、船、鸟”4张图片，要求幼儿从中挑出一张不同的。很多幼儿拿出来“船”，他们的理由分别是：狗、人、鸟常常是在一起出现的，而船不是；狗、人、鸟都是有头、脚和身体，而船没有；狗、人、鸟是会长大的，而船是不会长大的。

问题：

（1）请结合上述材料分析中班幼儿分类能力的发展特点。

（2）基于上述材料中幼儿的发展特点，简述教师如何实施教育。

【2015年下教师资格证考试真题】

三、活动设计题

教师发现，大班孩子在玩买卖的游戏时，不管物品的价格多少总是随意付款和收款，比如：3元钱的东西，孩子们总是会拿1元、5元、10元的代钱币付钱。有的幼儿不计算总和，不管多少钱都随意给钱，收款的幼儿也随意收下。针对幼儿的这一问题，设计教育活动。要求写出设计思路、活动名称、活动目标、活动准备和活动过程。

【2022年下教师资格证考试真题】

参考答案

参考文献

贝尔克，温斯勒．鹰架儿童的学习：维果斯基与幼儿教育[M]．谷瑞勉，译．南京：南京师范大学出版社，2007.

陈鹤琴．陈鹤琴教育思想读本·幼稚教育[M]．南京：南京师范大学出版社，2012.

董旭花，韩冰川，王翠霞，等．小区域大学问——幼儿园区域环境创设与活动指导[M]．北京：中国轻工业出版社，2015.

戈柔，王明珠．幼儿园科学探究故事 20 例[M]．北京：中国轻工业出版社，2015.

洪秀敏．学前儿童科学教育[M]．北京：北京大学出版社，2015.

霍力岩，胡恒波．关键经验：概念辨析与价值阐释[J]．幼儿教育，2015(11)：19-21.

教育部基础教育司．《幼儿园教育指导纲要（试行）》解读[M]．南京：江苏凤凰教育出版社，2017.

孔露，韩珊．体验：幼儿科学教育教学的呼唤[J]．现代教育论丛，2014(3)：88-93.

李季湄，冯晓霞．《3—6 岁儿童学习与发展指南》解读[M]．北京：人民教育出版社，2013.

李兴娜，殷继英，陆伟峰．学前儿童科学教育与活动指导[M]．沈阳：东北大学出版社，2020.

李学书，范国睿．基于STEAM的幼儿园科学教育变革策略[J]．科学教育，2020，36(1)：82-90.

刘敏钰．学前儿童科学教育[M]．北京：科学出版社，2018.

刘永华．大班科学活动："可乐"变"雪碧"[J]．家教世界，2014(9)：16.

刘占兰．法国"动手做"科学教学实验计划[J]．幼儿教育，2003(7)：26-28.

刘占兰．学前儿童科学教育[M]．2 版．北京：北京师范大学出版社，2008.

刘占兰．幼儿园科学教育资源[M]．北京：人民教育出版社，2014.

罗竞．学前儿童科学教育[M]．武汉：华中科技大学出版社，2021.

牟秀玲．学前儿童数学关键经验的"学"与"教"[M]．宁波：宁波出版社，2014.

彭敏，郭梦娇．STEAM教育的基本内涵与发展路径研究[J]．教育理论与实践，2018，38(25)：14-18．

邱淑慧．学前儿童科学教育与活动指导[M]．2版．北京：教育科学出版社，2016．

万小飞．谈幼儿园区域环境中规则的有效构建[J]．上海教育科研，2013(9)：73-74．

王春燕，赵一仑．学前儿童科学教育[M]．北京：高等教育出版社，2012．

王燕华．儿童视角下的幼儿园科学区学习环境创设[J]．黑龙江教师发展学院学报，2020，39(9)：92-95．

吴广梅．基于建构主义的学前儿童科学教育[J]．学理论，2013(2)：203-204．

谢弗，等．发展心理学：儿童与青少年[M]．邹泓，等译．9版．北京：中国轻工业出版社，2016．

徐群，巫莉．幼儿园科学教育与活动指导[M]．南京：南京师范大学出版社，2019．

徐莹莹．幼儿园数学教育与活动指导[M]．南京：南京师范大学出版社，2018．

叶平枝．在幼儿教育课程改革背景下重新审视关键经验的意义、内涵与特征[J]．学前教育研究，2008(11)：7-11．

虞永平．种植园地与幼儿园课程[J]．幼儿教育(教育教学)，2010(5)：6-7．

张华．研究性教学论[M]．上海：华东师范大学出版社，2010．

张慧和，朱琍瑶．幼儿园领域课程资源·数学[M]．北京：教育科学出版社，2014．

张建波，周嘉禾．学前儿童科学教育[M]．南京：河海大学出版社，2019．

张俊．幼儿园科学领域教育精要：关键经验与活动指导[M]．北京：教育科学出版社，2015．

张俊．幼儿园数学领域教育精要：关键经验与活动指导[M]．北京：教育科学出版社，2015．

张俊．幼儿园科学教育[M]．北京：人民教育出版社，2016．

赵红霞．学前儿童科学教育[M]．南京：南京大学出版社，2020．

周端云，刘春蓉，彭姝．学前儿童科学教育与活动指导·数学[M]．北京：北京师范大学出版社，2021．

周忠和．100位科学家的中国梦[M]．武汉：长江少年儿童出版社，2019．